DANSER
à Montréal
Germination d'une histoire chorégraphique

PRESSES DE L'UNIVERSITÉ DU QUÉBEC
Le Delta I, 2875, boulevard Laurier, bureau 450
Québec (Québec) G1V 2M2
Téléphone : 418-657-4399 • Télécopieur : 418-657-2096
Courriel : puq@puq.ca • Internet : www.puq.ca

Diffusion / Distribution :

CANADA et autres pays

PROLOGUE INC.
1650, boulevard Lionel-Bertrand
Boisbriand (Québec) J7H 1N7
Téléphone : 450-434-0306 / 1 800 363-2864

FRANCE

AFPU-DIFFUSION
SODIS

BELGIQUE

PATRIMOINE SPRL
168, rue du Noyer
1030 Bruxelles
Belgique

SUISSE

SERVIDIS SA
Chemin des Chalets
1279 Chavannes-de-Bogis
Suisse

DANSER
à Montréal
Germination d'une histoire chorégraphique

Iro Tembeck

2009

Presses de l'Université du Québec
Le Delta I, 2875, boul. Laurier, bur. 450
Québec (Québec) Canada G1V 2M2

Catalogage avant publication de Bibliothèque
et Archives nationales du Québec et Bibliothèque et Archives Canada

Tembeck, Iro, 1946-

Danser à Montréal : germination d'une histoire chorégraphique

Comprend des références bibliographiques.

ISBN 2-7605-0659-2

1. Danser – Québec (Province) – Histoire. 2. Compagnies de danse – Québec (Province) – Histoire. I. Titre.

GV1625.5.Q8T45 1991 792.8'09714 C91-096803-9

Nous reconnaissons l'aide financière du gouvernement du Canada par l'entremise du Programme d'aide au développement de l'industrie de l'édition (PADIE) pour nos activités d'édition.

COUVERTURE

Conception : CHRISTIAN CAMPAGNA

Photographies : Couvert avant : *Danse Apache*, photographie publiée en tournée nord-américaine (1926-1931) de Carmet et Maurice Morenoff. Photographie par le CELEBRITY STUDIO, Chicago.

Arrière-plan : *Souvenance*, chorégraphie d'Eddy Toussaint, musique de Diane Juster. Danseurs : Sophie Bissonnette, Louis Robitaille et Denis Dulude. Photographie par MELODIE GARBISH.

1 2 3 4 5 6 7 8 9 PUQ 2009 9 8 7 **6** 5 4 3 2 1

Dépôt légal – 3e trimestre 1991
Bibliothèque nationale du Québec / Bibliothèque nationale du Canada
Imprimé au Canada

Le passé travaille pour les artistes avisés;
les vaniteux seuls, dédaignent son aide.

Paul BÉLLUGUE

La mémoire est une forme de courage.

Jean VILAR

Il faut savoir se rappeler
garder l'essence du passé pour créer
ici et maintenant, en continuité.

Sylvie PERRON

À mon père et à ma mère
pour m'avoir respectivement dotée
d'une curiosité intellectuelle
et d'un penchant artistique.

Préface

En 1967, vouloir danser à Montréal semblait à première vue une gageure. Pour quiconque venant de New York, de Paris ou de l'une des grandes villes européennes où la danse était bien représentée, le milieu chorégraphique québécois paraissait un désert. À part les créations des Grands Ballets Canadiens ou du Groupe de la Place Royale, bien peu d'activités chorégraphiques semblaient exister au Québec.

Pourtant sur ce fond apparemment inerte, surgissait une soif d'expression qui surprenait les étrangers qui, comme moi, venaient à Montréal pour enseigner la danse. Cette avidité à apprendre à danser, cette attitude un peu naïve qui ne laissait aucune place au doute et qui bousculait les mentalités, l'énergie qui poussait ces jeunes à créer était à la fois contagieuse et terriblement excitante. C'est avec l'enthousiasme tournant au délire d'une génération qui venait de se libérer, que nous étions invités à rejoindre la communauté francophone de la danse.

Iro Tembeck désire, par cet ouvrage, retracer la genèse de la danse québécoise actuelle, fixer les jalons de ce développement extraordinairement rapide qui a mené cette communauté des balbutiements de la dépendance aux formes artistiques d'ailleurs, vers l'expression originale et mature d'une réalité d'ici. Après avoir participé à l'histoire de l'art chorégraphique au Québec comme chorégraphe et interprète, elle en aborde aujourd'hui l'étude. Véritable pionnière dans ce domaine, elle tente de faire l'inventaire des événements chorégraphiques pour permettre aux futurs chercheurs de mieux comprendre la situation de la danse à Montréal au XXe siècle.

Étape difficile de défrichement, où tout paraît important et où il faut minutieusement retracer chaque événement sans pouvoir toutefois en dégager ni le sens véritable ni la place, faute d'une vision globale que nous ne découvrirons que plus tard.

À travers l'évolution des événements et grâce aux grandes ruptures dont nous parle l'auteure, nous pouvons commencer à entrevoir « ce patrimoine de l'art chorégraphique du Québec » qui nous permettra de mieux cerner la réalité et la signification du présent.

Ce livre dissipe aussi un mythe : celui de croire qu'avant les années 70 il n'y avait aucune tradition en danse à Montréal — excepté bien sûr celle du ballet classique. Les courants de la danse moderne, tant américaine qu'allemande, ont atteint le Québec, ils n'ont pas toujours été populaires, ils n'ont pas forcément survécu, mais une parcelle de leur originalité a germé ici et se retrouve en filigrane dans l'œuvre des chorégraphes actuels.

Le travail qu'a entrepris Iro Tembeck servira d'outil à tous ceux et celles qui voudront œuvrer en danse au Québec. Elle a dessiné l'arbre généalogique de ce milieu chorégraphique montréalais où les danseurs et chorégraphes actuels pourront retracer leurs racines, et où les futurs historiens de la danse pourront trouver le matériel pour alimenter une réflexion et une analyse plus profondes.

Iro Tembeck a vraiment dégagé les grandes lignes de l'évolution de l'art chorégraphique au Québec pendant le XX*e* *siècle, du passé lointain des années 1900 jusqu'à nos jours.*

La première époque fait surgir de l'ombre des chorégraphes et danseurs presque inconnus. Ces Frank Norman, Ezzak Ruvenoff, George Scheffler qui enseignent aussi bien la danse sociale, le ballet que les claquettes. À l'époque de la grande popularité des vaudevilles, ils montent des spectacles, créent des chorégraphies, où la danse plus classique et traditionnelle y occupe une large place, préparant ainsi le public à apprécier les compagnies professionnelles qui viennent en tournée à Montréal.

L'époque des pionniers est intéressante à plus d'un égard ; elle montre en effet deux communautés dont le destin sera très inégal. Celle des Québécois qui, comme Maurice Lacasse-Morenoff ou Gérald Crevier, s'exileront afin de se perfectionner en danse pour revenir ensuite à Montréal créer des écoles de danse professionnelle, mais qui malheureusement ne connaîtront pas le succès. Et celle des Européens qui émigreront au Québec apportant une tradition de la danse classique et moderne, et qui fixeront les jalons de l'art chorégraphique montréalais. Ruth Sorel, Elisabeth Leese, Séda Zaré et surtout Ludmilla Chiriaeff seront ces pionnières.

L'influence du Refus Global *et surtout le rôle joué par ces trois contestataires que sont Françoise Sullivan, Françoise Riopelle et Jeanne Renaud fera mieux comprendre le contexte dans lequel naquit le Groupe de la Place Royale et cette « modernité » chorégraphique dont parle l'auteure.*

Une large place est faite au Groupe Nouvelle Aire, ce creuset où bien des danseurs indépendants actuels ont fait leurs premières armes. Les représentants des deuxième et troisième générations ne constituent-ils pas aujourd'hui les maîtres d'œuvre de l'art chorégraphique au Québec? Ô Vertigo, La La La Human Steps, Qui Danse?, Pointépiénu, Montréal Danse sont des troupes dont les fondateurs ont été impliqués au GNA.

Finalement, Iro Tembeck aborde la relève actuelle (Montanaro, Chouinard, Richard) et le groupe des ambassadeurs, telle Margie Gillis, et des « apprivoiseurs » de grand public (Toussaint, Entre-Six), ceux qui ont fait aimer la danse sans vouloir trop perturber l'évolution de l'art chorégraphique. Ceux qui sont là pour parler au public et tout simplement être.

C'est une vision d'éclatement qui ressort du dernier chapitre, une prise de conscience aussi et un questionnement. Puisse ce survol de l'art chorégraphique au Québec susciter de nouvelles questions et inciter d'autres chercheurs à poursuivre cette recherche du passé si présent dans notre paysage chorégraphique.

Rose-Marie Lèbe, Ph.D.
Professeure agrégée
Université de Montréal

Preface

Iro Tembeck's choreographic history of Montreal charts out new territory. It provides not only a study of one of Québec's most vibrant art forms, but also a significant work of Canadian cultural history.

Montréal dance, as Tembeck argues, has long been ignored, amidst general indifference to theatrical dance and its role in society. Her purpose here is to expose a past which people believed did not exist, for its own sake and to shed light on the phenomenon of contemporary dance. How, she asks, did the flourishing and internationally-acclaimed avant-garde *of Montréal in the 1980's arise? The answers are to be found in the modest but lively dance scene of the previous half century, which she illuminates in this highly informative, well-proportioned account.*

Tembeck bases her analysis on the wealth of written and visual material she has located, and she augments these sources with insights gained from extensive interviewing. Furthermore, she knows her field as insider, for she was herself a dancer-choreographer until she turned critic-historian some ten years ago. Thus her understanding is both rich and deep, the result of years of experiencing the exact cultural milieu in which she views dance.

This book is a landmark in the writing of Canadian dance history. Although surveys, biographies, and specific company histories have already been published, no detailed study of an area of Canadian dance has appeared thus far which focuses so productively on a particular time and place. In fact, serious contextual inquiry such as Tembeck's is a recent and rare endeavor in the whole field of dance research. An English version would no doubt widen the readership of this valuable contribution.

Selma ODOM, Ph.D.
Associate professor
York University

Remerciements

Je ne pourrais passer sous silence l'importance de la contribution individuelle des professeurs, des maîtres de ballet et des interprètes, connus ou moins connus qui, au fil des ans ont contribué à l'évolution de la danse professionnelle d'ici.

La nécessité de m'en tenir à l'aspect purement créateur et théâtral de la Terpsichore[1] « québécoise » m'empêche de m'attarder sur ces artisans, danseurs et danseuses qui ont vaillamment passé le flambeau de leur art, jalonnant la connaissance technique en danse et nourrissant la création chorégraphique montréalaise. Sans eux, sans elles, les créations, les auteurs d'œuvres et même les institutions qui font l'objet de cette étude n'auraient pu accomplir leurs visions en danse ni nous livrer leurs préoccupations artistiques. À toutes ces personnes, je formule un modeste merci en attendant de leur donner la place qu'elles méritent dans un futur ouvrage.

Enfin, le travail de dépistage des documents pour ce projet a été généreusement appuyé par le Conseil de recherches en sciences humaines du Canada (CRSH). De même, ce manuscrit a été publié grâce à une subvention de la Fédération canadienne des sciences humaines, dont les fonds proviennent également du Conseil de recherches en sciences humaines du Canada. Une subvention additionnelle provenant du

1. Terpsichore : Muse de la danse.

Comité des publications de l'UQAM a assuré une partie de la réalisation de la phase finale de cet ouvrage.

J'aimerais particulièrement remercier les personnes suivantes qui m'ont gracieusement offert leur collaboration durant la collecte des données ainsi que d'autres formes d'aide :

Miriam et Lawrence ADAMS, pour la consultation de leur collection de danse *Encore! Encore!*

Jill OFFICER, du département de danse de l'Université de Waterloo pour la consultation des documents faisant partie de son projet intitulé *Dictionary of Canadian Dance*.

Rose-Marie LÈBE-NÉRON du programme de Certificat en danse de l'Université de Montréal, pour l'accès à certains documents concernant la danse théâtrale montréalaise au début du siècle.

Vincent WARREN, ancien danseur soliste et présentement historien du ballet classique, pour avoir facilité l'accès à la bibliothèque de La Maison de la Danse dont il est le responsable.

Yolande PINARD, pour avoir effectué la première lecture de ce texte.

Isabelle TREMBLAY, pour l'élaboration graphique des arbres généalogiques qui figurent dans l'annexe de cet ouvrage.

René FORTIN et Gilles SAINT-PIERRE du Service de l'audiovisuel de l'UQAM, pour la reproduction des photographies historiques.

Mes remerciements sincères s'adressent également à tous les artistes et intervenants(es) de la danse qui m'ont généreusement offert leurs témoignages et leur documentation pour alimenter cette recherche.

Les artistes consultés

Miriam et Lawrence ADAMS, Suzanne BLIER-CANTIN, Jean FOURNIER DE BELLEVAL, Michel BOUDOT, Francis COLEMAN, Christina COLEMAN, Marie CÔTÉ, Ghitta CAISERMAN-ROTH, Andréa CADET-ROY, Gérald CREVIER, Ludmilla CHIRIAEFF, France DESJARLAIS, Peter FLINSCH, Paul-André FORTIER, Juliette FISCHER, Lise GAGNIER, Margie GILLIS, Françoise GRAHAM, Martine HAUG, Eric HYRST, Vanda INTINI-PERREAULT, Daniel JACKSON, Irene KON, Maurice LACASSE-MORENOFF, Pierre LACASSE, Paul LAPOINTE, Pierre LAPOINTE, Ginette LAURIN, Emily LAWRENCE, Aline LEGRIS, Daniel LÉVEILLÉ, Michael MONTANARO, Eleanor MOORE-ASHTON, Jill MARVIN, Brian MACDONALD, Alexander MACDOUGALL, Phyllis MARGOLICK, Andrée MILLAIRE, Fernand NAULT, Birouté NAGYS, Yvette PAUZÉ, Jean-Pierre PERREAULT, Anne-Marie PETERS, Sheila

PEARCE-LAWRENCE, Brydon PAIGE, Linda RABIN, Françoise RIOPELLE, Roger ROCHON, Jeanne RENAUD, Linda STEARNS, Elsie SALOMONS, Françoise SULLIVAN, Ann SILVERSTONE, Randy SAHARUNI, Geneviève SALBAING, Daniel SOULIÈRES, Suzanne STAPELLS, Tom SCOTT, Rose Ann THOM, Eva von GENCZY, Vincent WARREN.

Table des matières

À titre de prolégomènes

L'analyse d'un art mouvant

Bien que la danse existe tout autour de nous et depuis toujours, nous la considérons quand même avec insouciance, ne lui accordant que peu d'attention et de considération. Les artistes et les amateurs d'art chorégraphique ne sont pas toujours conscients qu'ils font partie d'un monde à la fois timide, mouvant et riche : riche en histoire, en nuances et en expressivité.

Au Québec et au Canada, la recherche sur l'histoire de la danse en est encore à ses balbutiements. Peu nombreux, les chercheurs se découragent souvent en cours de route car les obstacles surgissent de toutes parts, le moindre n'étant certes pas l'insuffisance de données accessibles, voire leur quasi-inexistence.

Aborder la danse dans une perspective historique appelle nécessairement une démarche qui nous permet de cerner la place qu'occupe la danse dans n'importe quelle société tout en mettant en lumière son rôle, ses fonctions et ses significations. L'approche ethnographique en histoire de la danse prolonge les horizons de cet art; elle élargit notre connaissance des rapports sociaux tout en privilégiant une vision globale des événements sociaux et culturels qui se sont révélés déterminants.

Comme nous le fait remarquer Janet Adshead, la perspective dans le temps ou le recul historique permet à l'historien-regardant d'établir des liens directs ou indirects entre les événements et leur pertinence par rapport aux changements qui se sont produits en cours de route[1]. L'étude historique est une quête, non seulement des faits mais de leurs causes. Appliquée à la danse, elle nous permet d'en retracer et d'en expliquer l'évolution tout en nous aidant à mieux la comprendre. Escamoter le contenu culturel serait faire preuve d'un traitement superficiel des données, un traitement situé dans l'absolu. De même, les situations géographique et spatiale, autrement dit l'espace physique et stratégique dans lequel évoluent une société et ses multiples produits artistiques doit également être pris en considération.

Balisage de l'étude

Face au champ pratiquement inexploré de la recherche en histoire de la danse québécoise, et dans le souci de freiner l'enthousiasme naïf à cet égard qui provoque le désir de s'étaler à l'infini, il a fallu exercer beaucoup de rigueur. Les balises temporelles, géographiques et esthétiques ont donc été précisées : exposer l'histoire chorégraphique du Québec et plus spécifiquement celle de Montréal qui, en tant que métropole culturelle, fait état même aujourd'hui de la quasi-totalité du travail de création en danse qui soit de longue haleine. C'est pourquoi l'étude de la danse folklorique traditionnelle ne fera pas l'objet de cet essai mais s'inscrirait aisément dans une autre histoire de la danse plus élargie.

Notre objet d'étude sera donc de retracer le passé de la danse québécoise en remontant aux alentours de la crise de 1930, afin de découvrir et de cerner le discours chorégraphique d'aujourd'hui et de mieux comprendre l'éclosion de la danse actuelle d'ici à l'échelle nationale et internationale en cette fin de siècle.

Cette étude de l'histoire chorégraphique du Québec ne prétend pas à l'exhaustivité. Loin de là. Elle vise plutôt à aiguiser la curiosité du lecteur et à le stimuler dans la poursuite de recherches ultérieures. C'est en ouvrant des pistes de réflexion et en retraçant les jalons et les champs de préoccupations de son histoire chorégraphique que l'on arrive à saisir les multiples visages de Terpsichore *made in Quebec*. La danse québécoise est à la fois un territoire vierge et un terrain miné pour quiconque choisit de s'y aventurer.

1. Janet ADSHEAD, *The Study of Dance*, Londres, Dance Books, 1981, p. 94.

Cadres méthodologiques

Pour analyser la problématique de l'histoire de la danse par le biais du phénomène social, il faut donc extrapoler, procéder à des déductions avisées ou savantes (en anglais *educated guesses*) à partir des renseignements épars et disparates que l'on a réussi à déterrer. Les œuvres chorégraphiques, de nature éphémère et volatile, étant elles-mêmes disparues, il faut se fier aux sources secondaires tels les documents littéraires, sonores et visuels, les témoignages oraux et les articles récents ou passés. La tâche de l'historien-regardant qui se penche sur le patrimoine de l'art chorégraphique du Québec devient d'autant plus délicate qu'il fait œuvre de pionnier et d'éclaireur. Il ne s'agit plus pour lui de tout simplement historiciser, mais de devenir historiographe : d'écrire, de structurer et de se prononcer plutôt que de réécrire, de restructurer ou de revoir. Somme toute, un véritable travail de bénédictin, de psychologue et d'investigateur dans cette aventure archéologique.

La tradition critique en danse demeure encore un champ peu exploité et au sein duquel peu de méthodologies ont étés formulées. Le cadre d'analyse sur lequel repose cette étude s'inspire des théories de deux historiens français : Michel Foucault et Henri-Irénée Marrou. La méthode foucauldienne[2], nommée approche archéologique, vise à reconstituer et à élucider l'histoire, l'étude des courants majeurs et mineurs et de la continuité ou de la rupture des événements en répertoriant ce qui a été fait aussi bien que ce qui a été défait; le tout pour dégager une vision plus complète des choses.

Pour sa part, Marrou[3] considère que la tâche de l'historien en art s'apparente à celle d'un interprète-créateur. L'historien reconstruit les événements à partir d'un référentiel personnel et selon une perspective qui lui est propre. Il cherche donc à interpréter, et, ce faisant, se réapproprie la part de « création » et de « créativité » inhérente à sa tâche. Créateur et re-créateur, il illumine les zones ombragées qui éveillent son intérêt afin d'analyser les manifestations historiques récurrentes ou suspendues, à sa façon et en fonction de sa perception. Vue sous cet angle, l'histoire se prête à une multitude de lectures possibles.

Il est de la nature de l'histoire de la danse qu'elle ne soit jamais fixée de façon incontestable. Mouvante et en constante évolution, elle

2. Michel FOUCAULT, *Archéologie du Savoir*, Paris, Gallimard, 1967.
3. Henri-Irénée MARROU, *De la connaissance historique*, Paris, Seuil, coll. Points, 1954.

exige de perpétuelles remises en question. Aussi, les futures révisions sont-elles non seulement inévitables mais souhaitables. En fait, plusieurs années s'écouleront avant qu'un inventaire exhaustif des événements chorégraphiques québécois ne voie le jour. Ce n'est qu'après avoir franchi cette importante étape de défrichage que l'on pourra appréhender la véritable signification des nombreuses contributions de cet art au paysage culturel élargi québécois et canadien.

Une césure méthodologique a été appliquée dans l'élaboration de cette étude, scindant le traitement du travail chorégraphique plus lointain de celui qui est plus contemporain. Les débuts de la danse professionnelle québécoise sont analysés dans une perspective en entonnoir. Les chapitres commencent par la description du paysage sociopolitique et économique puis du contexte culturel et artistique, pour enfin cerner le rôle de la danse dans la société de l'époque. Ne pouvant nous attarder sur le contenu chorégraphique des diverses manifestations artistiques du passé que l'on ne peut recouvrer, une approche socioculturelle a donc été favorisée pour ces étapes se situant plus loin dans le temps. Par contre, les événements plus contemporains de l'histoire immédiate ou plus récente ne nécessitent pas autant de mises en situation générales. En outre, l'acquisition de techniques de préservation d'archives chorégraphiques telles que les films et vidéogrammes permet le visionnement d'œuvres ainsi qu'un regard critique et une explication textuelle et contextuelle de certaines chorégraphies marquantes. Les rapports thématiques, la logique chorégraphique et les leitmotivs gestuels seront donc abordés dans cette partie du travail historique et engloberont l'activité critique et interprétative.

Malgré l'intérêt manifeste à l'endroit des divers phénomènes culturels des sociétés passées et présentes, la danse demeure encore un domaine de recherche négligé. Analysé de façon savante, cet art est une entreprise ardue semée d'embûches. La première pierre d'achoppement est cette attitude générale et bourgeoise qui associe la danse à une activité frivole ne méritant aucune considération sérieuse. Mais ce travail historiographique se bute à d'autres écueils, comme nous le rappelle si bien Deborah Jowitt[4] : « soit, qu'on ne pourrait passer sous silence le risque implicite associé à toute tentative de restructuration de l'histoire en rapport à la recherche de ce qui correspond uniquement à notre "présent" et à "l'actuel" et, par surcroît, quand ce "présent" se révèle comme l'accomplissement du passé qu'il vient parachever. »

4. Deborah Jowitt, *Time and the Dancing Image*, New York, William Morrow and Co., 1988.

Selon cette vision, nous pourrions croire que les techniques contemporaines en danse et la virtuosité des interprètes d'aujourd'hui surpassent et de loin le bagage technique de leurs prédécesseurs. Il importe toutefois de découvrir l'impact de la contribution individuelle ou collective de chaque artiste de la danse comparé à ses contemporains plutôt que de s'attarder aux détenteurs des records mondiaux techniques d'hier ou d'aujourd'hui.

L'effet de distanciation provoqué par le recul du temps est inévitable. Cette perspective historique nous permet de découvrir des liens qui étaient moins évidents à l'époque où ces événements chorégraphiques se sont produits. L'impact du passé sur le présent est certes évident, mais notre regard sur le passé devrait néanmoins être libéré du présent.

Au Québec, la danse a longtemps été ostracisée par l'Église et l'État ultra-conservateur. Elle a toujours eu de la peine à se faire respecter. Malheureusement, des vestiges de telles attitudes subsistent encore. La danse ne pourra devenir un sujet légitime d'étude que si l'on peut prouver à son auditoire néophyte qu'elle s'inscrit sans conteste dans le champ du haut savoir artistique.

Ces quelques mots de Jean Trudel sont éloquents à ce sujet :

> C'est de la danse qu'il s'agit. Essentiellement liée au corps elle est l'outil premier, la clef maîtresse ouvrant la porte à l'espace individuel et social. La danse se présente comme l'aboutissement final de cette conquête, c'est-à-dire comme une maîtrise cosmique transcendant l'individu et le temps, le langage conventionnellement arbitraire de l'historicité pour devenir conscience collective et intemporelle[5].

5. Jean TRUDEL, « La danse traditionnelle au Québec », *Forces*, vol. 32, 1975, p. 34.

Chapitre premier

Les antécédents de la société québécoise Des frontières du siècle à la crise de 1929

> Le Québec contemporain plonge ses racines loin dans le passé. Nous estimons qu'il n'est pas né soudainement avec la Révolution tranquille ou avec la Deuxième Guerre mondiale : il est le produit d'une évolution séculaire[1].

Paysage culturel et tissu national

Durant le premier tiers de ce siècle, le Québec est encore une société sous tutelle cléricale. Amorcé depuis 1850, le mouvement d'urbanisation s'étend. À l'aube du XXe siècle, un peu plus du tiers des Québécois vivent dans les villes, le taux d'urbanisation du Québec s'élevant au-dessus de la moyenne canadienne. Trente ans plus tard, on y retrouve près de 60 % de la population. La société canadienne-française demeure néanmoins fortement influencée par l'idéologie catholique et janséniste, et les valeurs sociales associées au mode de vie traditionnel persistent toujours.

---

1. P.-A. LINTEAU et coll., *Histoire du Québec contemporain : Le Québec depuis 1930*, Montréal, Boréal, 1986, p. 5. Les données socio-économiques de ce chapitre sont tirées de ce livre.

Afin de se pencher sur le phénomène « danse » dans la société québécoise, il est nécessaire d'étudier les forces et les enjeux culturels et socio-économiques qui ont influé tout naturellement sur le développement de l'histoire chorégraphique de cette province.

La transition de société rurale à société urbaine s'effectue graduellement, suivant le processus d'industrialisation en cours depuis le milieu du XIXe siècle. Cependant, selon les historiens, ce n'est qu'à partir de 1930, soit au lendemain de la crise économique et durant la période ardue de l'entre-deux-guerres, que le Québec vit la véritable première étape marquante de sa longue accession à la modernité.

Le caractère traditionnel de la société québécoise du tournant du siècle place celle-ci à l'écart du courant progressiste nord-américain. Les valeurs québécoises sont stables et se veulent à l'épreuve du temps. Les changements sociaux sont encore loin d'être privilégiés par l'ensemble de la population. La famille traditionnelle possède une structure élastique se devant de composer avec le réseau de parenté. Les familles canadiennes-françaises se multiplient comme auparavant. Les villages surpeuplés en incitent plus d'un à venir s'établir dans les centres urbains. En 1900, un quart de la population canadienne-française est déjà concentrée à Montréal et sa banlieue. Montréal devient la capitale économique du Canada.

Majoritairement anglophone et limitant son recrutement, la grande bourgeoisie industrielle accroît son emprise. Marginale au sein de cette classe, la présence francophone se fait néanmoins sentir au niveau de la moyenne bourgeoisie. Des Canadiens français réussissent à s'y tailler une place, certains d'entre eux occupent des postes clés dans les institutions bancaires, les chambres de commerce, la presse d'affaires et autres publications spécialisées destinées à des groupes particuliers, tels les manufacturiers et les commerçants. Jusqu'aux années 20, le mouvement ouvrier traverse une période d'expansion et de militantisme sur le plan syndical. Le système de classe devient donc plus apparent.

Montréal, métropole du commerce, est un carrefour important entre l'est et l'ouest du Canada. Les centres ruraux du Québec sont exploités par les industries minières et les ressources naturelles sont mises en valeur. Bien que marginale, la bourgeoisie canadienne-française s'affiche sur la scène politique particulièrement à l'échelle provinciale.

À cette époque, le Québec accueille sa première vague d'immigrants venant d'Europe de l'Est composée surtout d'Italiens et de Juifs polonais. De son côté, alarmé par la menace de l'industrialisation, le clergé catholique offre une résistance au changement. Mais il est déjà trop tard : le processus de modernisation échappe de plus en plus à son contrôle clérical et le syndicalisme continue à se propager.

Durant cette période de transition tourmentée, deux idéologies, deux projets de société s'affrontent. Soutenue par le monde des affaires et les politiciens, l'idéologie libérale favorise la croissance économique, le progrès individuel et la libre entreprise, autant d'éléments jugés essentiels à l'essor de la collectivité. Elle préconise aussi un meilleur système d'éducation. En contrepartie, l'idéologie clérico-nationaliste épouse une vision pessimiste des changements économiques et propose un protectionnisme et une culture en vase clos. Plus explicite que son contre-courant, cette notion privilégie un mode de vie hors des champs d'influences étrangères. Adoptant une stratégie de repli, elle prône, somme toute, un retour à une société rurale et la préservation des valeurs catholiques. Cela dit, l'industrialisation et la modernisation du Québec continuent à gagner du terrain.

Il n'empêche que le Québec accuse un retard sur le plan culturel. Ce déphasage culturel, le Frère Untel (Jean-Paul Desbiens) le traduit succinctement en ces termes : « Un pays où l'on vit un retard de deux révolutions et demie : horloge d'Amérique, heure du Moyen Âge[2]. »

En 1927, l'assemblée des évêques exprime d'ailleurs ses craintes, autre exemple significatif de repli stratégique :

> Un vent de sensualisme souffle des pays étrangers sur notre chère patrie. Des façons de penser, des manières de vivre, incompatibles avec les principes catholiques, déforment les consciences chrétiennes et se propagent avec une alarmante rapidité[3].

L'essor du mouvement nationaliste au Québec entraîne une remise en question de la place du Québec dans le tissu culturel canadien. La convergence de facteurs déterminants tels que la Première Guerre mondiale, et la loi de la conscription en 1917, sans oublier le tourment idéologique propre aux Québécois, immanquablement sert à accentuer l'éloignement et l'isolement que le Québec ressent de manière de plus en plus marquée.

---

2. Louis CARON, *La Vie d'artiste*, Montréal, Boréal, 1987, p. 106.
3. Jean LAFLAMME et Rémi TOURANGEAU, *L'Église et le Théâtre au Québec*, Montréal, Fides, 1979, p. 276.

La scène artistique au Québec

Dans ce contexte socioculturel et économique, l'histoire des arts au Québec témoigne elle aussi d'une réflexion qui ne fait que s'approfondir et qui nous ramène aux thèmes de la religion et de la nationalité. Mais ce n'est qu'à partir des années 30 qu'une contestation franchement soutenue de la tradition et des acquis *a priori* se manifestera.

Dans le petit créneau que représente l'art chorégraphique au Québec, la lutte est d'autant plus complexe. La danse, soumise comme elle pouvait l'être à des enjeux d'ordre culturel, a été tenue à l'écart du tissu social québécois, du moins lorsque la société était encore sous l'emprise du clergé catholique.

Néanmoins, selon Morisset[4], les années 20 représentent un moment significatif dans l'évolution des pratiques artistiques québécoises.

L'Exposition des arts décoratifs, tenue à Paris en 1922, deviendra une grande source d'inspiration et d'innovations pour les artistes en arts visuels. Alfred Pellan, un des premiers diplômés de l'École des Beaux-arts, fondée en 1920, partira en voyage d'études à Paris afin de s'abreuver aux sources de ces nouvelles idées artistiques. Parallèlement, en 1922, suivant les recommandations de la commission des monuments historiques, une loi est adoptée concernant la conservation du patrimoine au Québec. Et, fait à noter, CKAC diffuse la première émission radiophonique de langue française en Amérique du Nord. L'Orchestre symphonique de Montréal est créé en 1934, un an après le musée de la province. Quant à l'Orchestre symphonique de Québec, il existe depuis 1906.

Évolution de la pratique théâtrale

En ce qui touche le théâtre, son évolution témoigne d'une avance considérable sur celle de la danse. Bien que le clergé ne vit pas toujours d'un bon œil l'art dramatique, il demeure qu'il existait maintes occasions de monter des représentations théâtrales durant les fêtes religieuses.

4. Gérard MORISSET, « Les arts dans la province du Québec », *Commission royale d'enquête sur l'avancement des arts, des lettres et des sciences au Canada*, Ottawa, gouvernement du Canada, 1950, p. 393.

Le premier théâtre à vocation exclusivement théâtrale au Québec est le Théâtre Royal, aussi connu sous le nom de Théâtre Molson, qui ouvre ses portes au public anglophone dès 1825. Mais ce n'est que 75 ans plus tard qu'un équivalent francophone sera créé : le Théâtre National, érigé sur le site de l'actuel club Métropolis[5], qui voit le jour en 1900. Il est à souligner que le théâtre professionnel francophone est issu en grande partie du théâtre anglo-américain et a survécu à ses débuts grâce à l'appui anglophone. En effet, du côté francophone, la pratique théâtrale se trouve coincée entre la tradition du théâtre classique de France, qui ennuyait à la longue, et l'attrait qu'exercait le vaudeville de style Broadway, né à la fin du siècle dernier. Mais une brèche s'ouvre avec la prolifération d'un nouveau genre de mélodrame : les drames religieux et les mystères où la ferveur et la piété chrétiennes pouvaient se rejoindre dans une expression passionnée de la vie du Christ. *La Passion*, œuvre créée en 1902 par Germain Beaulieu, s'inscrit dans ce courant mais la pièce fut interdite par l'archevêché. Elle réussit toutefois à attirer plus de 35 000 spectateurs durant ses trois semaines de représentations[6]. Ce drame religieux parvint à satisfaire le besoin d'une culture plus populaire pour le Québécois moyen. Ce même désir fera de *Aurore l'Enfant Martyre* (1920) le prototype du mélodrame québécois. Il remportera succès après succès pendant plusieurs décennies.

La formule des cafés-concerts s'affirme aussi à cette époque et ces spectacles seront tout aussi courus que les vaudevilles et les variétés. En 1909, *Ohé Ohé Françoise* devient le symbole de la revue musicale à contenu québécois.

Durant les années folles, le climat est à l'euphorie moderniste. La culture de masse américaine sert de modèle et le cinéma muet est très populaire. Une véritable industrie de divertissement et de culture de consommation se répand.

En outre, rappelons que la divine Sarah Bernhardt avait fait halte à Montréal à plus d'une reprise, en 1880, 1888 et 1917. Sa première visite fit scandale à cause d'une pièce que le clergé avait jugée immorale. Mais sa popularité et le culte qui l'a entourée ajoutèrent une dimension politique à sa présence scénique. Son passage à Montréal suscita un éveil artistique chez les Canadiens français qui étaient assoiffés de liberté artistique et de licence poétique.

---

5. Renée LEGRIS et coll., *Le Théâtre au Québec 1825-1980*, Montréal, VLB, 1988. La plupart des informations de ce paragraphe proviennent de ce livre.
6. *Ibid.*, p. 6.

Le Montreal Repertory Theatre est fondé en 1930, côté anglophone, et la section francophone ne sera inaugurée que plusieurs années plus tard. Un artiste francophone aux talents multiples participe aux spectacles du MRT : Pierre Gauvreau, celui-là même qui, après une brève carrière de danseur chez Gérald Crevier, s'imposera comme peintre automatiste avant de s'illustrer plus tard comme comédien et auteur dramatique. Enfin, les Soirées de famille sont instituées. On y offre des cours d'élocution et de maintien et certains exercices de bien-être corporel.

La création d'institutions culturelles qui échappent à la mainmise du clergé constitue la première semence d'une nouvelle culture qui se laïcise inexorablement. C'est une étape importante qui favorise d'autant le rattrapage que le Québec se doit de faire face à l'Amérique du Nord dans les champs de la Culture et du Savoir.

Cléricalisme et danse : de la chaire à la chair

La danse, activité physique par excellence, a toujours subi le courroux de l'Église au Québec. Sa pratique sociale se limitait à trois types au cours des années qui ont précédé l'essor professionnel et artistique qu'elle a connu après 1950.

- La danse traditionnelle folklorique faisait partie du vécu quotidien de la Nouvelle-France et se pratiquait particulièrement durant les nombreuses veillées de nos hivers rigoureux.
- Les bals et les réceptions dansées occupaient les loisirs de la petite et de la grande bourgeoisie tout en offrant un moyen idéal de nouer des relations sociales dans un cadre agréable et raffiné.
- Les revues musicales s'intégraient fréquemment aux autres divertissements artistiques réservés à l'élite culturelle.

Ces trois types d'activités en danse échappaient tant bien que mal aux vindictes ecclésiastiques lancées par les membres du clergé du haut de leur chaire. Le tempérament canadien-français est tel, par contre, que la pratique de la danse a toujours été un besoin fréquent. Sans doute le sang latin y jouait-il un rôle, ainsi que la nécessité de se distraire durant les veillées hivernales. Les veillées, par ailleurs, représentaient l'occasion par excellence de pratiquer la danse, activité qui venait couronner la soirée. Selon Jean Trudel, la danse traditionnelle des veillées servait de catalyseur et de dénominateur commun dépassant ainsi l'arbitraire des institutions[7]. Ces raisons incitent d'ailleurs les Canadiens français à braver le châtiment clérical... en continuant à danser. À tel point que le sieur Pierre de Sales Laterrière (père) constate au XVIIIe siècle : « Jamais je n'ai connu nation aimant plus à danser "que les canadiens"[8]. »

Il est évident, toutefois, que la danse se pratiquait de façon continue surtout par les anglophones, qui eux n'étaient pas aussi assujettis à l'interdit catholique puisqu'ils étaient pour la plupart des non-catholiques. Cette chanson populaire québécoise du XVIIIe siècle illustre concrètement l'image publique qu'avait la danse dans la société canadienne-française traditionnelle et rend compte également de l'influence de l'opinion du clergé sur la congrégation :

> Écartons les regrets d'une fille damnée
> Pour avoir trop aimé la danse et la soirée
> Écoutons ses sanglots, les cris de ses douleurs
> soyons plus réservés touchés de son malheur[9].

Dans le même esprit, on retrouve souvent dans le folklore québécois le personnage du Diable qui incarne le Mal sous la forme d'un beau danseur séduisant les fidèles et les conduisant à la perte de leur âme.

Lettres pastorales, circulaires et remontrances ecclésiastiques

Dès les débuts de la colonie, les habitants de la Nouvelle-France souffraient des restrictions de l'Église quant à leurs distractions sociales et à leur intérêt pour les manifestations artistiques et théâtrales. Selon l'ordonnance de 1700 émise par Mgr de Saint-Vallier, les dangers suivants devaient être évités :

> À l'égard des Comédies, Bals, Danses, Mascarades, et autres spectacles dangereux, nous renouvelons ce que nous avons réglé par notre ordonnance du 16 Janvier 1694, conjurant nos chers Diocésains de faire attention que tous les soins que nous pourrons prendre pour leur salut deviendront inutiles, s'ils veulent se déclarer du parti des pompes du démon et de ses œuvres[10].

---

7. TRUDEL, *op. cit.*, p. 42.
8. Robert Lionel SÉGUIN, *La Danse traditionnelle au Québec*, Québec, Presses de l'Université du Québec, 1986, p. 39.
9. *Ibid.*, p. 39.
10. LAFLAMME, *op. cit.*, p. 70.

Ainsi, l'abbé Gosselin exhortait ses fidèles vers le milieu du XVIIIe siècle à fuir l'exemple de la haute société[11] faisant ainsi référence aux bals et autres divertissements profanes. Par contre Mgr Bourget, en 1843, nuançait quelque peu l'interdiction de la danse :

> Les danses, à moins d'être organisées dans un but mauvais, comportant un danger de livrer autrui ou soi-même aux tentations de la chair ou à quelque autre péril, ne sont pas mauvaises en soi et constituent non des plaisirs de la chair, mais de simples réjouissances. Si l'on veut obtenir que les jeunes gens s'abstiennent de tous les plaisirs illicites, il faut leur en permettre qui soient honnêtes. Voici les règles que je crois devoir vous suggérer pour atteindre un but si important. Je les trouve chez Saint-Antonin, cité par Saint-Ligouri, au livre, traité et nombre susdits : Les danses sont d'elles-mêmes permises, pourvu qu'elles soient organisées par des laïcs, entre gens honnêtes et de façon décente[12].

Bien que cette attitude, apparemment plus ouverte à l'égard des bals, semble s'être concrétisée, Mgr Bourget émet des réserves :

1. Qu'il n'y ait ni parole, ni chansons, ni gestes, ni danses, ni jeux contraires à la pudeur;
2. Que les parents y conduisent eux-mêmes leurs enfants, sans jamais laisser leurs filles y aller seules avec les jeunes gens qui les fréquentent;.
3. Que ces assemblées ne soient pas longtemps prolongées dans la nuit;
4. Qu'il n'y ait pas de boissons excepté aux repas de famille qui peuvent accompagner ces réunions[13].

L'apogée du pouvoir clérical au Québec est atteint pour ainsi dire vers la fin du siècle dernier. L'opinion publique envers les artistes est elle-même fortement influencée par l'attitude de l'Église comme en témoigne l'article de J. P. Tardivel publié le 27 décembre 1880 dans *Mélanges* :

> Les acteurs et actrices [et à plus forte raison les danseurs/danseuses] sont des amuseurs publics. Dans la vie sociale, ils occupent la même position que le montreur d'ours, le bouffon, l'écuyer du cirque, l'organisateur de ménageries, le joueur de marionnettes, et pas plus qu'eux ils n'ont droit à une ovation[14].

---

11. *Ibid.*, p. 73.
12. *Ibid.*, p. 126.
13. *Ibid.*
14. *Ibid.*, p. 196.

Et c'est enfin en évoquant ainsi l'effet néfaste et corrupteur du théâtre que Mgr Bruchési s'adresse à ses fidèles :

> Parallèlement, ils (les hommes de théâtre) se font les apologistes de toutes les intrigues déshonnêtes et des pires désordres. Ils appellent même à leur secours des tableaux licencieux, ces féeries, ces ballets, où la légèreté des vêtements, la sensualité des poses et la volupté des évolutions constituent de véritables attentats à la pudeur publique[15].

On peut aussi ajouter à cette série de remontrances une dernière réprobation, celle de l'abbé Victorin Germain :

> Si un jeune homme, si une jeune fille, dans le secret de leur vie intérieure, sont aux prises avec quelque habitude de péché solitaire, et qu'ils ambitionnent de s'en corriger, on ne peut nier que beaucoup de rechutes seront indirectement causées par la pratique des danses sensuelles, qui réveillent des souvenirs néfastes, des instincts endormis, des sens apaisés, qui affolent la volonté et rendent fatale à brève échéance une faiblesse de plus, une défaite, un découragement peut-être[16].

Autrement dit, la danse est perçue comme une invitation à l'onanisme! Ce texte devient d'autant plus significatif lorsqu'on mentionne sa provenance, un livre signé par l'abbé Victorin Germain lui-même, en 1930, et habilement intitulé *Un cas de conscience : Dansera-t-on chez moi?*

Portrait archéologique de la danse montréalaise

L'attitude négative soutenue par le clergé face à toute pratique de danse était un important élément de dissuasion de participer ou d'organiser des manifestations dansées. Ceci explique en partie l'absence d'image publique de la danse dans la société québécoise. Aucune troupe professionnelle locale ne semblait exister bien que certains studios de danse amateur soient apparus à Montréal et à Québec. Les bals et danses populaires constituaient pratiquement les seules activités de danse et peuvent donc être considérées comme les antécédents de la danse artistique et théâtrale de notre métropole.

Hormis ces quelques pratiques sociales de la danse, ce sont surtout les familles bien nanties et cultivées, majoritairement anglophones, qui ont l'occasion de découvrir la danse sous son visage artistique dans notre métropole culturelle. Elles connaissent le travail de Steele MacKaye,

15. *Ibid.*, p. 229.
16. SÉGUIN, *op. cit.*, p. 55-56.

disciple de Delsarte, ce précurseur et théoricien du courant de danse moderne américaine, puisqu'il s'était arrêté à quelques reprises à Montréal entre 1881 et 1914. La ville est d'ailleurs privilégiée sous cet angle : de nombreuses compagnies de ballet et de danse renommées à l'échelle internationale y font halte. Des théâtres tels le His (ou Her) Majesty's, le Gayety (aujourd'hui le TNM/Comédie Canadienne) et le Théâtre Saint-Denis représentaient l'étape inaugurale du circuit de tournées nord-américaines pour toutes ces troupes artistiques.

À ce titre, Montréal se démarque par son progressisme, car elle n'accuse aucun retard. Très lucrative, la formule de tournées continentales assure la survie économique des artistes. En raison même de son caractère biculturel, Montréal exerce une grande fascination et devient la première halte du circuit des tournées nord-américaines. Et cela explique en partie la venue d'un nombre si considérable d'artistes étrangers dans la métropole québécoise malgré les piètres moyens de transport, que ce soit pour traverser le continent même ou pour voyager outremer. Par ailleurs, les vedettes internationales du théâtre anglophone ne pouvaient être appréciées que par les Canadiens anglais, contrairement à la danse qui, ne souffrant d'aucune barrière linguistique, pouvait rejoindre l'élite culturelle des deux nations fondatrices du Canada.

C'est ainsi que les familles fortunées du Québec découvrent l'innovation chorégraphique de Loie Fuller et de sa sœur Ida en 1909 et goûtent au charme de Maud Allan, d'origine torontoise, en 1916. Leurs visites furent suivies du double passage de la légendaire Pavlova en 1919 et en 1922. Auparavant, Ruth Saint-Denis avait également produit un de ses spectacles en 1914. Du côté de la danse allemande et plus expressionniste, la célèbre Mary Wigman entreprend une tournée nord-américaine en 1930-1931. Montréal s'inscrit dans son itinéraire. Peu de temps après, c'est au tour de Harald Kreutzberg et de Yvonne Georgi issus du même courant germanique. Dans le domaine du classique, le Ballet Mikhail Mordkin fait escale à Montréal en 1927. Et la venue de La Argentina en 1930 témoigne de l'intérêt grandissant pour la danse espagnole. Enfin, si Charles Weidman, transfuge du Denisshawn School, fait une escale montréalaise en 1923, les Isadorables, Anna, Lisa et Margot, filles adoptives de Duncan, dansent dans la capitale culturelle en 1924 et en 1929.

En ce qui a trait à la situation de la danse artistique locale, les découvertes sont minces. On retrace le studio de ballet le plus ancien à l'époque du XVIIIe siècle. Louis Renault y enseigna le classique de 1737 à 1749[17]. Le maître à danser Dulongpré eut une école de 1787 à 1790

17. Michael CRABB et Andrew OXENHAM, *Dance Today in Canada*, Toronto, Simon and Pierre, 1976, p. 6.

alors que Antoine Rod dispensa des cours de danse de 1799 à 1820. Un autre maître, Joe Belair, inaugura également son propre studio autour de cette époque[18]. Mademoiselle S. Aspinall, élève de Auguste Vestris, enseigna le ballet dans la ville de Québec de 1820 à 1836. Enfin, W. J. Lewis, un New-yorkais, ouvrit une académie de danse à Montréal en 1863.

Frank Norman

Il y a cent ans, une association regroupait les professeurs de danse en Amérique du Nord : la National Association of Teachers of Dancing of the United States and Canada. Selon des articles publiés vers 1890 dans *Dancing*, premier périodique spécialisé de la danse, un certain Frank Norman de Montréal en faisait partie. Norman enseignait la danse, le maintien et le folklore au Stanley Hall de Montréal. La publicité de son école de danse telle que reproduite dans les annonces des journaux d'époque se lit ainsi : « cours de danse et de bonne tenue. Bilingue. Méthode facile. Pas d'insuccès. Cours Privés[19] ». Norman annonçait avec fierté également dans *La Presse* du 3 janvier 1903 que son « académie avait une clientèle canadienne-française la plus considérable et la plus exclusive de la ville[20] ». Il écrit même un livre technique sur les danses sociales. Il est également le seul représentant canadien au Congrès international des maîtres de danse qui se déroule à Vienne en 1911. En homme averti, il continue donc à s'informer sur les progrès de l'enseignement de la danse à travers le monde. Il se vante aussi en 1914 d'avoir recruté 35 000 élèves pour son académie, hommes et femmes, jeunes et vieux.

Ezzak Ruvenoff

On découvre ensuite la présence à Montréal d'Ezzak Ruvenoff, ancien soliste du Ballet Impérial de Saint-Petersbourg. Malgré ces impressionnants antécédents, peu de documents sont disponibles à son sujet. Il naquit en 1874 dans la ville de Kiev en Ukraine. À l'âge de 16 ans, autrement dit en 1890, il a la chance d'être le premier danseur juif à

18. Séguin, *op. cit.*, p. 37.
19. Frank H. Norman, *La Presse*, Montréal, 2 janvier 1900, p. 5.
20. Frank H. Norman. *La Presse*, Montréal, 3 janvier 1905, p. 5.

accéder au rang de soliste au Ballet Impérial. Ceci faisait suite à la levée de l'interdiction d'accepter des étoiles juives dans la troupe classique du Tsar Alexandre.

Durant la révolution bolchevique, Ruvenoff est arrêté pour ses propos loyaux à l'égard du tsar et immédiatement condamné aux travaux forcés dans un camp sibérien. Deux ans plus tard, en 1920, ce danseur réussit à s'échapper en empruntant une barque qui aussitôt sombre dans les mers agitées de Russie. Ruvenoff continuera sa fuite à la nage pour être enfin découvert par un bateau de pêcheurs japonais. Au cours de ce périple il perd l'usage de la parole et les Japonais, le croyant canadien, le débarquent à Vancouver. De Vancouver il se rendra à Montréal en 1922.

Ceux qui connaissaient bien Ruvenoff à Montréal le qualifient d'aristocrate manqué tant ses goûts luxueux étaient évidents. Dès son arrivée dans notre métropole, il ouvrit deux écoles de ballet : une au coin de la rue Sainte-Catherine et l'autre sur le boulevard Saint-Laurent. Il enseignait le ballet selon la méthode préconisée par Friedrich Alfred Zorn, un Allemand œuvrant à Odessa. La méthode Zorn privilégiait une bonne coordination musculaire, et des exercices rigoureux d'adagio pour développer l'endurance. Ruvenoff incluait, par contre, peu de mouvements qui traversaient la salle entière et les exercices à la barre étaient ardus. La consultation de quelques programmes-souvenirs de ses récitals montréalais nous apprend qu'il enseignait déjà vers la fin des années 20. Parmi ses élèves les plus connus, citons Gérald Crevier, Gina Vaubois, Elsie Salomons, Phyllis Salomons Margolick, Eleanor Moore-Ashton et les sœurs Dorothy et Verna Evans. Autant de noms qui marquent la prochaine génération de maîtres de ballet et d'enseignants de la danse au Québec, le plus illustre étant Crevier qui deviendra une figure de proue de la danse classique montréalaise.

L'enseignement de Ruvenoff représente, à cette époque, une véritable menace pour les autres studios montréalais. Son expérience passée lui assure un professionnalisme et une connaissance du classique que les autres professeurs de danse ne peuvent concurrencer. Ruvenoff exerce une discipline stricte tout en ne rejetant aucunement la passion de la danse. Véritable émule du maestro Cecchetti, il utilise une canne durant ses classes, n'hésitant pas à démontrer les figures de danse à l'aide de ce précieux outil ou pour rectifier le placement et l'alignement corporel chez ses élèves. En ce temps-là, la tendance était de louer les salles de bal des grands hôtels, celle du Sheraton Mount Royal notamment, pour y enseigner la danse. Comme tant d'autres, Ruvenoff recrutera une bonne partie de sa clientèle dans cet hôtel, situé au cœur même de la ville.

La chance lui sourit quand la famille Allen de Toronto ouvre 23 théâtres à travers le Canada, théâtres qui formeront le noyau du groupe Famous Players pour lequel Ruvenoff est engagé à titre de producteur. Durant ces années fastes, il semblerait que son salaire annuel combinant le travail de producteur et de professeur de ballet aurait atteint la somme incroyable de 250 000 $, ce qui représentait une véritable fortune pour l'époque. Comme producteur, il voyage souvent à travers les États-Unis et au Royaume-Uni, vivant en millionnaire et suscitant à Montréal la grande admiration de ses élèves.

En 1939, un accident malheureux met brutalement fin à la carrière de ce maître de ballet. Lors d'un de ses récitals au théâtre Imperial de Montréal, le costume d'une jeune élève prend feu. Résultat : deux fillettes sont brulées vives au milieu de la panique qui s'ensuit alors que d'autres se retrouvent défigurées. Sa réputation brisée, Ruvenoff entre en grande dépression et doit être hospitalisé au Royal Victoria. Il ne s'en remettra que deux ans plus tard.

Vers l'âge de 75 ans, soit en 1949, il recommence à enseigner la danse pour une dizaine d'années. Par la suite, il sera pris en main par la communauté juive de Montréal et sombrera dans l'oubli. Ainsi, l'artiste si réputé dans le passé et à qui on attribue la responsabilité d'avoir sensibilisé le Canada des années 20 au ballet classique, s'éteint en 1970 sans famille, appauvri et oublié.

George Scheffler

Autour de 1930, un autre studio de danse voit le jour à Montréal : celui de George A. Scheffler. Cette école offre une brochette de cours de danse sociale, de ballet, de danse à spectacles et de claquettes. Scheffler organise même un camp d'été où les jeunes peuvent suivre des cours de danse en plus de pratiquer des activités sportives. Les récitals annuels de la Scheffler Springtime Revue sont fort appréciés par les parents des élèves et assurent une clientèle stable à ce studio. Une des élèves, Micheline Pétolas (nom de scène : Micheline Lane) ira faire carrière au Radio-City Music Hall de New York à partir de 1934. Elle sera aussi admise à la School of American Ballet dirigée par George Balanchine.

La danse dans les institutions académiques

Côté éducation, l'Université McGill nous surprend. Elle offre des cours de danse créative et de danse d'interprétation dûment accrédités à partir de 1929! Ceux-ci s'inscrivent dans le programme d'éducation physique également ouvert aux hommes. Un fait d'autant plus significatif que les diplômes en danse dans les universités américaines (elles-mêmes faisant figure de pionnières dans ce domaine) n'ont vu le jour qu'à partir de 1926. Le Montréal anglophone est donc bien sensibilisé à l'expérimentation artistique en cours dans les institutions américaines. Parmi les premiers finissants en éducation physique, on retrouve Elsie Salomons qui deviendra une des pionnières de la danse créative. Celle-ci veillera longtemps à ce que cette forme de danse soit intégrée sur une base régulière dans le système scolaire anglophone de notre ville.

Une autre finissante de McGill, du nom de Nina Caiserman, sœur de la célèbre peintre montréalaise d'origine juive Ghitta Caiserman-Roth, partira pour New York durant les années 40 et dansera auprès de Martha Graham et se joindra au New Dance Group, collectif créé par Jane Dudley et Sophie Maslow de la compagnie Graham. Durant les années 40 et 50, Nina dansera aussi pour Anna Sokolow et participera aux célèbres stages d'été du Connecticutt College. Les critiques de presse retracées louent son expressivité scénique. Nina fera aussi carrière dans l'enseignement au Sarah Lawrence College ainsi qu'au New Dance Group. Enfin, elle apparaît dans un récital solo à Broadway dansant ses propres chorégraphies. Le suicide met fin à sa carrière de danseuse moderne.

C'est sur des bases aussi parcellaires et éparpillées que s'élaborent les débuts de l'histoire chorégraphique québécoise. Une histoire fascinante et largement inconnue même aujourd'hui. Une histoire qui témoigne de l'existence d'un art particulièrement méconnu et occulté, voire frappé d'anathème au Québec. Un art qui, malgré l'interdit, a réussi hier et réussit toujours à survivre envers et contre tous, et garde son caractère distinctif.

Le Québec du siècle précédent et du début de ce siècle est caractérisé par une urbanisation croissante et l'industrialisation. De nouvelles vagues d'immigrants européens foulent le sol canadien.

Pendant cette période de transition, les idéologies libérale et clérico-nationaliste s'affrontent. Cette dernière prône des valeurs catholiques, la patrie et le retour à une société rurale, et ses représentants se sentent menacés par le monde extérieur.

Les arts, dans un premier temps, véhiculent des thèmes traditionnels pour laisser place, vers les années 30, à une contestation des critères esthétiques jugés périmés. C'est à ce moment que s'affirme la laïcisation de la culture.

Le théâtre se développe alors que la danse est frappée d'ostracisme par le clergé. Le premier théâtre anglophone apparaît dès 1825; son homologue francophone n'ouvre ses portes qu'en 1900. Les productions vont du drame religieux à une formule dite « café-concert ».

Malgré le clergé, la danse connaît des développements intéressants. Ainsi, des cours de ballet sont offerts dès 1737 au Québec et un dénommé Frank Norman est inscrit à la fin du XIXe siècle à la National Association of Teachers of Dancing qui regroupe les professeurs de danse en Amérique du Nord.

La figure la plus importante des débuts de la danse au Québec est Ezzak Ruvenoff. Celui-ci enseigne le ballet classique selon la méthode russe au début des années 20. Il mourra autour de 1970 et sombrera dans l'oubli.

Chapitre 2

Le ballet classique, version canadienne-française

Montréal : des années 30 à la fin de la Deuxième Guerre mondiale

Au lendemain de la crise, le Québec est plongé dans une misère quotidienne. Le pendule oscille vers un retour à une ferveur religieuse. Les fidèles cherchent dans la religion un palliatif de la dépression économique. La crise freine momentanément l'urbanisation. La misère et le chômage se propagent à travers toute la province. La classe ouvrière est la plus touchée. L'annonce d'une seconde guerre mondiale n'arrange guère les choses. D'un côté, on entrevoit un courant de gauche à tendance communiste. De l'autre, l'anticommunisme, la xénophobie, voire l'antisémitisme traversent la société, suscitant une résurgence du mouvement nationaliste[1].

Maurice Duplessis, le chef de l'Union nationale accède au pouvoir en 1936, devenant ainsi le Premier ministre du Québec. Petit à petit, le rôle de l'État s'étoffe : il devient le régulateur de l'économie. La *Loi du cadenas* est adoptée en 1937. Elle exige la fermeture immédiate de tout lieu soupçonné de promouvoir l'idéologie communiste. Dans la structure sociale québécoise, l'Église et l'École, vouées à la préservation de la

1. Les informations concernant le contexte sociopolitique ont été recueillies dans le livre *Le Québec depuis 1930, op. cit.*

moralité chrétienne, exercent une très grande influence tout en socialisant les individus. Il va sans dire que l'on pratique la censure, l'Église allant même jusqu'à encadrer étroitement les institutions culturelles. Interrompu à partir de 1939 par la victoire du Parti libéral qui conservera le pouvoir jusqu'en 1944, le règne de Duplessis se maintiendra par la suite pendant plus de quinze ans.

L'un des traits marquants du système d'enseignement public durant cette période est son caractère surtout confessionnel. Deux réseaux séparés coexistent : la commission scolaire catholique et la commission scolaire protestante, laquelle s'adresse à tous ceux qui ne sont pas de religion catholique. À un autre palier, on retrouve les universités et les collèges classiques majoritairement fréquentés par l'élite culturelle et économique. L'absence de coordination entre les programmes de ces différentes institutions confère un caractère morcelé au système d'éducation, ce qui se répercute sur le Savoir des Québécois. La plupart des hommes québécois travaillent en usine. Quant aux femmes, elles jouent certes un rôle plus actif qu'auparavant mais elles sont encore perçues presque uniquement commes mères, épouses et ménagères.

Univers culturel et artistique

Un nouveau modèle culturel se dessine à Montréal. Fortement influencé par nos voisins américains, le divertissement de masse se développe. Ainsi, après 1930, les spectacles sur scène de style vaudeville peuvent-ils être combinés au cinéma à l'intérieur d'une même représentation. Cependant, les arts s'adressent avant tout à un public éduqué et économiquement favorisé. Du côté francophone, les séminaires semblent être les seuls foyers culturels accessibles. Pourtant, en dépit de la longue liste de livres à l'index, témoignant d'une grande censure de la connaissance, un profond besoin de libération émerge peu à peu, en sourdine.

Le monde des arts progresse lentement. En 1933, c'est l'inauguration du musée de la province et en 1936, celle de la chaîne radiophonique CBC. L'année suivante les radios-romans et mélodrames du genre *Aurore l'Enfant Martyre* et les émissions radiophoniques de Gratien Gélinas autour de 1937 donnent un accent plus populaire à la pratique artistique, nourrissant l'intérêt des Québécois moyens pour l'activité théâtrale. La même année, les Compagnons de Saint-Laurent, sous le zèle enthousiaste du père Émile Legault, voient le jour. Un souffle de renouveau parcourt le théâtre québécois francophone. À peine un an plus tard, l'Union des Artistes et l'Office National du Film sont fondés.

Durant les années 40, on assiste aussi à la création du Conservatoire d'art dramatique et de musique de Québec (1944) alors que le Montreal Repertory Theatre inaugure une section française. Enfin, Hugh MacLennan publie son célèbre roman *Two solitudes*.

Le ballet classique montréalais

Côté jardin : Maurice Lacasse-Morenoff

Doyen parmi nos pionniers encore en vie, Maurice Lacassse-Morenoff (né en 1905) est un véritable monument de l'histoire chorégraphique de la métropole québécoise. Dès l'âge de six ans, il suit ses premiers cours de danse sociale au studio de son père Adélard Lacasse, lui-même fils de Antîme Lacasse qui; semble-t-il, aurait été un violoneux remarquable. Adélard, de son vrai nom Abondius, avait poursuivi des études en notariat avant que ses parents ne subissent des revers de fortune les conduisant à la perte de la ferme familiale.

Forcé de quitter la demeure campagnarde, Adélard se trouve donc dans l'obligation de chercher du travail. Il devient instituteur à Montréal et organise des « soirées de famille » pour la communauté à laquelle il enseigne aussi les danses sociales. Vers 1894, des amis et mécènes lui offrent la possibilité d'étudier à New York. Il ira donc suivre des cours avec Oscar Dureya dans le domaine des danses dites « modernes », dont l'éventail s'étend du menuet aristocratique à la valse en passant par le *cake-walk*. Il retournera plus tard à New York pour se recycler, cette fois en s'inscrivant aux cours de l'illustre couple Irene et Vernon Castle.

C'est en 1895 qu'Adélard, alias Abondius, ouvre son studio de danse sur le boulevard Saint Laurent. Il y attire de nombreux adeptes des danses à la mode. Son fils Maurice baigne dans cette atmosphère depuis sa plus tendre enfance et il fait preuve d'un talent inné ainsi que d'une grande souplesse physique. Au studio, il devient d'abord l'assistant de son père; il démontre les figures de danse aux autres élèves et il finit par enseigner lui-même les variations.

En 1925, c'est le coup de foudre : il devient amoureux d'une élève, Carmen Sierra (1905-1990), une française d'origine espagnole, avec qui il fera une fugue, le temps de l'épouser. Ainsi Carmen deviendra sa compagne de scène et de vie durant toute sa carrière professionnelle qui s'échelonnera sur une bonne cinquantaine d'années! En plus d'être sa muse, Carmen sera l'assistante-maîtresse de ballet et confectionnera les costumes des récitals et des représentations théâtrales.

Leurs carrières s'enclenchent à la suite d'un heureux hasard. En 1925, le Théâtre Capitol de Montréal avait engagé une compagnie de joueurs russes de balalaïka et de danseurs. Lorsqu'un des danseurs se blesse durant cette escale montréalaise, l'agent de tournée, John Appleby, demande à Maurice de prendre la relève en présentant un de ses propres numéros d'attraction. C'est ainsi que Maurice et Carmen deviennent instantanément des célébrités : ils élaborent des variations dans un style très à la mode, celui connu sous l'épithète *toe tap and acrobatic routines*, c'est-à-dire des séquences dansées réunissant des numéros de claquettes, d'acrobatie et de ballet.

La compagnie Theatrical Agencies les embauche aussitôt pour une tournée nord-américaine qui durera cinq ans, de 1926 à 1931. De l'Est à l'Ouest, du Nord au Sud, ils sillonnent ce continent en s'arrêtant dans les théâtres de vaudeville, les music-halls et les clubs de nuit les plus réputés de l'Amérique du Nord. Le fait de se produire dans les théâtres de variétés était monnaie courante à cette époque, même pour la célèbre Pavlova. Les théâtres plus traditionnels, étant presque toujours réservés aux concerts et à l'opéra, n'accueillaient pas les spectacles uniquement constitués de numéros de danse. D'ailleurs, il n'existait aucun lieu autonome pour les représentations exclusivement chorégraphiques.

Durant cette tournée lucrative en Amérique du Nord, Carmen et Maurice s'associent à un danseur de claquette : Bill Albright, un Américain. Tous les trois montent un numéro qu'ils baptisent rapidement le Trio parisien. À cette même époque, Maurice Lacasse succombe à la tendance de russifier son nom. Très répandue dans le milieu artistique international, cette mode visait à concurrencer les célèbres Ballets Russes de Diaghilev. Ce faisant, elle facilitait d'autant la promotion publicitaire et la mise en marché des artistes eux-mêmes. Le nom de Morenoff a probablement été emprunté à un certain Sergei Marinoff, auteur d'un manuel technique de ballet classique que Carmen avait offert à Maurice. Dès lors, le tandem Maurice-Carmen sera connu sous le nom de scène : Les Morenoff.

De retour au Québec, les Morenoff entreprennent le circuit des boîtes de nuit de Montréal tout en continuant d'enseigner au studio Lacasse, désormais situé dans l'extrémité est de la ville. Vers 1933, Morenoff succède à son père, lequel décédera en 1936. Aux cours de danse sociale, de claquettes, de caractère et d'acrobatie, il ajoute l'enseignement du ballet classique. Ce studio va prospérer jusqu'à sa fermeture en 1986, établissant par ce fait même un record impressionnant de 91 années d'existence.

Lacasse-Morenoff apprend le ballet en solitaire et en autodidacte. Ses connaissances techniques en classique, il les a acquises de manière fort originale. C'est en consultant de nombreux manuels de ballet qu'il s'est familiarisé avec les canons esthétiques du classique, une initiative non seulement très personnalisée mais aussi très inhabituelle. Dans un même élan, il dresse une liste étrange dans son curriculum vitæ. On y retrouve les titres des ouvrages qu'il a achetés et lus ainsi que la date de leur acquisition à la place où l'on cite normalement les maîtres qui nous ont formé. S'y rattache également un résumé de chaque manuel consulté. La formation autodidacte de Lacasse-Morenoff l'incitera même à s'inscrire à un cours par correspondance avec nul autre que Sergei Marinoff, de la School of Classical Ballet de Chicago. Toujours en quête d'un plus grand savoir, il ne lui viendra toutefois pas à l'esprit de s'informer auprès des autres studios montréalais pour suivre les cours de danse lui permettant de parfaire ses connaissances!

De telles excentricités se prolongent dans sa conception de l'enseignement du ballet classique à son studio. Les nouveaux venus sont obligés de suivre des cours privés et de mémoriser une série d'exercices à chaque cours. Appelés par la suite à s'intégrer dans le cours de groupe pour la durée de ces exercices, ils se retrouvent après et à nouveau dans la pièce voisine pour y apprendre d'autres exercices. Ce n'est que lorsque l'élève réussit à maîtriser totalement la méthode Morenoff qu'il obtient enfin la chance d'être admis sur une base régulière au cours collectif. En outre, Morenoff distribue à chaque élève des fiches techniques illustrant les pas qu'il a déjà appris pour l'aider à les garder en mémoire. C'est le devoir hebdomadaire des élèves. Cette façon de mettre par écrit une méthode personnalisée d'apprentissage en danse n'était pas nouvelle au studio. Adélard Lacasse avait déjà écrit son propre manuel de danse sociale qui s'intitulait *La danse apprise chez soi*.

Cette méthode originale d'enseignement du ballet classique réussit toutefois à attirer bon nombre de Canadiens français. Le studio Morenoff devient ainsi une véritable pépinière d'où sortira la première génération de danseurs masculins destinés à une carrière internationale. C'est au studio Morenoff que Fernand Nault, Roland Lorrain, Marc Beaudet et Michel Boudot apprendront leurs premières figures de danse. Plus tard, Nault délaissera momentanément le Québec pour se joindre à l'American Ballet Theater. Il y restera à titre de danseur soliste de caractère ainsi que de maître de ballet pendant 21 ans avant de retourner à Montréal pour assumer le poste d'assistant à la direction des Grands Ballets Canadiens. Roland Lorrain deviendra soliste du Ballet International du Marquis de Cuevas tandis que Marc Beaudet fera partie du New York City Ballet sous la direction de Balanchine. Quant à Michel Boudot, il dansera avec Ruth Sorel au Québec, ensuite avec le London Festival Ballet de Londres et enfin avec les Grands Ballets Canadiens.

Une telle prolifération de danseurs masculins marque d'ailleurs un important jalon dans l'évolution de la danse québécoise. Malgré l'attitude négative du clergé face à la danse, surtout lorsque celle-ci était pratiquée par des jeunes hommes qui la choisissaient comme profession, les rapports de Morenoff avec le clergé ont toujours été courtois et positifs. Courtisé par l'Église, il scénarise plusieurs *pageants* religieux (spectacles à grand déploiement) dont un que le cardinal Léger lui demande de coordonner en 1952. La réputation de Morenoff avait déjà traversé les frontières provinciales, car il avait été invité en 1945 à réaliser un *pageant* réunissant 200 participants à Winnipeg dans le cadre du centenaire de la fondation de la communauté des pères Oblats dans l'Ouest canadien.

Entre-temps, dans le micro-univers de son studio, Lacasse-Morenoff prépare des récitals annuels, assisté de son épouse. Les premières représentations débutent en 1935 et la dernière aura lieu en 1986. L'école que son père avait fondée en 1895 adoptera un nouveau nom pour ces récitals : dès 1945 elle s'appellera le Ballet Music Hall Morenoff.

Au répertoire chorégraphique figurent des danses de cour, des danses de caractères russes, hongroises et espagnoles ainsi que des divertissements de jazz aux titres aussi farfelus que *East Side Story*. Morenoff crée aussi des pièces franchement théâtrales telles que le *Bolero Apassionato* qui reflète déjà une modernité chorégraphique à en juger par les photos, modernité qui pourrait bien rivaliser avec certaines œuvres actuelles de danse-théâtre.

L'intarissable besoin de connaître toujours davantage les multiples facettes de la danse incite Maurice Morenoff à se renseigner continuellement à l'aide de lectures diverses. Voulant inculquer ses connaissances à ses élèves et partager avec eux son savoir sur l'histoire générale de la danse, il habille les murs de son studio de panneaux illustrant les nombreux visages de Terpsichore et les diverses époques de l'art chorégraphique. Ceci démontre de façon originale la formule des conférences-démonstrations plus tard si populaire dans les milieux artistiques.

Le studio Morenoff était situé dans un triplex de l'est de Montréal. Les murs de l'appartement du rez-de-chaussée y avaient été abattus afin d'agrandir l'espace de danse. Une atmosphère très fin de siècle y régnait. L'architecture du bâtiment dévoilait des fenêtres de verre taillé ou gravé et des boiseries d'époque encadraient les portes et les fenêtres. Avec ses rosaces aux plafonds et ses panneaux représentant des scènes de danse de l'époque archaïque à l'ère moderne, le studio offrait ainsi un référentiel élargi aux élèves. Les récitals annuels vont d'ailleurs se greffer sur cette démarche d'enseignement général. Au fil des ans et des générations, le Ballet Music Hall Morenoff fera preuve d'un éclectisme constant. Des tableaux vivants évoquant des civilisations antérieures figureront dans les spectacles au même titre que des pièces plus actuelles.

C'est toujours dans ce même esprit que les annonces publicitaires de son studio font valoir que c'est « l'école la plus complète et la mieux renseignée dans tous les genres de danse[2] ». Une certaine affinité avec l'esprit de Denishawn apparaît, car cette autre école professionnelle des États-Unis songeait aussi à créer une université de la danse où l'histoire générale des civilisations et des arts serait transmise. Tout comme Ruth Saint-Denis et son mari Ted Shawn, Carmen Sierra et Maurice Morenoff seront les parents fondateurs de la danse professionnelle du début du siècle dans leurs pays respectifs. Un même souffle de théâtralité traverse l'œuvre de ces deux couples de professionnels. Mais il est évident que le couple américain jouira d'une renommée et d'une reconnaissance plus grandes que les Morenoff.

Les Morenoff vont surtout laisser leur marque comme interprètes hors pair de la danse acrobatique. Malgré une réputation acquise très tôt, principalement grâce à leur tournée de cinq ans en Amérique du Nord, ils seront perçus par le milieu de la danse montréalaise comme des excentriques et non des puristes. Lacasse-Morenoff sera toutefois reconnu pour son travail de scénarisation avec Les Variétés Lyriques dès leur fondation en 1936 jusqu'à leur disparition en 1955; *Rose-Marie*, comédie musicale à thème canadien, est considérée comme l'une des plus riches contributions des Variétés Lyriques dont les spectacles s'appuient sur le modèle du Théâtre du Châtelet de Paris. Des étoiles mondiales tels Luis Mariano, Rudy Hirigoyen et Tino Rossi participent à certaines productions des variétés comme artistes invités. Ces manifestations scéniques insufflent à Montréal un vent de théâtralité et de *show business*. Aussi dynamique que méticuleux, Maurice Lacasse-Morenoff rédige par ailleurs de nombreux cahiers chorégraphiques, afin de préserver tous les éléments techniques et de production de chaque spectacle dont il a non seulement signé la chorégraphie, mais aussi la conception d'éclairage, la mise en scène, et même parfois l'arrangement musical.

2. *Radio Monde*, Montréal, 27 septembre 1941.

La profusion de livres de danse et d'art que Morenoff possède représente une collection de rêve. N'ayant jamais pu voyager outre-mer, Morenoff consolide ses connaissances par le biais d'écrits bien reconnus. Autodidacte sur toute la ligne, il saura en tirer profit pour donner libre cours à son imaginaire au moment de recréer des pièces chorégraphiques. Son flair dramatique, son sens poussé de la musicalité et son respect de l'art ont contribué à donner une touche professionnelle au domaine artistique de la danse. Mais c'est avant tout son amour de la danse qu'il parvient à inculquer à ses disciples et danseurs. Les critiques de presse de l'époque, bien qu'elles aient divergé d'opinion sur son œuvre, se rejoignent sur ce point : « Toutes les chorégraphies qu'il signe ont su tirer profit des qualités et des limites des interprètes[3]. » Morenoff parvient à monter des représentations d'envergure en camouflant les faiblesses techniques et physiques des interprètes. Et malgré la pénurie de ressources financières, les spectacles seront toujours accompagnés par des musiciens sur scène.

Maurice Lacasse-Morenoff est le seul pionnier canadien-français du ballet classique de cette période à avoir bénéficié d'une couverture de presse dans *Dance Magazine* (New York) et *The Dancing Times* (Londres). Mais il fera néanmoins bande à part, ne participant à aucun événement collectif à l'exception du Festival de ballet pancanadien qui eut lieu à Montréal en 1951.

Voilà donc une des raisons qui expliquent pourquoi son apport véritable a été si vite relégué dans l'ombre. De plus, avec la disparition des Variétés Lyriques en 1955, la visibilité de Morenoff sur la scène montréalaise se trouvera entravée. D'autant plus que l'avènement de la télévision viendra supplanter d'autres formes de divertissements artistiques populaires. S'imposant graduellement, Ludmilla Chiriaeff signera d'ailleurs la plupart des chorégraphies télévisées des prochaines années. Les autres chorégraphes montréalais sombreront vite dans l'oubli collectif.

Franchement théâtrale, éclectique, voire même excentrique, la démarche de Morenoff nous incite à croire que celui-ci a joué le rôle de précurseur de la future danse-théâtre si représentative de la chorégraphie québécoise d'aujourd'hui. Son œuvre, vieille déjà d'un demi-siècle, nous révèle des signes avant-coureurs d'une telle modernité.

---

3. Francis COLEMAN, « Ballet in Canada », *The Dancing Times*, n° 422, Londres, 1945, p. 63.

Quelques titres retracés du repertoire d'œuvres chorégraphiques de Morenoff

Bolero Apassionato
Menuet
Chopin et les Muses
Danse apache
Gaiétés second Empire
Suite dansante
Album de famille
Amarilla
Ballroom Gala
La géographie en images
Chopin et Terpsichore
Le Roi s'amuse
Nuits moscovites
Sonate à la lune
Scènes de l'Égypte antique
Salade Russe
Étoffe d'un pays
Divertissement
Le Beau Danube bleu
Ma province en pageant
Tziganes
Fantaisie
Chinatown
Mens Sana in corpore sano
La France vivra

Celebrity Studios, Chicago (Archives Morenoff)

Carmen et Maurice Lacasse-Morenoff
Tournée nord-américaine, 1926-1931

Celebrity Studios, Chicago (Archives Morenoff)

Les Morenoff, danseurs acrobatiques
Tournée nord-américaine, 1926-1931

Danse Apache exécutée par Carmen et Maurice Lacasse-Morenoff
Tournée nord-américaine, 1926-1931

Spectacle de variétés des Morenoff
Tournée nord-américaine
À gauche: Carmen et Maurice

(Archives Morenoff)

Carmen Sierra Morenoff

(Archives Morenoff)

Carmen Morenoff en costume baroque-classique

(Archives Morenoff)

Tango Apassionato
Spectacle du *Ballet Music Hall Morenoff* chorégraphié par Morenoff

(Archives Pierre Lapointe, UQAM)

Maurice et Carmen Lacasse-Morenoff dansant en pleine nature dans les Laurentides

Côté cour : Gérald Crevier

Né à Longueuil en 1912 de mère irlandaise et de père canadien-français, Gérald Crevier est attiré par la danse lors du passage de la légendaire Pavlova au Théâtre Orpheum en 1922. Il s'inscrit peu après à l'école d'Ezzak Ruvenoff où il restera quelques années pour y apprendre le ballet classique selon la méthode Zorn. Crevier suivra aussi des cours de claquettes avec Dora Marshall Dan, une ancienne danseuse du Radio City Music Hall qui enseignait la danse à spectacles à Montréal.

Son premier emploi comme danseur, Gérald Crevier l'obtient chez Dora Marshall, pour qui il danse des interludes musicaux dans les salles de cinéma. Dora Marshall le forme rapidement au métier de répétiteur ou de *dance captain* de la danse à spectacles et c'est à l'occasion d'une de ces représentations de vaudeville qu'il rencontre celle qui deviendra sa femme, Elisabeth (Zette) Devaux, originaire des Antilles.

C'est Zette qui le convainc de partir pour l'Angleterre en 1932. Durant les deux années de son séjour à Londres, il fait partie du corps de ballet du Sadlers Wells (aujourd'hui Ballet Royal d'Angleterre) alors dirigé par Ninette de Valois. Pour combler ses besoins financiers, il dansera des numéros d'attractions dans la boîte de nuit de l'hôtel Piccadilly. Il enseigne en même temps la danse à spectacles, de style *chorusline,* car les comédies musicales de Hollywood exercent un véritable attrait en Europe durant les années 30.

À son retour à Montréal en 1934, il est engagé par l'école de danse Scheffler, mais il ne tarde pas à fonder sa propre académie de danse et, pour ce faire, loue la salle de bal de l'hôtel Berkeley. Plusieurs élèves de Scheffler le suivent, notamment Andrée Millaire. Les autres élèves proviennent des écoles de diction française de Montréal : Lise Gagnier, Aline Legris et naturellement Françoise Sullivan qui commence sa carrière de ballerine. Crevier suit la coutume artistique et organise des récitals annuels qu'il produit sous le nom de Dansart.

À l'annonce de la Deuxième Guerre mondiale, il fait son service militaire en Angleterre. Pendant ses permissions, il suit des cours chez Phyllis Bedells, célèbre maîtresse de ballet spécialisée dans la technique de la Royal Academy of Dancing (R.A.D.). Cette méthode d'enseignement du classique séduit Crevier parce que les niveaux techniques y sont bien marqués par des examens de passage. Dès son retour à Montréal, Crevier l'adopte espérant non seulement fournir une solide formation technique appuyée par des examens, mais aussi, sans doute, être dispensé d'organiser des récitals annuels. L'Académie de danse

Gérald Crevier sera dès lors reconnue comme la meilleure à Montréal pour l'enseignement du classique.

Lise Gagnier est la première Québécoise à obtenir un diplôme professionnel avancé R.A.D. Gérald Crevier est donc le pionnier de cette méthode au Québec, méthode qui jouira d'une certaine popularité jusqu'aux années 70. Elle s'enseigne toujours aujourd'hui, mais de façon beaucoup plus sporadique.

Crevier a fondé la première compagnie de ballet officiellement incorporée, Les Ballets-Québec, qui œuvrent dès 1948 malgré le fait que leur charte n'ait été rédigée qu'en 1949. Parmi les solistes : Françoise Sullivan, Lise Gagnier, James Ronaldson et Jacques Delisle. La troupe se compose de treize femmes et de neuf hommes, un véritable record pour l'époque. Elle se produit partout dans la province ainsi qu'à Montréal. Le répertoire est de facture classique avec certains extraits de pièces de musée comme le *Lac des cygnes*. Un des plus grands succès est la création originale de *Veillée d'armes* (1950) d'après un scénario d'Alex Pereima, un danseur de la troupe. Cette année-là, le Festival de Montréal présente l'opéra Faust et les membres des Ballets-Québec y dansent *La nuit de Walpurgis*, une chorégraphie de Crevier. La compagnie a d'ailleurs souvent dansé lors des Festivals montréalais au chalet du Mont Royal. Les Ballets-Québec sera une des troupes du Troisième Festival de ballet pancanadien qui a lieu à Montréal en 1951.

Cette première compagnie professionnelle a une existence bien brève. Peu après la création du Ballet National du Canada à Toronto en 1951, la directrice artistique, Celia Franca, engagera six danseurs de la compagnie de Crevier. Les Ballets-Québec fermeront boutique aussitôt, car l'arrivée de cette nouvelle compagnie torontoise provoque indirectement sa dissolution faute de combattants. Fort désillusionné par la tournure des événements, Gérald Crevier mettra brusquement fin à sa carrière en danse en allant se retirer sur une ferme en Ontario pendant plusieurs années. Suzanne Blier-Cantin, présidente des Ballets-Québec, prendra la relève du studio après le départ de Crevier. Pendant quelques années, la méthode R.A.D. continue d'y être enseignée. Aujourd'hui, Gérald Crevier vit à Venise, en Floride, en toute tranquillité et à l'abri du milieu de la danse.

Les deux contemporains, Gérald Crevier et Maurice Lacasse-Morenoff, constituent la première génération de pionniers montréalais de la danse. Mais leurs chemins se sont rarement croisés, chacun reconnaissant l'existence de l'autre, mais ne sollicitant aucune collaboration.

Œuvres retracées des Ballets-Québec

Suite en bleue
Bal des étudiants
Veillée d'armes
Extraits du Lac des cygnes
Extrait des Sylphides

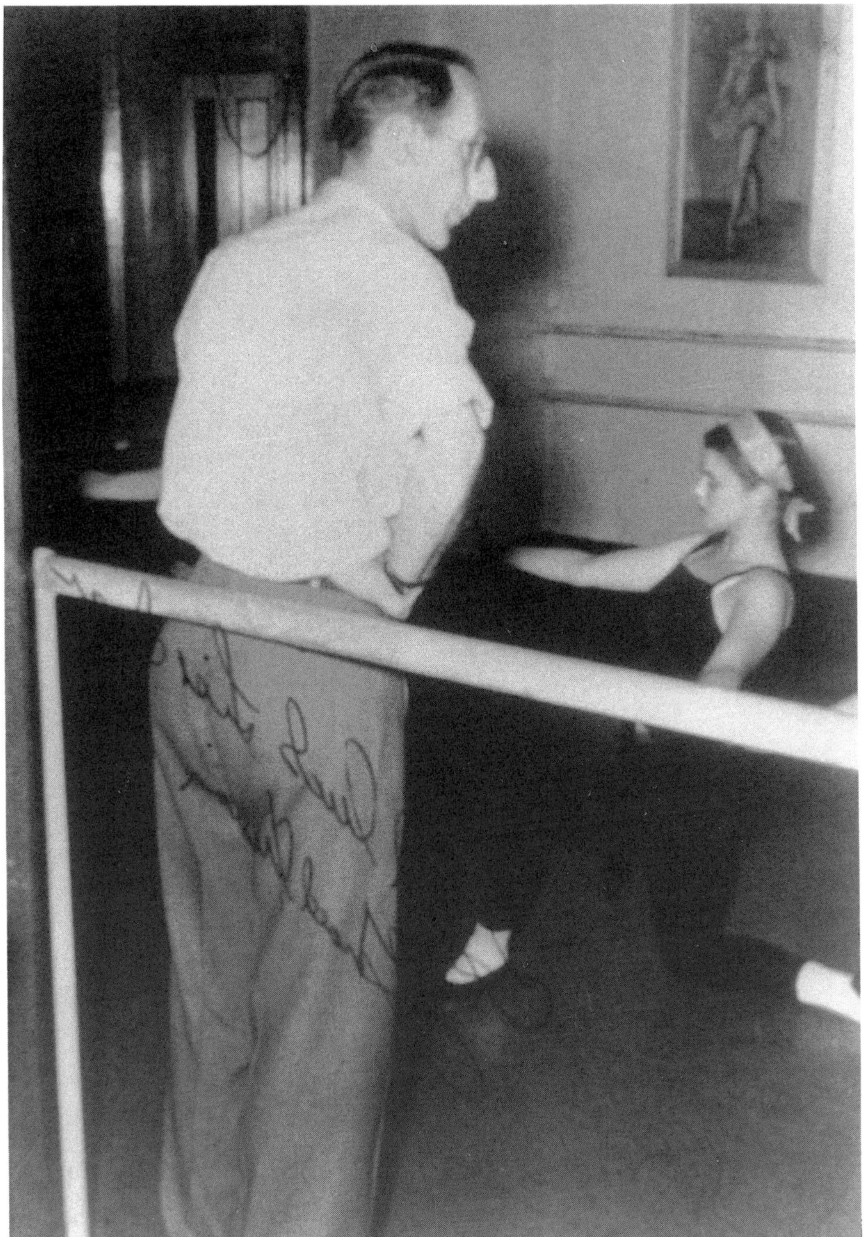

(Collection personnelle Lise Gagnier)

Gérald Crevier dans son studio
Élève: Lise Gagnier

(Collection personnelle Lise Gagnier)

Élèves de Crevier 1941-1942
Jacqueline Boisvert, *à genoux;* Lise Gagnier, *debout;* Pierrette Imbleau, *par terre.*

Studio de danse Gérald Crevier
À la barre: Jeanne Daoust, Lise Gagnier, Pierrette Imbleau, Aline Legris, Jacqueline Boisvert, Andrée Millaire (et personne non identifiée).

(Collection personnelle Aline Legris)

(Collection personnelle Françoise Sullivan)

Dansart. Récital de l'école Gérald Crevier
Danseuse: Françoise Sullivan

(Collection personnelle Françoise Sullivan)

Dansart. Récital de l'école Gérald Crevier
Danseuse: Françoise Sullivan

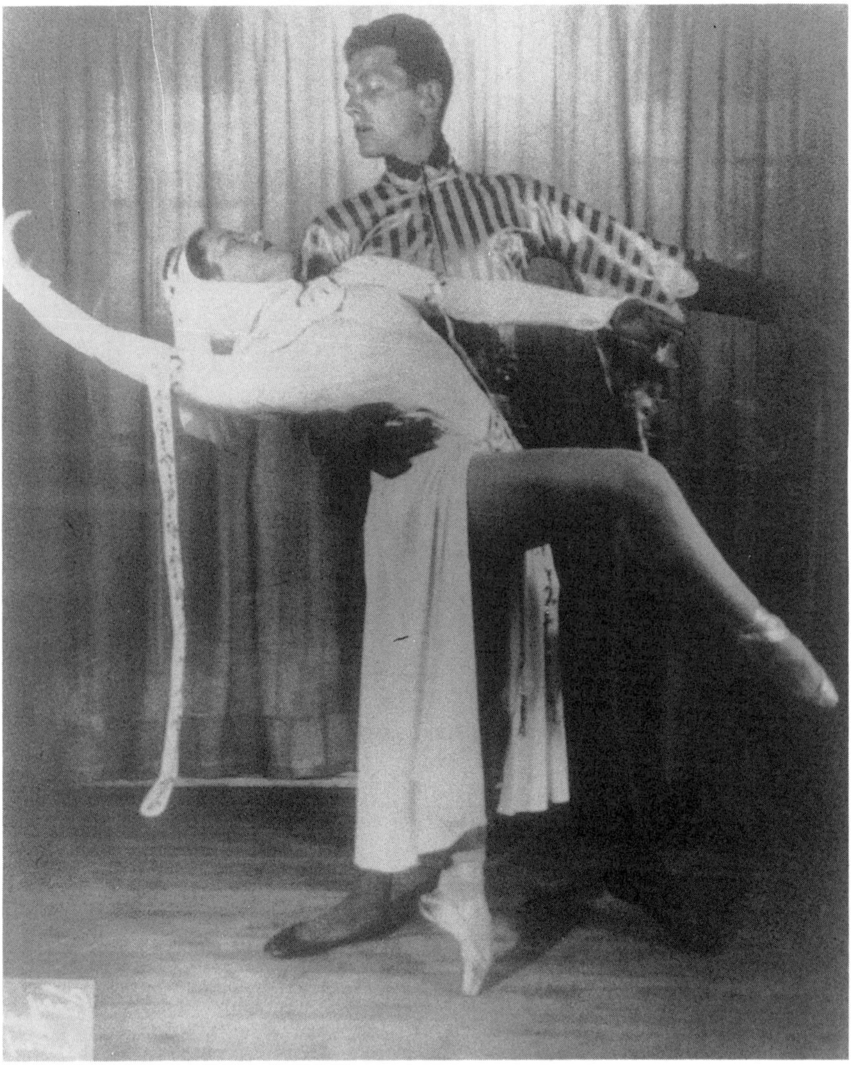

(Collection personnelle Lise Gagnier)

Les Ballets-Québec dans *Veillée D'Armes* (1950)

Chorégraphie: Gérald Crevier; *Scénario:* Alex Pereima; *Danseurs:* Lise Gagnier et James Ronaldson

Nés au début de ce siècle, Maurice Lacasse-Morenoff et Gérald Crevier représentent la première génération de pionniers montréalais de la danse. Tous deux, ils ont fait face à la crise, au régime duplessiste et à l'image négative de la danse que véhiculait le clergé.

Maurice Morenoff est initié à la danse tout jeune par son père, Adélard Lacasse. L'école, fondée en 1895, ne fermera ses portes qu'en 1986, soit 90 ans et deux générations plus tard.

Autodidacte et solitaire, Maurice apprend le ballet classique à l'aide de manuels techniques, ce qui le marginalise plus tard dans le milieu de la danse. Il forme toutefois les premiers danseurs masculins dont Fernand Nault. Devenu directeur de l'école de son père, il organise des récitals annuels de danse qui couvrent une vaste période allant de 1936 à 1986. Interprète hors pair de la danse acrobatique, il apporte une touche professionnelle au domaine de la danse par son flair et son amour de l'art. Sa carrière scénique débute subitement en 1925 et ne s'arrêtera qu'avec la disparition des Variétés Lyriques autour de 1955.

Quant à Gérald Crevier, il est l'élève d'Ezzak Ruvenoff qui lui apprend le classique selon la méthode Zorn. Il débute sa carrière comme danseur des interludes musicaux des cinémas de quartier. L'école qu'il fonde en 1934 forme des futurs artistes telles Andrée Millaire, Lise Gagnier, Aline Legris et Françoise Sullivan, d'après la méthode R.A.D. Il produit également des récitals de danse sous le titre « Dansart ». Il crée Les Ballets-Québec en 1948 qui deviennent, l'année suivante, la première compagnie de ballet incorporée au Québec. En 1952, il se retire sur une ferme en Ontario lorsque le Ballet National du Canada engage six de ses danseurs.

Chapitre 3

Les arrivants d'Europe
Miroirs d'ailleurs

Le Québec de l'après-guerre

Dans le contexte de l'après-guerre, les Canadiens français souffrent d'un triple handicap. Tant dans le domaine culturel que dans le monde des affaires, ils accusent un retard manifeste, d'où la domination des anglophones à ces deux niveaux. Enfin, le régime duplessiste réactionnaire et d'extrême droite ne contribue certes pas à leur faciliter l'accès à l'information[1].

Chez les catholiques pratiquants, la paroisse devient le référentiel majeur. L'État et l'Église, les deux institutions du pouvoir, favorisent un retour au nationalisme et se posent en défenseurs de l'ordre établi. Le drapeau québécois est créé en 1948, mais le processus de sécularisation de la société suit néanmoins son cours bousculant les traditions. En réaction à l'idéologie cléricale et à l'État duplessiste, la nouvelle élite francophone affiche son opposition. Les graines d'une future Révolution tranquille sont déjà semées.

La grève de l'amiante marque un tournant en 1949. L'appel à la modernisation et à l'antiduplessisme commence à se faire entendre. Pierre E. Trudeau et Gérard Pelletier fondent la revue néo-libérale *Cité Libre* dénonçant le retard historique et culturel du Québec. À l'échelle fédérale, la commission Massey-Lévesque (1950-1951) expose la fragilité

---

1. LINTEAU, *op. cit.*, p. 27.

de l'univers culturel canadien : pénurie de fonds, forte influence américaine, idéologie matérialiste. Le music-hall, toutefois, est encore un divertissement très à la mode.

Côté peinture, le Groupe des Sept règne en tant qu'ambassadeur culturel du Canada entier depuis les années 20. Ces artistes véhiculent des valeurs esthétiques qui se veulent harmonieuses et non contestataires : une atmosphère plaisante règne, et la beauté devient le sujet et le critère d'œuvres artistiques axées avant tout sur la « belle » peinture. Autant de qualités représentatives de la vie canadienne! Il s'agit donc de refléter une image conformiste et uniforme du Canada et non de dépeindre ses différences[2].

C'est dans ce climat tourmenté qu'un groupe d'artistes révolutionnaires gravitant autour de Paul-Émile Borduas posent un geste éminemment courageux en signant, en bloc, le célèbre manifeste du *Refus Global* en 1948. Ces artistes, à la sensibilité aiguisée, signent ainsi l'arrêt de mort d'un Québec rétrograde, isolé des autres cultures du monde, et préconisent la liberté individuelle. Ils exigent que la société québécoise se laïcise de plus en plus, et s'ouvre vers l'extérieur. *Cité Libre* revendique un projet similaire : celui de devenir citoyens du monde. On prône le pluralisme culturel, qu'il s'agisse de religion ou de politique.

Parallèlement à ce courant francophone si novateur et si radicalement contestataire, le Canada anglais rentre dans une période d'effervescence. L'après-guerre voit un Canada assoiffé d'une plus grande culture. Une loi d'immigration est adoptée favorisant l'entrée au pays d'artistes/immigrants au même titre que les travailleurs spécialisés. C'est ainsi qu'un flot d'artistes étrangers, venant principalement de l'Europe centrale, se réfugient dans diverses provinces du Canada. Certains d'entre eux s'y établiront pendant plusieurs années avant de retourner dans leur pays natal. D'autres utiliseront le Canada comme une étape transitoire vers New York. D'autres encore y séjourneront indéfiniment et se tailleront une place de marque dans le milieu culturel canadien.

Cette vague d'artistes/immigrants contribue à enrichir le paysage artistique de tout le Canada. Plusieurs artistes vont élire domicile au Québec. Écrivains, philosophes, peintres, scénographes et danseurs s'installent à Montréal. À leur actif, un savoir culturel issu de pays millénaires. Fuyant l'horreur nazie, ils apportent avec eux une vaste connaissance de plusieurs pratiques et techniques artistiques. Le fait

2. Citation de David Milne, artiste contemporain du Groupe des Sept qui œuvrait indépendamment d'eux, dans Craig Brown (Édit.), *The Illustrated History of Canada*, Toronto, Lester and Orpen Dennys, 1987, p. 440.

qu'ils émigrent au Canada est un geste symbolique : ils viennent retrouver dans le Nouveau Monde, la liberté d'expression qui n'existe plus en Europe. En quittant une Europe décimée pour une nouvelle terre, ils font, pensent-ils, un geste d'affirmation et de libération. L'ironie du destin les attend : ils trouvent, certes dans le Québec, un territoire artistique presque vierge, mais sans aucune structure de soutien.

Ruth Abramowitz Sorel (1907-1974)

Ruth Sorel, née Abramowitz, est l'un des exemples frappants de cette vague d'artistes/immigrants venus au Québec après la Deuxième Guerre mondiale pour fuir la tragédie hitlérienne et l'antisémitisme.

Née à Halle en Allemagne de parents polonais, Ruth Abramowitz étudie la méthode Dalcroze et devient l'élève de Mary Wigman à Dresde, dansant pour cette célèbre artiste de 1923 à 1928. Ruth entreprend parallèlement une carrière de soliste en danse de caractère à l'Opéra de Berlin où elle travaille de 1927 à 1933 sous la direction de Bruno Walter. Durant cette période, le rôle théâtral qui lui attire le plus de renommée est celui de la femme de Potiphar dans *La Légende de Joseph*, pièce chorégraphiée en 1930 par Lizzy Mandrick.

Afin de s'échapper de l'arène du nazisme, elle s'installe en Pologne en 1933 avec son partenaire de scène, George Croke. De 1933 à 1935, ils accomplissent plusieurs tournées européennes et internationales. Ainsi, ils font escale en Italie, en France, en Angleterre, en Palestine et même au Canada via le Brésil. En plus de signer les chorégraphies, ils en sont aussi les principaux interprètes. La *Danse des sept voiles* de Salomé figure à leur répertoire chorégraphique. Ce thème était encore populaire à l'époque, ayant connu plusieurs versions pour des pièces de théâtre et des œuvres chorégraphiques depuis la fin du siècle. Les autres chorégraphies au programme sont *Pair of Lovers at Evening's Rest*, *Joan of Arc* et *Death Lament*. Elles témoignent de beaucoup de théâtralité et d'expression. L'expressivité scénique de Ruth Sorel lui avait déjà permis de remporter le premier prix d'interprétation au Concours international de danse qui eut lieu à Varsovie en 1933, un concours où 500 candidats s'étaient inscrits. Elle y avait présenté un spectacle solo d'une heure environ qui fut très marquant. Sa grande qualité d'interprète lui vaudra également plus tard, à Montréal, le qualificatif d'avoir « les pieds de Pavlova et les mains de Shankar[3] ».

3. Article de *La Presse* de Montréal, non daté et intitulé « Choromanski compare le roman à l'entrevue ».

De retour à Varsovie après son tour du monde, Ruth dirige une école pour danseurs professionnels et comédiens-danseurs. Elle forme plusieurs jeunes gens et jeunes filles. L'école détient un permis du ministère de l'Éducation de Varsovie et se distingue lors d'un récital à l'occasion d'un concours international de danse, cette fois à Bruxelles en 1939. Ses élèves y recevront des prix et des mentions spéciales.

Durant son séjour prolongé à Varsovie, elle épouse Michel Choromanski, un homme de lettres et dramaturge polonais. C'est avec lui qu'elle émigrera à Montréal vers 1944. Choromanski y poursuivra sa carrière d'écrivain et de poète et ses œuvres littéraires seront traduites en 16 langues.

À peine arrivée à Montréal, Ruth présente un récital solo qui sera très apprécié du public montréalais. Il est possible que son nom de scène, Ruth Sorel, ait été choisi précisément en hommage à l'une des régions de son nouveau pays d'adoption qu'elle semble aimer d'emblée.

Cette prestigieuse danseuse ouvre tout de suite un studio de danse au YWCA de Westmount et fonde une petite troupe. En 1949, elle ira aussi enseigner à Trois-Rivières et à Shawinigan. Sa troupe sera connue sous le double nom des Ballets Ruth Sorel et le Ruth Sorel Modern Dance Group. Les œuvres qu'elle signe sont de facture polyvalente. Elles s'inspirent du classique, comme dans le cas de *Suite en blanc*, ou elles reflètent des monologues intérieurs comme dans *Biographie dansée*. Sorel monte aussi des ballets psychologiques tels que *Tittle Tattle (Papotages)*, ou bien elle cherche parallèlement à recréer une ambiance médiévale dans *Mea Culpa Mea Culpa*. Elle ajoute parfois aussi des notes d'humour, comme dans *Two Lawyers in the Moonlight*. Quand elle ne puise pas son inspiration de sources littéraires universelles pour créer des œuvres comme *Ombres shakespeariennes*, elle confie à son mari le livret. C'est à Ruth Sorel, par ailleurs, que l'on doit le premier ballet à contenu non seulement canadien mais québécois par surcroît. *La Gaspésienne*, œuvre en deux tableaux, fut créée en 1949 d'après un scénario de son mari avec un sous-titre révélateur de *Vie d'une mère canadienne*. Au sujet de cette pièce, le journal *Le Droit* soulignait à l'époque que « grâce aux efforts constants de quelques chorégraphes et directeurs de troupe, le public canadien assiste à l'élaboration d'une forme de ballet authentiquement canadienne. *La Gaspésienne* en est un exemple frappant[4] ».

Les Ballets Ruth Sorel représentent le Québec lors du premier Festival de ballet pancanadien qui a lieu à Winnipeg en 1949 et est organisé

---

4. Louis BÉDARD, *Le Droit*, Hull, 22 octobre 1949.

par David Yeddeau et Gwenneth Lloyd. La troupe se produira à New York, cette même année, au Choreographer's Workshop, un fait pour le moins inusité pour les troupes de danse québécoise. Andrée Millaire, future première ballerine québécoise destinée à une carrière internationale, Alex MacDougall, ancien danseur des Ballets Jooss, Birouté Nagys, autre danseuse d'Europe centrale, et enfin Michel Boudot font partie de la troupe.

Les chorégraphies de Ruth Sorel s'inscrivent dans la tradition de la danse expressionniste allemande. Ces œuvres allégoriques aux poses plastiques cultivaient l'expressivité gestuelle autant que l'intensité dramatique. Vers le milieu des années 50, le couple Choromanski-Sorel quitte définitivement le Québec pour Varsovie où Ruth Sorel s'éteindra en 1974. Les raisons de son brusque départ sont inconnues. Il se pourrait que le couple ait souffert du manque de structures de soutien offertes aux artistes canadiens de cette période. Il se pourrait aussi que des raisons politiques les aient contraints à retourner dans leur pays d'origine. Le mystère entourant le départ de ce couple professionnel persiste encore aujourd'hui.

Œuvres chorégraphiques retracées de Ruth Sorel durant sa période montréalaise

Mea Culpa Mea Culpa
Ombres shakespeariennes
L'Héritage de Prométhée
Pavane pour une infante défunte
Épitaphe
Miniatures
Lady In Mourning
Tittle Tattle (Papotages)
La Gaspésienne
Carnaval
Cappriccio espagnol
Le Prince et le rossignol
Two Lawyers in the Moonlight
La Toussaint
La Porte fermée
Biographie dansée
Czardas

Steele, Toronto

Ruth Sorel

Ruth Sorel exécutant sa chorégraphie *Mea Culpa* à la salle de bal de l'Hôtel Sheraton Mont-Royal à l'occasion du passage à Montréal de la troupe de ballet *Sadler's Wells* de Londres en 1951.

On reconnaît, à partir de la gauche: 3e personne: Frederic Ashton, danseur et chorégraphe; 5e personne: Robert Helpmann, premier danseur; 7e personne: le maire Camilien Houde; 8e personne: Margot Fonteyn, ballerine; 10e personne: Moira Shearer, ballerine.

(Archives Pierre Lapointe, UQAM)

Couverture du programme souvenir de 1949 des *Ballets Ruth Sorel*

Elizabeth Leese (1916-1962)

D'origine danoise et allemande, Elizabeth Leese grandit en Allemagne. Son père, disciple de Teilhard de Chardin, est professeur de philosophie à l'Université de Hambourg. Elizabeth commence des études en danse moderne en Allemagne, mais poursuit plus tard l'apprentissage du ballet classique avec Mme Egorova à Paris. On la retrouve ensuite en Suisse comme membre de la compagnie de danse moderne de Trudi Schoop. C'est avec cette dernière qu'elle vient une première fois au Canada lors de la tournée nord-américaine de la compagnie en 1937. Une blessure interrompt momentanément sa carrière de danseuse. Elle part donc en Angleterre suivre des cours à l'école Jooss-Leeder afin d'étudier l'aspect théâtral et dramatique de l'interprétation dansée.

C'est d'ailleurs là qu'elle rencontre le journaliste canadien Kenneth Johnstone qu'elle épouse peu de temps après, ce qui facilite son entrée au Canada malgré son passeport allemand. Un courant anti-germanique s'était déjà fait sentir au Canada durant l'entre-deux-guerres, même si, paradoxalement, il existait simultanément une forte vague d'antisémitisme.

En 1939, le couple Johnstone s'établit dans la ville-reine et Elizabeth se sent soulagée d'être éloignée de la montée nazie bien que sa famille demeure toujours en Allemagne. Elizabeth est vite engagée par la plus grosse compagnie de danse de Toronto : le Volkoff Canadian Ballet. Soliste en danse de caractère, elle interprète des œuvres plastiques et modernes. Elle donne également des cours en pantomime et en moderne à l'école de Volkoff. Elle y restera trois ans pour se diriger ensuite vers Ottawa en 1942, son époux ayant rejoint l'équipe de l'Office National du Film.

La capitale canadienne est un désert culturel durant les années maigres de la guerre. Elizabeth devient fonctionnaire municipale, assumant la responsabilité de la mise sur pied d'un programme complet de danse au niveau des loisirs. Elle enseigne tour à tour la danse moderne, la danse sociale, les claquettes et le folklore à l'Association des loisirs et récréations de la ville d'Ottawa. Elle monte aussi des revues musicales pour les militaires en permission et se bâtit une solide réputation auprès du public. Elle visite fréquemment New York, pendant cette période, pour renouer avec les techniques modernes des grands maîtres.

C'est en 1944 qu'elle s'installe définitivement à Montréal où elle fonde presque aussitôt une école et une troupe de danse. Tous ceux qui ont eu l'occasion de travailler avec elle la décrivent comme ayant eu une âme généreuse d'artiste, doublée d'une beauté nordique saisissante et d'une personnalité tout aussi forte sur scène que dans la vie. Elizabeth est surtout une interprète moderne mais, au fil des ans, son passage de la danse moderne au ballet classique s'effectue avec facilité.

Avant son arrivée au Canada, elle avait maîtrisé les techniques de danse moderne du courant expressionniste allemand. Une fois à Montréal, elle consolide ses acquis en suivant plusieurs stages d'été aux États-Unis avec des chefs de file comme Martha Graham, Doris Humphrey et Hanya Holm pour le moderne, et avec Antony Tudor, Margaret Craske, Edward Caton et George Balanchine pour le classique. Bien qu'elle ait tendu de plus en plus vers une esthétique plus classique que moderne, elle était elle-même, en tant qu'interprète, trop expressive, trop grande et trop svelte pour concurrencer toute ballerine accomplie.

Son école montréalaise est la première à avoir institué un cours destiné aux professeurs. Elizabeth cherchait à former non seulement des interprètes mais aussi des enseignants dans l'apprentissage du classique et du moderne. C'est d'ailleurs elle qui a introduit la méthode Cecchetti au Québec en invitant des professeurs aussi renommés que Margaret Saul. Non seulement une pionnière de l'enseignement classique style Cecchetti, Elizabeth Leese enseignait aussi un type de danse moderne qui mariait l'esthétique grahamienne et l'expressionnisme allemand. L'école va œuvrer de façon soutenue de 1945 à 1958. Parmi les élèves les plus connus, on retrouve Jeanne Renaud, Brian Macdonald, Juliette Fischer, Jacqueline Lemieux-Lopez, Yves Cousineau, Alex MacDougall et Biroute Nagys.

En tant que chorégraphe, Elizabeth Leese alliait la pureté des lignes d'un certain classicisme à l'expressivité et à l'émotion plus représentatives du moderne. Son œuvre la plus célèbre est *Lady From the Sea* d'après la pièce d'Ibsen, avec une musique originale de Saul Honigman et un décor de Jean Fournier de Belleval. Cette œuvre est dansée une première fois par sa troupe en 1952. Elle est ensuite télévisée et obtient tant de succès que le Ballet National du Canada l'inclut dans le répertoire de sa saison en 1955, Celia Franca elle-même dansant le rôle créé auparavant par Elizabeth. La version du Ballet National avait, par contre, été modifiée. Plus « classique », elle se dansera désormais sur pointes contrairement à la version originale.

Les activités professionnelles d'Elizabeth Leese ne se sont pas limitées à son école et à ses récitals. Issue d'une famille très cultivée et intellectuelle, elle partageait aisément cette vaste culture avec son époux, le journaliste Ken Johnstone, qui l'a d'ailleurs épaulée tout au long de sa carrière. À son studio, on retrouvait aussi le jeune Serge Garant au piano. Elizabeth prônait une démarche artistique cosmopolite, même à

Montréal, et tenait à collaborer avec plusieurs organismes artistiques et culturels de la métropole. C'est ainsi qu'elle s'associa à des spectacles de théâtre autant que de danse. Cela lui avait été relativement facile de passer de la danse moderne au ballet classique et tout aussi facilement, elle s'intègre au paysage théâtral francophone et anglophone. Dans ce même esprit, on la retrouve comme interprète des rôles-titres et des rôles majeurs dans *I Remember Mama* et *Anna Christie* produits par le Montreal Repertory Theatre, alors qu'elle règle aussi les chorégraphies du *Bal des voleurs* d'Anouilh pour Les Compagnons de Saint-Laurent. Elle sera aussi commentatrice à la radio française de Montréal et collaborera avec Gratien Gélinas pour la première de *Ti-Coq*.

Un de ses élèves, Brian Macdonald, lui demandera autour de 1956 de s'intégrer à la compagnie qu'il vient de former : Le Montreal Theater Ballet. Cette nouvelle compagnie se veut un collectif de chorégraphes et de danseurs canadiens. Elle cherche à promouvoir le talent canadien en scénographie, en composition musicale, en chorégraphie et en interprétation. Mais la compagnie n'aura qu'une existence sporadique de 1956 à 1958 et elle s'éteindra rapidement faute de fonds.

La polyvalence du talent d'Elizabeth Leese se reflète aussi dans sa participation à la revue *Bleue et Or* de l'Université de Montréal et aussi à la *Red and White Revue* de l'Université McGill. Elle ne se contente pas non plus de faire que des spectacles sur scène. Elle en crée d'autres pour la télévision dans le cadre des émissions *Chants et danses du monde*, *Café des artistes*, *Montréal Panorama* et *Carrefour*.

Vers 1960, tandis que son école s'essouffle un peu et que sa santé décline, elle développe un lien plus étroit avec les Grands Ballets Canadiens. Atteinte d'une tumeur au cerveau, elle meurt en 1962 alors que sa carrière est en pleine ascension. Sa bibliothèque personnelle est léguée aux Grands Ballets Canadiens qui créent aussitôt une bourse en son nom pour aider les élèves talentueux à poursuivre leur formation en danse.

Œuvres retracées

J'ai tant dansé
Mount Royal Fantasy
Lady From the Sea
Bach in B Minor
Chinese Tale
Sarabande
Dutch Dances
Mexican Dances
Pas de deux italien
Tale of a Chinese Curio
Spanish Jota
Tzigane
Tango
Carrefour

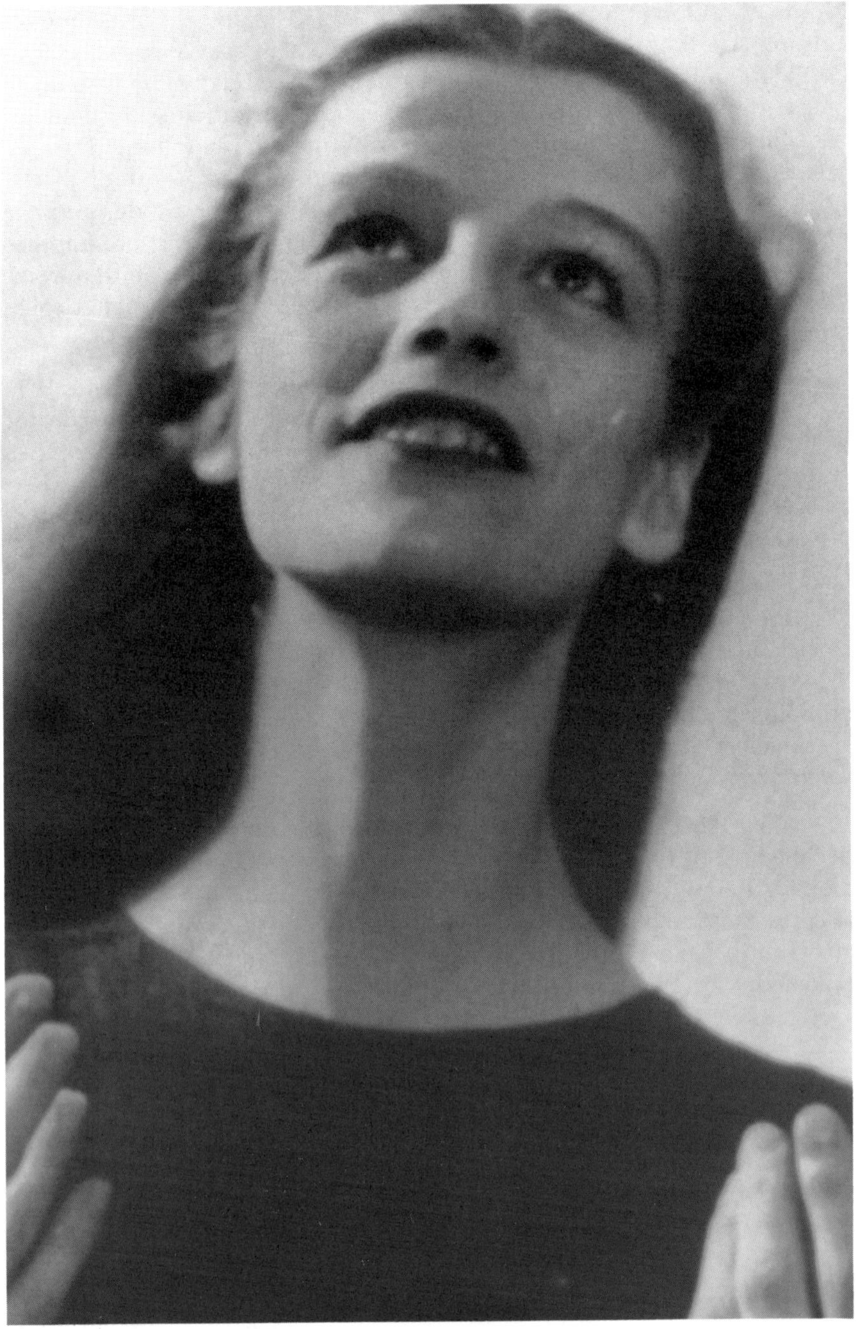

(Collection personnelle Irene Kon)

Elizabeth Leese

(Collection personnelle Irene Kon)

Elizabeth Leese enseignant à une classe de moderne à son studio à Westmount

Séda Nercessian Zaré (1911-1980)

Une histoire remplie de mystères et de promesses, d'espoirs et de rêves brisés, c'est ainsi que se présente celle de Séda Zaré au Canada. Une histoire empreinte de tristesse puisque les acquis antérieurs de Zaré ont été peu exploités à Montréal.

Séda Nercessian naît à Baku en Asie Mineure, de parents arméniens. Son père est propriétaire de pétroliers. La famille jouit donc d'une certaine aisance financière. En 1921, en raison de la persécution des Arméniens par les Turcs, la famille Nercessian se voit dans l'obligation de fuir vers l'Angleterre où la petite Séda est vite placée dans un pensionnat. C'est en Angleterre qu'elle suit ses premiers cours de danse, se familiarisant avec la rythmique Dalcroze à l'Institut Dalcroze tout en suivant assidûment des cours de ballet classique avec le célèbre Nikolaï Legat. De plus, la sœur de Séda poursuit elle aussi des études en rythmique et deviendra une rythmicienne Dalcroze accomplie qui ira travailler en Argentine. Quant à Séda, elle s'inscrit également à des cours en danse moderne avec Margaret Morris et J. Gordon Denning.

Elle quitte l'Angleterre pour Paris afin de travailler avec Boris Kniaseff, le maître pour lequel elle dansera quelques spectacles. Vers les années 30, attirée par Berlin, elle s'installe en Allemagne où elle vivra de 1938 à 1950. Durant cette période, elle sera formée à l'école classique d'Alexandra Nikolaeva qui trouve en elle une parfaite disciple et lui confie bien vite la relève de son propre studio.

Ainsi, Séda Nercessian assume-t-elle la direction du studio de Nikolaeva après avoir obtenu une licence en chorégraphie et un permis d'enseignement du Deutsch TanzBuhne de Berlin. C'est à ce même studio qu'elle accueille une jeune élève venue y faire ses premiers pas de danse. Plus tard, leurs chemins se croiseront à nouveau, mais cette fois outre-mer. Ludmilla Gorny émigrera, en effet, au Québec sous son nom de femme mariée : Ludmilla Chiriaeff.

De formation principalement classique, Séda se retrouve dans une Allemagne où la danse moderne dite « d'expression » est en pleine effervescence. Bien que Séda soit d'abord et avant tout une adepte du ballet et qu'elle prend le contrepied du courant moderne, elle se lie néanmoins d'amitié avec Rosalia Chladek avec qui elle suit des cours de danse moderne ainsi qu'avec Harald Kreutzberg.

Durant son séjour berlinois, Séda Nercessian devient tour à tour, ballerine-soliste de l'Opéra d'État de Berlin, du Grosses Schauspielhaus, du Théâtre Métropole et du Deutsch TanzBuhne. Contrainte de changer son nom à consonance trop ethnique pour les oreilles nazies, elle opte pour celui de Zaré, tout aussi exotique. Elle déménage durant la guerre pour s'installer à Heidelberg où elle enseigne la danse à la German Youth Organisation tout en organisant plusieurs spectacles. Durant la décennie 40, sous le parrainage du gouvernement ouest-allemand, elle entreprend des tournées dans toutes les grandes capitales de Suisse, de Hollande, de Norvège, du Danemark, de Tchécoslovaquie et d'Italie. Elle se produit sous le nom de Compagnie Séda Zaré en concerts solo, souvent avec des partenaires masculins qui dansent avec elle ou qui participent tout simplement au même spectacle. Il s'agit de Robert Mayer, Karl Bergeest, Ivan Piskunoff et Ellys Gregor. Les critiques européennes, tirées de son album-souvenir, sont unanimes à la louer. Ils soulignent, d'une même voix, sa grande qualité technique, son expressivité (qu'elle doit sûrement à ses racines arméniennes), sa souplesse physique et son attaque dynamique lors des sauts. Sa contribution artistique en Allemagne est si vaste que Séda se joint durant une saison à un cirque itinérant pour subvenir à ses besoins. Elle y présente le seul numéro de qualité classique et artistique.

Après la guerre, un de ses frères, qui avait déjà émigré au Canada, est envoyé en Allemagne à titre de militaire canadien. Il convainc Séda Zaré et son époux Souren Saharuni, expert en objets d'art et journaliste arménien, qu'il leur faut émigrer au Canada.

En 1950, le couple Saharuni-Zaré et leur jeune fils Randy sont accueillis en terre canadienne à titre de réfugiés politiques. Peu de temps après leur arrivée, le mari délaisse le foyer et le couple se sépare officieusement. Zaré doit assumer seule la responsabilité de l'éducation de son fils. Les nouvelles contraintes psychologiques et matérielles vont sans doute influencer la poursuite de sa vie professionnelle.

Devant assurer seule sa subsistance et vivant dans un nouvel environnement après des exodes successifs dans plusieurs pays d'adoption, il est normal que Séda Zaré ait décidé de poursuivre sa carrière canadienne en sourdine, malgré les prestigieuses lettres de noblesse qu'elle avait en main. Pour survivre, elle dansera même dans des boîtes de nuit de Montréal dès son arrivée au pays.

Cependant, durant la première année, les religieuses de Villa Maria lui demandent de régler l'aspect chorégraphique d'un *pageant* créé en hommage à Marguerite Bourgeois, intitulé *Le Jeu de la voyagère*. Elle enseigne aussi à Montréal et prend la relève de l'école délaissée par Ruth Sorel à Trois-Rivières et à Shawinigan. Elle prépare des récitals de fin d'année pour ses centaines d'élèves réparties un peu partout dans la province. Par la suite, elle déménage son studio à Westmount et le baptise du nom de Montreal Professional Dance Centre, celui-ci étant effectivement fréquenté par tous les professionnels de Montréal qui viennent apprendre la méthode classique russe. Peu à peu, elle conçoit sa propre technique qu'elle nomme « Anatomie pratique ». Son apport le plus novateur réside dans l'élaboration d'une barre complète au sol d'après l'idée de Kniaseff, idée qu'elle modifie et raffine à mesure qu'elle l'enseigne. Les élèves, formées à son école, danseront hors du Québec : Bernadette Beliveau sera engagée par le Ballet National du Canada, Marie Côté par l'Opéra de Lille et Judy Marcuse par le Ballet Rambert, pour n'en citer que quelques-unes.

Les professionnels qui gravitent autour du studio Zaré vont aussi danser pour elle : Milenka Niederlova, Tom Scott, Michel Conte, Jacqueline Lemieux, Pierre Lapointe, Lise Gagnier, Irène Apiné et Jury Gotshalk participeront à de nombreux spectacles qu'elle organise durant les années 50 et 60, ainsi que Marie Côté et Bernadette Béliveau quand elles sont à Montréal. Zaré crée le Concert Ballet Group en 1961, peu après la brève existence du Montreal Theater Ballet dont elle avait été une des collaboratrices. Le Concert Ballet se produira à plusieurs reprises à Montréal et dans sa région pendant quelques années.

Lors de son arrivée au Canada, Séda Zaré caressait une foule de projets, pleine d'espoir du seul fait de fouler une nouvelle terre. Mais le Montréal de 1950 n'offrait guère un cadre propice aux artistes de la danse, contrairement à certaines grandes villes européennes. Tout était encore à bâtir. L'attitude du public face à la danse reflétait une grande ignorance de cet art tant au niveau du loisir qu'à l'intérieur d'une démarche qui se voulait plus professionnelle. Zaré a donc dû mener de front un double travail : définir la danse comme activité de loisir et promouvoir une formation professionnelle de qualité en danse par le biais de la création d'un institut ou d'un conservatoire voué à cette fin. Le destin a voulu que l'apport de Zaré se situe surtout dans le milieu récréatif plutôt que professionnel, bien qu'elle possédât tous les atouts nécessaires pour réaliser l'autre plan d'action, sauf peut-être le plus important, celui du savoir-faire politique.

Tout le long de sa vie montréalaise, Zaré a rédigé de nombreux rapports, mémoires et propositions en faveur de l'enseignement de la danse au Québec. Elle fut une des personnes consultées lors de la Commission Parent. Elle a écrit des lettres ouvertes au Conseil des arts du Canada et à bien d'autres organismes officiels, mais aucun de ses projets de formation professionnelle en danse n'a été retenu. Elle a donc misé sur l'aspect récréatif de la danse en mettant son savoir professionnel au service de l'activité de loisir.

C'est ainsi que le Concert Ballet Group montait des spectacles professionnels en collaboration avec le Service des parcs et des loisirs de la Ville de Montréal. Dans le même esprit elle organisa aussi un festival de danse au parc Lafontaine. Dès 1953, elle avait également créé des stages d'été en ballet classique à Sainte-Adèle et à Saint-Sauveur avec l'aide d'Agnès Lefort. Elle pensait retrouver, dans un cadre naturel et rural, la liberté d'expression physique favorable à l'étude non seulement du classique mais aussi de la danse créative. Éternellement active, elle fut longtemps la représentante du ballet classique à la Fédération des loisirs-danse du Québec et a été un membre fort respecté de la Canadian Ballet Association ainsi que de la Quebec Dance Teachers Association. C'est donc dans ces secteurs d'intervention qu'elle a eu le plus d'impact.

En ce qui touche l'aspect chorégraphique, Zaré signait plusieurs œuvres qu'interprétaient les professionnels de Montréal. Elle-même est rarement apparue sur les scènes montréalaises, sa carrière de danseuse étant déjà derrière elle à son arrivée au pays. Toutefois, elle a participé à quelques émissions télévisées comme chorégraphe tout en collaborant avec les Compagnons de Saint-Laurent et avec le Théâtre de la Ruche qui montait des opérettes saisonnières. Elle a aussi offert son concours dans des spectacles ethniques des communautés russes et arméniennes de Montréal.

Autour de 1964, elle est invitée par le Centre de recherche, d'expérimentation et d'étude en danse de Buenos Aires. Elle y passera un été pour y enseigner, entre autres, sa méthode d'anatomie pratique et la rythmique Dalcroze au Théâtre Colon et au Théâtre de la Place.

La décision d'établir son studio à Westmount ne reflète pas le snobisme d'une artiste qui a toujours agi en sourdine et en vol solitaire. Comme bien d'autres professeurs avant elle, ce choix était plutôt une façon de contourner une loi municipale montréalaise qui taxait les établissements offrant des cours privés ou collectifs. Westmount, ville autonome, échappait à cette loi, ce qui explique l'existence d'une si grande prolifération de studios de danse westmontais à partir des années 30.

Victime d'un cancer généralisé, Séda Zaré s'éteint incognito à San Diego en 1980, alors qu'elle s'apprêtait à rejoindre Montréal après une courte escale au Mexique. Les marques tangibles qu'elle laisse dans l'histoire chorégraphique de Montréal se situent surtout au niveau de l'enseignement et de la diffusion de la danse en province. La contribution qu'elle aurait pu apporter si sa personnalité avait été différente aurait, sans doute, eu des répercussions beaucoup plus importantes. Éternelle nomade, artiste généreuse certes, mais bien trop timide, son vol solitaire n'a pu que la placer à l'écart du courant dominant de la danse professionnelle montréalaise.

Œuvres retracées

Audition à trois heures
Poèmes caucasiens
Le Spectre de la rose
Sound and Movement
Romance
Jugement de Paris
Feuilles d'automne
Les Petites Mains
Mélodie espagnole
Étude en bleu
Dance of the Rose Maidens
Trois esquisses
Élégie
Légendes du Canada

S. Enkelmann (Archives Zaré, UQAM)

Séda Zaré dans un récital solo à Berlin

S. Enkelmann (Archives Zaré, UQAM)

Séda Zaré, soliste à Berlin

Séda Zaré dans son studio montréalais

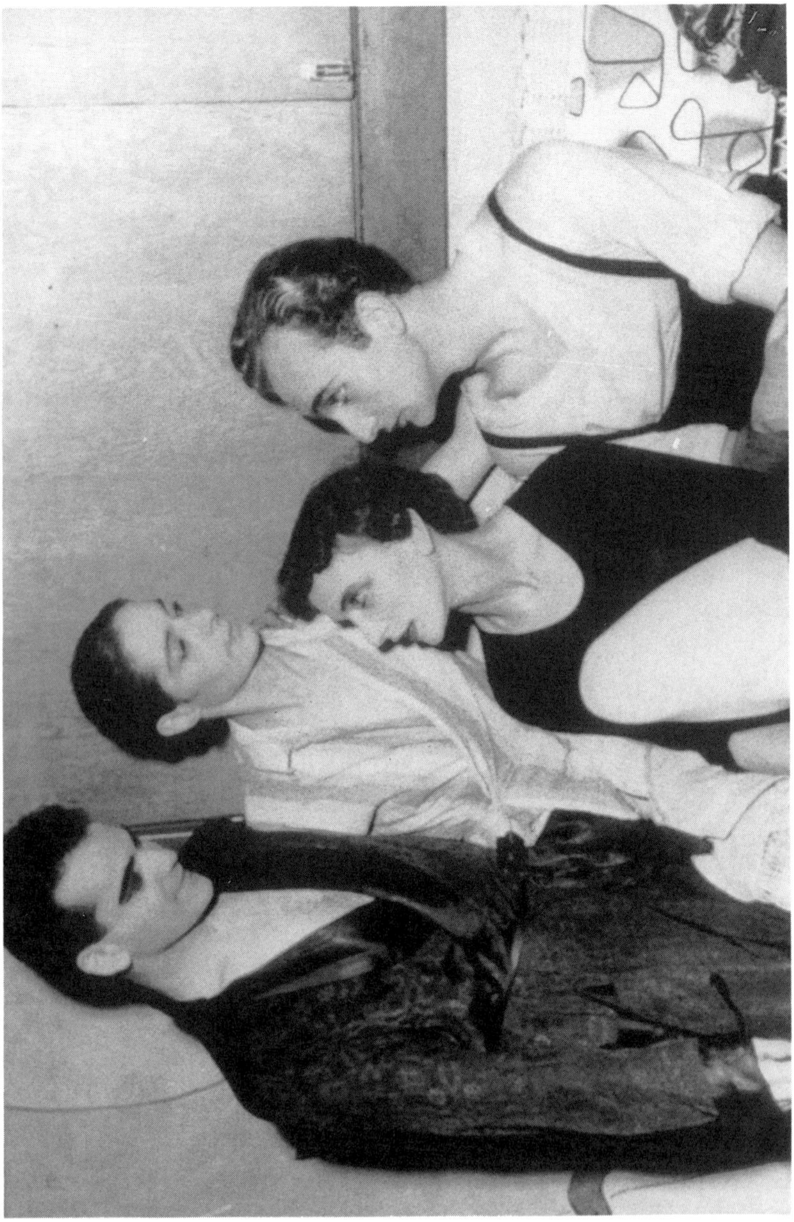

Les membres du *Séda Zaré Concert Group* en coulisses:
Tom Scott, Séda Zaré, Milenka Niederlova et Michel Conte

Au Québec, la contestation de l'idéologie cléricale et la volonté de laïciser la culture provoquent, en 1948, la publication du manifeste du *Refus Global*. De nouvelles lois canadiennes d'immigration accueillent des artistes au même titre que les travailleurs spécialisés.

Parmi ceux-ci, nous retrouvons Ruth Sorel (1907-1974), Elizabeth Leese (1916-1962) et Séda Zaré (1911-1980). Ces femmes arrivent au Québec avec un passé chorégraphique important. Elles trouvent le pays accueillant mais dépourvu de soutien artistique.

Ruth Sorel est née en Allemagne de parents polonais. Elle étudie la technique Dalcroze et la danse moderne auprès de Wigman. Elle sera plus tard soliste à l'Opéra de Berlin. Le nazisme l'incite à quitter l'Allemagne pour la Pologne, son pays d'origine, où elle fonde une école. En 1944, elle émigre à Montréal créant presque aussitôt une école ainsi qu'une troupe. Elle signe la chorégraphie *La Gaspésienne*, le premier ballet à contenu québécois. Elle quitte précipitamment le Québec en 1950.

D'origine danoise, Elizabeth Leese grandit en Allemagne où elle est influencée par l'expressionnisme. Fuyant la montée nazie, elle épouse un canadien qui l'amène vivre à Toronto, à Ottawa et enfin à Montréal. Dès son arrivée à Montréal en 1944, elle ouvre une école et fonde une troupe. Parmi ses élèves, on retrouve les noms de Jeanne Renaud, de Brian Macdonald et de Biroute Nagys. Polyvalente, elle œuvre aussi dans le monde du théâtre francophone et anglophone ainsi qu'à la télévision.

Fuyant les persécutions turques, la famille de Séda Zaré, d'origine arménienne, émigre en Grande-Bretagne. En Angleterre, Séda suivra des cours en rythmique Dalcroze, en ballet et en technique moderne. De 1938 à 1950, elle vit à Berlin où elle obtient un certificat d'enseignement et devient une soliste de ballet classique. Elle s'établit à Montréal au début des années 50, s'attachant surtout à diffuser l'amour de la danse. Pédagogue respectée par les professionnels et les amateurs, elle meurt en 1980 atteinte d'un cancer généralisé.

Chapitre 4

Le ballet classique au seuil d'une première légitimité

La décennie des « fifties »

1952 représente une année charnière dans le paysage chorégraphique québécois. Cette année-là marque tout d'abord l'arrivée spectaculaire de la télévision montréalaise qui a entraîné avec elle un changement de valeurs tout en agrandissant le référentiel culturel populaire. Ensuite, une artiste nouvellement immigrée sera approchée par Radio-Canada afin de créer de nombreuses chorégraphies pour les émissions hebdomadaires de variétés télévisées. C'est ainsi que les Ballets Chiriaeff voient le jour pour répondre aux contrats chorégraphiques successifs qui sont offerts à Ludmilla Chiriaeff par les réalisateurs des émissions de variétés. Enfin, le cardinal Léger nuance pour la première fois l'interdit relatif à la pratique de la danse : si la danse folklorique y est favorisée, c'est au détriment des autres activités en danse qui, elles, se heurtent toujours à l'hostilité du clergé.

L'avènement de la télévision joue un rôle significatif dans l'évolution sociale du Québec. Elle installe un réseau de communication directe qui brise l'isolement des milieux ruraux. Les années 50 marquent d'ailleurs un renouveau culturel et artistique attribuable en partie à la publication du manifeste du *Refus Global* par des artistes et des intellectuels opposés au régime duplessiste. Toutefois, la plupart des artistes signataires chercheront l'exil peu après.

En quête d'univers culturels plus propices à la créativité et au savoir élargi, ils se dirigent presque tous vers New York ou Paris pour y vivre de longues années d'expatriation; au cours de leurs séjours à l'étranger, ils bénéficient d'une reconnaissance sociale et culturelle que le Québec semble leur nier.

Privée de ces artistes contestataires qui cherchent à secouer l'ordre établi, Montréal prend maintenant un tournant plus traditionnel, tournant que la télévision entérine par son objectif de culture de masse. Tout comme l'invention de l'art photographique avait provoqué, au début du siècle, une remise en question et une redéfinition des beaux-arts, l'arrivée de la télévision appelle un réajustement dans l'industrie du spectacle. L'assistance aux spectacles de vaudeville et aux revues musicales diminue et Les Variétés Lyriques sont bientôt forcées de fermer boutique. Des lieux d'échanges intellectuels et artistiques émergent parallèlement à l'affaiblissement du pouvoir clérical. La télévision devient un employeur important, fournissant du travail à bon nombre d'interprètes, de musiciens, de danseurs et de comédiens.

L'avènement de la télévision montréalaise coïncide pour ainsi dire avec la publication du rapport de la Commission royale d'enquête sur l'avancement des arts, des lettres et des sciences au Canada, mieux connue sous le nom de Commission Massey-Lévesque de 1950-1951. Les recommandations que celle-ci propose visent un plus grand épanouissement culturel. Cela se traduira par la création, en 1957, d'un nouvel organisme gouvernemental de subventions pour les arts : le Conseil des arts du Canada. Cependant, dans la charte initiale de ce premier organisme de soutien public pour les artistes, le mot danse n'apparaît même pas. Un tel oubli est révélateur de la place quasi inexistante de cet art partout au Canada, un parent pauvre somme toute! Malgré tout, le chemin vers la légitimité sociale s'ouvre enfin et l'identité culturelle et artistique est encouragée.

Entre-temps, en 1951, le Ballet National du Canada est fondé à Toronto par Celia Franca. Il vient couronner les premiers efforts de sensibilisation du public canadien à cet art, notamment par l'entremise de « vitrines chorégraphiques » organisées sous l'égide des Festivals de ballet pancanadien inaugurés à Winnipeg dès 1948. Des arrêts de croissance chorégraphique se manifestent pourtant au Québec à cette époque. Les Ballets-Québec, sous la direction de Gérald Crevier, s'éteignent avec le départ de plusieurs danseurs qui se joignent au Ballet National. Pour leur part, Les Variétés Lyriques disparaissent également, ne pouvant rivaliser avec le petit écran.

Pour souligner un aspect plus positif, on note une prolifération apparente de foyers culturels qui échappent à la mainmise du clergé. Des institutions laïques voient le jour. Le Conservatoire d'art dramatique est créé à Montréal en 1954 et à Québec en 1958. La Comédie canadienne vient supplanter le Théâtre Gayety's, et le Théâtre des Quat'sous est inauguré en 1956, en même temps que l'ouverture de la faculté de musique de l'Université de Montréal.

La décennie des « fifties » s'avère déterminante. Une infrastructure de soutien culturel commence à s'installer parallèlement à la laïcisation de la culture. Néanmoins, en dépit de la nuance apportée à l'interdiction formelle de l'Église, la situation de la danse est loin d'être idéale en 1952. Le texte qui suit, rédigé par le cardinal Léger, démontre que la danse aura encore un long chemin à parcourir avant de se tailler une place privilégiée dans la société québécoise :

1. Il est strictement interdit de danser dans les endroits situés à l'intérieur des murs d'une église.
2. Les danses modernes ne doivent pas être autorisées dans tous les endroits où s'exerce la juridiction de l'église [salles paroissiales, écoles, collèges, couvents, hôpitaux].
3. Les séances de folklore sont permises mais à condition que le programme ait été approuvé par le service de loisir [un prêtre en faisait toujours partie][1].

Les Ballets Chiriaeff (1952-1958)

Si le folklore est une activité enfin acceptée dans la vision cléricale, le ballet classique et la danse expressive sont encore considérés comme des incitations au péché. Ce n'est sûrement pas une coïncidence si les deux berceaux de la danse moderne, l'Allemagne et les États-Unis, sont des pays majoritairement protestants. L'éthique protestante, après tout, entérine l'application de la notion *mens sana in corpore sano*.

On ressent toutefois un début d'ouverture face à la danse dans cette nouvelle attitude du clergé catholique. Mais c'est la télévision qui donnera un véritable coup de pouce à l'art chorégraphique. En effet, le petit écran servira de noyau de diffusion de l'art chorégraphique durant toute cette décennie et il sensibilisera un nouveau public aux spectacles de danse. Les nouveaux téléspectateurs se familiarisent avec les métiers de danseur et de chorégraphe. Les contrats consécutifs offerts par Radio-

1. Michel LANDRY, « Situation de la danse au Québec : Prologue », *Réflex*, vol. 2, n° 4, 1982, p. 11.

Canada vont également donner un semblant de sécurité d'emploi à plusieurs danseurs qui frisent le seuil de la pauvreté. De plus, le phénomène de la télévision va aussi cimenter la communauté des professionnels de la danse autour de ces activités récurrentes. Cette première concertation du milieu se fait autour d'une figure de proue, celle de Ludmilla Chiriaeff à la fois interprète, chorégraphe et maîtresse de ballet. Cette femme charismatique et déterminée sera bientôt perçue comme la marraine du ballet classique professionnel à Montréal.

Née à Riga, en Lettonie, de père russe et de mère polonaise, Ludmilla Gorny étudie la danse au studio berlinois d'Alexandra Nikolaeva. Ce studio avait d'ailleurs été pris en main par Séda Zaré vers la même époque. Fuyant l'Allemagne hitlérienne et ses camps de concentration, Ludmilla se rend en Suisse pour y danser dans des compagnies d'opéra à Lausanne et à Genève. Elle sera aussi l'interprète principale d'un film suisse intitulé *Danse solitaire*. Avec l'aide du Fonds de réparation des réfugiés, elle et son époux, le scénographe Alexis Chiriaeff, émigrent au Québec en 1952.

À peine débarquée à Montréal, elle traverse la gare Windsor pour se rendre sur la rue Sainte-Catherine et découvre, à sa grande surprise, que son nom s'affiche à l'enseigne d'un cinéma. Non sans raison d'ailleurs, étant donné que l'on y présente le film *Danse solitaire*. Interprétant cela comme un signe du destin, elle a dès lors la conviction que Montréal sera sa bonne étoile. Sa carrière canadienne débute presque aussitôt puisqu'elle obtient un premier contrat de Radio-Canada!

La création des Ballets Chiriaeff en 1952 se fait de manière informelle. La compagnie, dont l'origine est spontanée, recrute ses membres parmi la colonie de jeunes artistes de la danse qui viennent d'Ottawa ou de Montréal. Les danseurs de la compagnie apprennent leur métier sur le tas. Phénomène quelque peu étrange pour une troupe qui a vu le jour grâce à la télévision, son premier spectacle sur scène n'a lieu qu'en 1955 au chalet du Mont Royal dans le cadre d'un Festival de Montréal. Deux saisons plus tard, Ludmilla Chiriaeff crée *Les Noces* sur une musique de Stravinsky, toujours lors d'un Festival de Montréal. Cette œuvre remporte tant de succès qu'on l'encourage à former une compagnie officielle. Les Grands Ballets Canadiens seront incorporés en 1958, mais le choix du nom adopté par la troupe continuera d'attiser les commentaires pendant plusieurs années. Toujours est-il que la nouvelle troupe se lance sur le marché dotée d'une modeste subvention de 6 000 $ pour entreprendre sa première saison.

(Collection personnelle Christina Coleman)

Christina Macdonald Coleman dans *Coppelia*
Chorégraphie: Éric Hyrst
Les Ballets Chiriaeff, Radio-Canada

Ludmilla Chiriaeff discutant avec le réalisateur de *Par le trou de la serrure* (émission diffusée à Radio-Canada en 1956)

La petite fille à la barre: Christine Clair

(Collection personnelle Sheila Pearce Lawrence)

Ludmilla Chiriaeff dans *Jeanne D'Arc, L'Heure du Concert*, Radio-Canada

Drawn Blinds
Chorégraphie: Éric Hyrst
Danseuses: Sheila Pearce Lawrence, Ludmilla Chiriaeff et Eva von Genczy

Les Grands Ballets Canadiens

L'histoire des Grands Ballets Canadiens est truffée d'embûches et de phénomènes singuliers. C'est la plus jeune des trois compagnies majeures de danse classique au Canada et vingt années séparent la fondation du Ballet Royal de Winnipeg en 1938-1939 de celle des Grands Ballets Canadiens. Les conditions socioculturelles spécifiques du Québec, et principalement l'attitude défavorable des religieux vis-à-vis de la danse, ont contribué à retarder le développement de la danse professionnelle dans cette province par rapport au reste du Canada et à nos voisins américains. L'attrait du travail régulier en danse par le biais de la télévision provoque un attroupement des danseurs canadiens dans notre métropole.

Les Ballets Chiriaeff avaient été créés indirectement grâce à la télévision; une pareille collaboration ne se maintiendra pourtant pas de façon régulière après l'incorporation de la seconde compagnie. C'est plutôt une carrière scénique que Les Grands Ballets entreprennent. La nouvelle compagnie va poursuivre le mandat artistique d'éclectisme déjà adopté par la fondatrice pour la compagnie mère. Le répertoire des Ballets Chiriaeff puise son inspiration autant dans la forme néoclassique que dans la danse de caractère, *La commedia dell'arte* et le romantisme, approche qui particularise encore aujourd'hui les saisons des Grands Ballets. Loin d'être puriste, la compagnie ne met en scène qu'occasionnellement des pièces de musée dans le style de *Giselle* ou de *Coppélia*.

À l'époque des Ballets Chiriaeff, d'autres chorégraphes semblent avoir été des pivots importants de la troupe. Mentionnons d'abord le nom d'Eric Hyrst, ancien premier danseur du Sadlers Wells (aujourd'hui Ballet Royal de Londres) et du New York City Ballet entre autres. Arrivé au Canada, il se rend à Winnipeg où il est engagé comme soliste du Ballet Royal de Winnipeg. Mais attiré par une plus grande stabilité d'emploi, ce que semble offrir la télévision montréalaise, il s'installe dans la métropole québécoise avec sa partenaire de Winnipeg, une ballerine d'origine hongroise du nom d'Eva von Genczy. Von Genczy et Hyrst seront souvent les solistes des Ballets Chiriaeff. Hyrst signera en outre plusieurs chorégraphies à caractère nettement plus romantique et dans un style puriste. La collaboration de Hyrst va d'ailleurs donner une couleur plus purement classique aux Ballets Chiriaeff, et cela jusqu'au début des Grands Ballets Canadiens (GBC).

L'évolution des GBC s'effectue progressivement. Dès sa deuxième saison, la compagnie est invitée à participer au Festival de Jacob's Pillow dans le Massachussetts, festival animé par nul autre que Ted Shawn.

La plupart des œuvres créées durant cette période seront signées par Hyrst ou Chiriaeff elle-même. Si les chorégraphies de cette dernière reflètent un penchant pour la danse de caractère, le point fort de leur créatrice, et si elles sont plus accessibles au grand public qu'elles se doivent d'apprivoiser, celles de Hyrst tendent plutôt vers le romantisme. Ce n'est qu'autour de 1965 qu'une nouvelle figure surgit parmi les chorégraphes en résidence : celle de Fernand Nault que Chiriaeff a réussi à rapatrier au Québec.

La période Nault : 1965-1974

Québécois de naissance, Fernand Nault a fait carrière aux États-Unis avant de retourner au Québec pour œuvrer au sein des GBC. Sa formation initiale, il l'acquiert à Montréal auprès de Maurice Lacasse-Morenoff pendant six années. Il débute sur scène aux Variétés Lyriques dans des spectacles chorégraphiés par Morenoff. Un heureux hasard précipite sa carrière internationale. Il est invité à remplacer un danseur blessé de l'American Ballet Theater durant l'escale montréalaise de cette troupe américaine. Un premier contrat de quelques semaines qui correspondait aux dates de la tournée se prolonge pendant 21 ans! Nault va se distinguer comme premier danseur de caractère de cette compagnie, accédant rapidement au poste de maître de ballet grâce à sa merveilleuse mémoire visuelle.

En 1965, répondant à l'invitation de Mme Chiriaeff, il se joint aux GBC. Il occupera les fonctions d'assistant à la direction artistique et de chorégraphe attitré durant une dizaine d'années. De son côté, Chiriaeff se préoccupera désormais d'un autre aspect bien important sur la scène montréalaise : celui de la croissance de la formation professionnelle en danse. L'Académie de Ballet des GBC avait été fondée conjointement avec la compagnie, mais elle offrait des cours à une clientèle hétéroclite visant autant la culture personnelle que l'apprentissage des techniques spécialisées en danse. Ce n'est qu'avec la fondation de l'École supérieure de danse du Québec en 1966 que le volet exclusivement professionnel sera mis en valeur. L'École supérieure a d'ailleurs été la première institution de son genre à être officiellement reconnue par les instances gouvernementales qui lui ont octroyé des subventions dès son inauguration. Suivra ensuite la mise sur pied du projet-pilote de concentration danse à l'École Pierre Laporte en 1975 et du programme de ballet classique au cégep du Vieux-Montréal en 1979. Chiriaeff veille donc constamment à encourager le talent québécois en ce qui a trait à l'interprétation en danse et participe de très près à la mise en place de plusieurs organismes qui visent à promouvoir et améliorer l'image de la danse professionnelle à Montréal.

La période Nault marquera une transition pour les GBC. Cette compagnie réputée à l'échelle locale et nationale devient une compagnie d'envergure internationale. Durant sa première année au sein de la compagnie, Nault remonte deux œuvres qu'il avait récemment créées aux États-Unis : *Casse-Noisette*, qui deviendra un important point de repère dans le paysage culturel annuel de Montréal, et ensuite *Carmina Burana*. Présentée lors de l'Expo 67, cette dernière œuvre remportera un succès si retentissant qu'elle permettra à la troupe d'entreprendre sa première tournée européenne l'année suivante.

La saison 1969-1970 représente un jalon important dans l'histoire de cette troupe québécoise. Deux œuvres marquantes seront créées par Nault, dont *Tommy* qui, sur la musique du groupe rock The Who, véhicule l'image de la génération du *flower power*, celle des hippies. *Tommy* connaît un succès de guichet incontestable. À son actif, des centaines de représentations et le fait qu'on a réussi à attirer un tout nouveau public, les jeunes adolescents qui se sentaient très près de l'expérience psychédélique dépeinte dans cette œuvre. Bien que *Tommy* soit parvenu à populariser le ballet classique et à jouer à guichets fermés, nul ne pourrait, par contre, prétendre que cette pièce témoigne d'une invention chorégraphique très poussée.

La nécessité d'apprivoiser une clientèle de spectacle beaucoup plus vaste suscite aussi une autre démarche de la part de la direction artistique des GBC : la fondation d'une deuxième petite troupe nommée Les Compagnons de la Danse, renvoyant indirectement aux Compagnons de Saint-Laurent du père Émile Legault. Cette troupe était financée par les Projets d'initiative locale (PIL) du gouvernement fédéral et donnait la possibilité aux apprentis danseurs de se perfectionner sur diverses scènes à l'occasion de tournées dans des polyvalentes et des cégeps de la province. Les spectacles et les conférences-démonstrations rodaient la théâtralité des interprètes novices et cultivaient en même temps le public de demain. Malheureusement, la mini-troupe dut interrompre ses activités quelques années plus tard faute de subventions, mais elle a accompli une œuvre d'animation pédagogique et de sensibilisation artistique fort appréciée.

L'autre chorégraphie marquante de l'année 1970 fut la représentation de la *Symphonie des psaumes* de Fernand Nault sur la musique de Stravinski, et présentée dans la nef de l'oratoire Saint-Joseph! Pour le grand public, ces représentations signifiaient que la danse, enfin tolérée et acceptée, avait désormais droit de cité et qu'elle ne constituait pas nécessairement une incitation au péché mais plutôt une forme de prière. Devant une réconciliation si manifeste de la religion catholique et de la danse, une nouvelle attitude publique se dessine et la reconnaissance de la valeur spirituelle et artistique de l'art chorégraphique est en voie de se concrétiser.

Fort de son expérience passée au sein de l'American Ballet Theater, la contribution de Fernand Nault à l'évolution des GBC a été significative. Il a noué des liens entre les compagnies américaines et la troupe québécoise. Nault a aussi conçu des œuvres de facture plus contemporaine, dans le style de *Hip and Straight* et *Aurkhi*. Enfin, il a contribué à propulser la compagnie dans un circuit cosmopolite et international et à l'intégrer dans le paysage artistique du Québec traditionaliste.

L'époque Macdonald : 1974-1977

La compagnie est ensuite prise en main par Brian Macdonald qui en assume la direction artistique de 1974 à 1977. Montréalais de naissance, Macdonald ne s'intéresse que tardivement à la danse. Il est alors étudiant en littérature anglaise à l'Université McGill et il écrit des critiques musicales pour le quotidien *The Montreal Herald*. Il apprend le ballet classique avec Gérald Crevier; Elizabeth Leese et Françoise Sullivan l'initient, pour leur part, aux techniques modernes et à l'improvisation. Il sera toutefois déshérité par son père qui réprouve le fait que son fils choisisse une profession si précaire et si peu prestigieuse. Une blessure grave interrompt très tôt son travail d'interprète. Pourtant, sa véritable carrière d'homme-orchestre se dessine par la suite. Après avoir été brièvement danseur, il sera donc tour à tour chorégraphe et metteur en scène de revues musicales, d'opérettes et d'opéras ainsi que directeur artistique de plusieurs compagnies canadiennes ou étrangères. Sa polyvalence artistique, ses connaissances littéraires et musicales et la diversité de ses styles chorégraphiques, voilà autant d'atouts qui vont lui valoir une renommée mondiale.

Macdonald accède au poste de directeur artistique des GBC après avoir chorégraphié pour le Ballet National du Canada et le Ballet Royal de Winnipeg entre autres. Rappelons qu'il avait fondé le Montreal Theater Ballet qui vécut trois saisons, de 1956 à 1958. Et cela, en collaboration avec d'autres chorégraphes montréalais dont Séda Zaré, Elizabeth Leese, Michel Conte et Elsie Salomons. Le Montreal Theater Ballet avait comme mandat de valoriser, dans la mesure du possible, le talent canadien en chorégraphie, en scénographie, en composition musicale ou en interprétation dansée. L'arrivée de Macdonald à la direction des GBC s'inscrit

Gaby

Les premiers danseurs des Grands Ballets Canadiens: Éric Hyrst et Margaret Mercier

Andrée Millaire dans une pose du *Pas de Quatre*; œuvre au répertoire des Grands Ballets Canadiens

Fernand Nault au moment où il dansait à l'*American Ballet Theater*

La Symphonie des Psaumes (1970)
Chorégraphie de Fernand Nault dansée par les Grands Ballets Canadiens durant la Semaine sainte à l'Oratoire Saint-Joseph de Montréal

Andrew Oxenham

Carmina Burana
Chorégraphie: Fernand Nault. Le cygne est dansé par Sanson Candelaria

Affiche de *Tommy*, opéra rock (1970)
Chorégraphie de Fernand Nault dansée par les Grands Ballets Canadiens

(Collection personnelle Christina Coleman)

Chorégraphie de Brian Macdonald pour *Radio-Canada*
Danseurs: Olivia Wyatt Macdonald, Christina Coleman et Brian Macdonald

(Collection personnelle Tom Scott)

Quelques membres du Montreal Theater Ballet

De gauche à droite: Olivia Wyatt, Raymond Goulet, Milenka Niederlova, Brian Macdonald, Christina Coleman, Alex Macdougall, Sylvia Tysick, Tom Scott (personne non identifiée) et Michel Martin.

Par terre: Elsie Salomons.

Double Quatuor
Chorégraphie: Brian Macdonald
Danseurs: Vincent Warren, Dwight Sheldon, Annette av Paul et Lorne Toumine

dans une même optique. Il réactive les ateliers chorégraphiques déjà créés par la fondatrice Chiriaeff mais délaissés faute de ressources financières. Il encourage donc des jeunes talents chorégraphiques à revenir au pays, notamment Linda Rabin et Judith Marcuse. Toutes deux étaient natives de Montréal et avaient quitté le Canada pour poursuivre une carrière en danse en Angleterre et en Israël.

Macdonald les avait rencontrées au cours de ses nombreux voyages outre-mer. Il invite d'abord Linda Rabin à quitter Israël pour monter, au Canada, une œuvre expérimentale. *Souvenance* est présentée à l'intérieur d'un atelier chorégraphique au studio de la compagnie en 1974 et s'inscrira plus tard dans le répertoire offert à la Place des Arts. Cette expérience chorégraphique permet à Rabin de renouer avec sa ville natale et de faire connaître son travail, si différent et personnel, au public montréalais. Cet atelier chorégraphique incite indirectement Rabin à s'installer définitivement à Montréal quelques années plus tard.

Macdonald invite par la suite Judith Marcuse à monter une œuvre pour la compagnie alors qu'elle est danseuse et chorégraphe au Ballet Rambert de Londres. La chorégraphie qu'elle crée va lui valoir le prix chorégraphique canadien Chalmers et l'incitera à revenir vivre au Canada. Elle choisit la côte ouest, fondant à Vancouver sa propre troupe qu'elle dirige encore à l'heure actuelle.

Deux contributions majeures marquent le passage de Macdonald aux GBC. Tout d'abord, l'acquisition des œuvres de Balanchine. En effet la compagnie québécoise acquiert plusieurs pièces de ce célèbre chorégraphe néoclassique et le répertoire Balanchine deviendra un des traits distinctifs des GBC. D'autre part, sous la direction de Macdonald, le corps de ballet des Grands Ballets se développera et l'exécution du travail d'ensemble se fera avec beaucoup plus de netteté.

Triumvirat et codirection

Après le départ de Macdonald, le conseil d'administration des GBC opte pour la mise en place d'un triumvirat artistique composé du maître de ballet Daniel Jackson, de la maîtresse de ballet Linda Stearns, ainsi que de Colin McIntyre, directeur administratif. Contrairement aux directeurs précédents, aucune de ces personnes ne compte à son actif une expérience en création chorégraphique. Un autre élément qui ne nous aide pas à dégager une image précise est le fait que trop de personnes sont responsables du secteur artistique. L'éclectisme, formule privilégiée par Chiriaeff dès les débuts de la compagnie, se trouve réaffirmé; on favorise donc les œuvres de création et on continue d'acquérir des œuvres de répertoire.

Depuis 1977, les GBC subissent des hauts et des bas à la fois financiers et artistiques. L'image floue que dégage parfois la compagnie et le manque de clarté dans sa vision artistique sont en partie responsables de ces fluctuations. Ne pouvant arriver à cerner sa clientèle cible ni se ranger dans l'une ou l'autre tendance, la programmation du répertoire saisonnier de la compagnie enregistre continuellement une hausse suivie d'une baisse dans le nombre de ses adeptes et de ses spectateurs.

De 1986 à 1988, Jeanne Renaud assume la codirection artistique avec Linda Stearns bien que la réputation de Renaud se soit surtout bâtie autour du fait qu'elle est une des pionnières de la danse moderne et non pas du ballet classique au Québec! Durant son mandat, des œuvres d'avant-garde ont, dans une même saison, côtoyé d'autres œuvres au discours plus traditionnel. Or, le public des abonnés de la Place des Arts n'est pas encore prêt à recevoir une culture chorégraphique *underground* bien que ce style de danse expérimentale possède son propre public ici même à Montréal.

Malgré cette image de plus en plus imprécise, un chorégraphe canadien contribuera néanmoins à redorer le blason des GBC : James Kudelka. Transfuge du Ballet National du Canada, il s'intègre aux Grands Ballets dès 1980 à titre de premier danseur et de chorégraphe attitré. La critique américaine Anna Kisselgoff le perçoit comme un chef de file du ballet classique en Amérique du Nord[2]. Kudelka représente effectivement le fer de lance actuel de la relève chorégraphique à l'échelle du pays. Il est aussi un des meilleurs vendeurs des Grands Ballets tout en demeurant un créateur sollicité par d'autres compagnies américaines et canadiennes.

La création des GBC est le fruit du charisme et de la forte personnalité de sa fondatrice qui veillait à pousser toujours plus loin la compagnie avec un véritable zèle de missionnaire. Cette troupe a émergé à un moment propice, soit à l'époque où la structure de soutien pour la danse professionnelle si attendue, commençait enfin à prendre forme. Elle réussit à survivre là où d'autres avant elles avaient succombé. Le répertoire accessible et éclectique des GBC à ses débuts a sans doute contribué à cultiver un vaste public. Aujourd'hui les enjeux sont différents. L'absence de vision au gouvernail artistique n'arrange guère les choses et une redéfinition de son mandat s'impose.

---

2. Anna KISSELGOFF, « Faith Death, and a Swivel Chair », *New York Times*, 15 avril 1988; « Has the Dance Boom Run its Course? », *New York Times*, 3 mai 1985.

La récente démission de la directrice artistique, Linda Stearns, annonce un nouveau chapitre dans l'historique de la doyenne de toutes nos institutions de danse. Un tournant qui pourrait déboucher sur une esthétique plus précise axée sur une vision plus cohérente du nouveau directeur artistique Lawrence Rhodes. Mais il se pourrait aussi que cette nouvelle page consacre le retour à une image publique composée de plusieurs tendances. Seul l'avenir nous le dira.

Georges Bérard

Plusieurs troupes de danse ont vu le jour durant les années 50. Elles sont parvenues à survivre grâce, entre autres, à la télévision. Outre Les Ballets Chiriaeff qui donnent naissance à une deuxième compagnie plus officielle, il y a aussi le Montreal Theater Ballet qui cesse d'exister peu après la fondation des Grands Ballets, faute de financement. Une autre troupe professionnelle apparaît autour de 1955. Connue, à ses débuts, sous le nom de Les Ballets Georges Bérard, elle devient Les Ballets de Québec quand elle élit domicile dans la Vieille Capitale.

Cette troupe se produit régulièrement dès 1955, mais elle n'obtient sa charte d'incorporation qu'en 1959. C'est également la première compagnie de danse professionnelle à avoir surgi dans la ville de Québec. Ses activités embrassent dix années d'existence, brusquement interrompues lorsque Georges Bérard décide de quitter le Canada en 1965.

Georges Bérard avait été l'élève de Lacasse-Morenoff et de Gérald Crevier. Il était ensuite parti pour la France pour y danser dans diverses compagnies de ballets d'opéra. Revenant au Québec en 1955, il participe aux émissions de l'Heure du Concert à titre de danseur et de chorégraphe. Peu après son arrivée, il fonde officieusement Les Ballets Georges Bérard qui proposent un répertoire classique mettant en scène des extraits de pièces connues ainsi que des créations originales. Parmi ces dernières se détache *Le Festin de l'araignée*, œuvre créée d'abord pour la télévision et ensuite reprise par Les Grands Ballets Canadiens.

La clientèle qui fréquente les spectacles de danse est toutefois restreinte durant les années 50. Bien que la télévision ait sensibilisé le grand public à cet art, encore peu de personnes se déplacent pour assister aux représentations scéniques, notamment pour des raisons financières. Le marché était petit d'une part et les GBC avaient développé leur propre clientèle. Autant de raisons majeures qui forcent Bérard à s'établir à Québec à l'abri de toute compétition. Il y bâtit une troupe de ballet permanente composée d'artistes locaux et montréalais. Dans l'équipe des danseurs, on retrouve les noms connus de Lise Gagnier, Édith (Véronique) Landory, Raymond Goulet, Pierre Lapointe et Bérard lui-même; Eric Hyrst, Michel Boudot et Michel Conte participeront occasionnellement aux spectacles des Ballets de Québec.

Le public de la Vieille Capitale suit la troupe avec assiduité. Bérard collabore aussi à des représentations de l'Opéra de Québec. Au bout d'une dizaine d'années cependant, Bérard s'essouffle, ayant à faire face au manque de structures de soutien pour les compagnies de danse professionnelle. Il quitte le Québec pour le Guatemala pour y séjourner pendant quelques années avant de prendre la direction des Ballets d'Aguascalientes au Mexique, poste qu'il occupe présentement.

La dissolution de la compagnie des Ballets de Québec souligne un fait intéressant : l'activité chorégraphique dans la province se déroule presque exclusivement à Montréal, la métropole culturelle. Les tentatives de régionalisation et de décentralisation de l'art chorégraphique sont encore bien rares, même aujourd'hui. Seule la troupe de danse moderne Danse Partout, installée dès sa fondation dans la ville de Québec, réussit à contrebalancer le poids du géant culturel qu'est Montréal avec ses multiples petites et moyennes compagnies professionnelles de danse classique, moderne ou postmoderne.

Répertoire des œuvres chorégraphiques retracées de la compagnie Les Ballets Georges Bérard et des Ballets de Québec

Pierre et le Loup
Peer Gynt
La Parisienne
Le Festin de l'araignée
La Fontaine de Rome
Casse-Noisette
Brittanicus
Les Sylphides
Les Deux Pigeons
La Nymphe de la danse
L'Oiseau bleu
Pas de trois du Lac des Cygnes
Hommage à Champlain
La Nuit
L'Ombre et son ombre
Les Saisons

(Collection personnelle Lise Gagnier)

Georges Bérard

(Collection personnelle Lise Gagnier)

Les Ballets de Québec dans *Roméo et Juliette*
Chorégraphie: Georges Bérard
Danseurs: Georges Bérard et Lise Gagnier

(Archives Pierre Lapointe, UQAM)

Les Ballets de Québec dans un pas de deux de *Casse-Noisette*
Danseurs: Denise Andrieu et Pierre Lapointe

Les années 50 sont caractérisées par l'avènement de la télévision et les changements sociaux. Le clergé nuance l'interdit de la danse en 1952 et le *Refus Global* est publié quatre années plus tôt en 1948. Fait important, c'est à ce moment-là qu'apparaît une première infrastructure de soutien culturel avec la création du Conseil des arts du Canada en 1957.

La compagnie des Grands Ballets Canadiens est fondée par Ludmilla Chiriaeff, une néo-canadienne originaire de Lettonie. Élève de Séda Zaré à Berlin, elle s'installe au Québec en 1952, fondant aussitôt Les Ballets Chiriaeff, puis Les Grands Ballets Canadiens en 1958.

Plusieurs directeurs artistiques laissent leurs marques aux Grands Ballets Canadiens. Fernand Nault crée le succès populaire *Tommy* alors que Brian Macdonald réactive les ateliers chorégraphiques qui visent à découvrir les talents canadiens. Tout le long de son histoire, cette compagnie véhiculera une image de répertoire éclectique.

Peu de compagnies classiques réussissent à survivre hors de la métropole montréalaise. La compagnie Les Ballets de Québec fondée par Georges Bérard en est l'exception. Autrefois élève de Morenoff, de Crevier et d'autres professeurs avec qui il avait étudié en France, Bérard cherchera à décentraliser l'art de la danse en s'installant dans la ville de Québec. Seule la compagnie moderne Danse Partout suivra ses traces, sortant du circuit montréalais pour élire domicile dans la Vieille Capitale où elle réside encore aujourd'hui.

Chapitre 5

L'annonce d'une modernité chorégraphique

> De la Révolution tranquille à l'agitation péquiste le Pouvoir se reconnaît et se salue lui-même en rendant hommage à ses alliés [croit-il] les « artistes ». L'État a besoin d'écrans, de miroirs, de comparses[1].

Sur le chemin d'une identité culturelle et artistique

Les miroirs brisés du *Refus Global*

Voulant réagir collectivement contre le paternalisme de Duplessis, un groupe d'artistes et d'intellectuels se réunissent de façon régulière à la librairie Tranquille à Montréal. Ces débats donnent lieu à la rédaction de textes incendiaires regroupés en 1948 dans une publication maison ronéotypée en 400 exemplaires et distribuée individuellement. Le manifeste du *Refus Global* aura un impact retentissant. Certains des signataires dont Borduas perdent leur emploi, d'autres sont ignorés par leurs proches. Malgré l'exode de la majorité des signataires vers des capitales

1. Laurent MAILHOT et Benoît MELANÇON, « Littérature, Nation, État », *L'État et la culture*, Québec, IQRC, 1986, p. 61.

culturelles plus cosmopolites telles que New York et Paris, les retombées de ce geste, à consonance non seulement artistique mais politique, se font sentir avec de plus en plus de force. Le manifeste si notoire secoue et bouleverse les assises de la société québécoise bien que sa réelle signification ne soit perçue qu'une décennie plus tard. Le *Refus Global* provoque aussi un éveil culturel d'abord dans le milieu des intellectuels et des artistes canadiens-français. Une nouvelle élite montante sera d'ailleurs formée de ces mêmes artistes et intellectuels qui revendiquent pour leur pays l'urgence d'un rattrapage pour se mettre à l'heure de la modernité. La contestation déborde du monde des arts; on dénonce l'ensemble du système et on exige une réforme totale de l'ordre préétabli.

Si la notion de modernité correspond à l'établissement d'un nouvel ordre, alors le geste des signataires du *Refus Global* est effectivement un signe avant-coureur de la modernité au Québec. Sous-culture au début, ce courant va prendre son envol pour atteindre une vitesse de croisière, une dizaine d'années plus tard, jetant ainsi les bases de la Révolution tranquille.

La crise dont on parle dans les différents textes du manifeste se ramène à la quête d'une identité culturelle, thème qui se veut à la fois artistique et politique. Qu'elle soit manifeste ou subreptice, la stratégie culturelle qui en découle vise, d'une part, la québécisation de la vie et, d'autre part, le retour à la liberté individuelle. Cette liberté désirée englobe le rejet de tout code et de toute convention préétablis. En art, cela se traduit par le refus de se conformer à *l'imitatio veterum*, l'imitation des Anciens. Désormais, on ne reflétera plus des images désuètes mais on « créera ». Les artistes revendiquent ainsi la part de création-invention inhérente à leur pratique. Cette querelle entre les Anciens et les Modernes rejoint en fait sur plusieurs points des courants synchrones et similaires : l'existentialisme français et la philosophie beatnik américaine.

Mais quelle fut la véritable contribution du *Refus Global*? Sans doute, la consécration officielle de l'automatisme, seul courant artistique né au Québec qui réussit à placer le Canada français sur la carte internationale de l'innovation artistique. Paul-Émile Borduas représente le fer de lance de l'école automatiste tant au niveau conceptuel que dans l'application de cette nouvelle théorie de l'esthétique. Le mouvement automatiste fait appel à la spontanéité et à l'écoute de l'inconscient, exigeant un état de disponibilité totale comme préambule nécessaire à toute création. Il requiert une rupture avec le passé *quel qu'il soit* pour privilégier au contraire les modèles personnalisés. Ainsi, la démarche automatiste est-elle non seulement intuitive mais individuelle, car l'individuation du discours y est maintenue. Le premier jet créateur demeure le seul jet.

Aucune rature, aucune censure n'y est tolérée que ce soit avant ou pendant le processus créateur; ce n'est qu'*a posteriori* qu'une réflexion philosophique peut se greffer au contenu artistique. Le mouvement automatiste prône une création à l'état brut. Allant plus loin que le surréalisme qui résulte en grande partie d'une recherche symbolique rattachée à l'onirisme auquel il s'apparente quand même, l'automatisme ne se veut pas figuratif. À Montréal, deux écoles novatrices en art s'opposent à cette époque : celle de l'automatisme abstrait de Borduas et celle du surréalisme figuratif endossé par un autre chef de file, Alfred Pellan.

La tendance anarchisante des automatistes s'exprime sur deux plans : celui de la liberté artistique et celui des droits de l'individu. Si la culture constitue un des fondements d'une nation et englobe tous les domaines de l'art, le recul historique nous permet de découvrir dans le *Refus Global* un avant-goût de l'approche péquiste. L'image de l'artiste québécois que l'on véhicule dorénavant sera celle d'un intellectuel contestataire et libérateur.

Signalons toutefois qu'une « dissociation de sensibilité » doit être faite à ce sujet. L'éveil culturel du Québec qui fait suite à la publication du manifeste se reflète surtout parmi la population canadienne-française. *L'homo québecensis* est à la recherche de sa culture mère. Les anglophones, par contre, ne vivent pas les mêmes enjeux culturels ni les mêmes angoisses. Leur besoin de rattrapage culturel est moins évident et ils ne se heurtent pas, comme les Canadiens français, à une barrière linguistique sur le continent américain. Le bouleversement et les secousses idéologiques engendrées par le *Refus Global* ne les touchent que par ricochet. Selon Esther Trépanier, une telle dissociation de sensibilité et une scission culturelle sont déjà présentes dans la société québécoise des années 30. En outre, certaines minorités de langue anglaise s'étaient révoltées contre le système. En interrogeant une personne anglophone d'origine juive, pour savoir si elle était de gauche du temps de la grande crise, Trépanier reçut la réponse suivante :

> But at that time everybody was leftist. Even my mother. And you should see my mother! Pour moi qui suis francophone, poursuit Trépanier, « At that time » tout le monde était catholique, pratiquant, conservateur dans les meilleurs des cas, et frôlant, le cas échéant, sinon le fascisme tout au moins le racisme[2].

2. Esther TRÉPANIER, « L'émergence d'un discours de la modernité dans la critique d'art », *L'avènement de la modernité culturelle au Québec*, Québec, IQRC, 1984, p. 102.

Parthénogenèse et danse d'auteurs

Quelle fut la place réservée à la danse dans le contexte du *Refus Global*? Les répercussions du manifeste atteignent aussi l'art chorégraphique, principalement grâce au fait que deux des signataires œuvraient déjà en danse. Françoise Riopelle, épouse de Jean-Paul Riopelle, ne laissera sa marque chorégraphique que plus tard. Françoise Sullivan, cependant, avait déjà un passé de ballerine. Ayant dansé pour la compagnie de Gérald Crevier, elle avait exploré parallèlement de nouvelles avenues d'expérimentation en chorégraphie. Et ses idées novatrices, elle les transmet dans une conférence sur la danse en 1948, texte inclus par la suite dans le manifeste. *La danse et l'espoir* constitue à ce titre le premier traité philosophique sur la danse écrit par une Québécoise. S'inscrivant pleinement dans la foulée automatiste, ce texte dénonce les pratiques désuètes des danses d'école, faisant plutôt appel à la spontanéité et au retour au naturel.

Aux deux Françoise s'ajoute une troisième danseuse, Jeanne Renaud. Séjournant à New York lors de la parution du *Refus Global*, elle n'avait pu signer le manifeste. Ces trois femmes chorégraphes seront les pionnières de la danse moderne. Elles agiront comme éclaireuses, entrouvrant les portes de l'inconnu en ce qui touche l'art chorégraphique. Novatrice, leur démarche sera reprise par leurs successeurs, démarche qui marque une rupture sans retour avec le paysage universel et plus connu de la tradition en danse et se présente ainsi comme une fuite continuelle vers l'avant.

Si une pareille approche s'explique bien pour des arts d'interprétation comme la musique et le théâtre qui, eux, ont réussi, malgré la désapprobation cléricale, à établir une tradition, tel n'est pas le cas de la danse. Avant le manifeste, aucune convention ou tradition de danse académique n'est ancrée dans le paysage artistique québécois. L'attitude négative du public et l'interdit de l'Église excluent toute possibilité de soutenir l'établissement d'une danse d'école. En outre, aucune structure de soutien artistique n'est encore disponible. Toute germination d'une future danse d'école est donc tuée dans l'œuf par les adeptes de la danse automatiste qui se lancent dans une course effrénée vers une modernité reniant tout antécédent. Ceci engendre « une tradition de non-tradition », démarche endossée par les disciples et successeurs de ce courant majeur qui rejette l'art chorégraphique venu d'ailleurs et imposé par d'autres. Il y aura donc parthénogenèse : des générations spontanées donneront naissance à d'autres générations spontanées. Désormais, le discours chorégraphique, comme partout ailleurs dans le paysage culturel québécois, va se personnaliser. Une danse d'auteurs, éclatée, multipliée, s'annonce. Une danse où l'épée de Damoclès est auto-infligée, comme en témoigne le mot de passe qu'elle semble adopter : celui de l'innovation constante en rappel inconscient de l'« *Étonne-moi* » lancé par Diaghilev à Jean Cocteau.

Françoise Sullivan aux portes de l'inconscient

Figure dominante d'abord dans le contexte chorégraphique et ensuite dans celui des arts visuels, Françoise Sullivan est une artiste unique en plus de cette double réputation, car son œuvre ne se prête pas facilement à une classification. À la fois ballerine accomplie et pionnière de la modernité chorégraphique, tantôt sculpteure-peintre, tantôt chorégraphe d'accumulations gestuelles qui s'appuient sur la pensée automatiste, Françoise défie toutes les normes par son cheminement artistique.

Cette Québécoise réputée pour sa participation au groupe du *Refus Global* a un intérêt artistique double qui se traduit dans un premier temps, par une valse-hésitation entre le ballet classique et la danse expérimentale et dans un deuxième temps, par un aller-retour constant entre les arts visuels et la danse. Mais c'est dans l'espace-forme que toutes ses préoccupations esthétiques se rejoignent, constituant une démarche artistique parallèle dans tous les arts qu'elle entreprend. Son point de départ, elle le prend à « partir de la vie pour défendre l'art et non l'inverse[3] ».

Après de nombreuses années d'études et plusieurs participations aux récitals de Crevier, Sullivan se tourne vers la danse plus contemporaine et fréquente, dès 1944, le futur groupe des automatistes. À la ferme Charbonneau de Saint-Hilaire où le groupe se réunit chaque été pour brasser des idées révolutionnaires, Sullivan est initiée à la philosophie automatiste de Borduas, qu'elle adopte rapidement. L'appliquant à la danse, elle met de côté la logique cartésienne au profit de l'intuition issue des rêves et de l'inconscient collectif. L'artiste, pour Sullivan et les autres automatistes, est un médium à travers lequel des images surgissent et sont immédiatement reproduites dans l'œuvre, tout comme dans le cas d'une écriture automatique. Cette démarche sera le fil conducteur de toute sa contribution artistique en tant qu'artiste aux multiples visages.

3. Cité par Claude GOSSELIN dans *Françoise Sullivan : Rétrospective*, Québec, ministère des Affaires culturelles, 1981, p. 49.

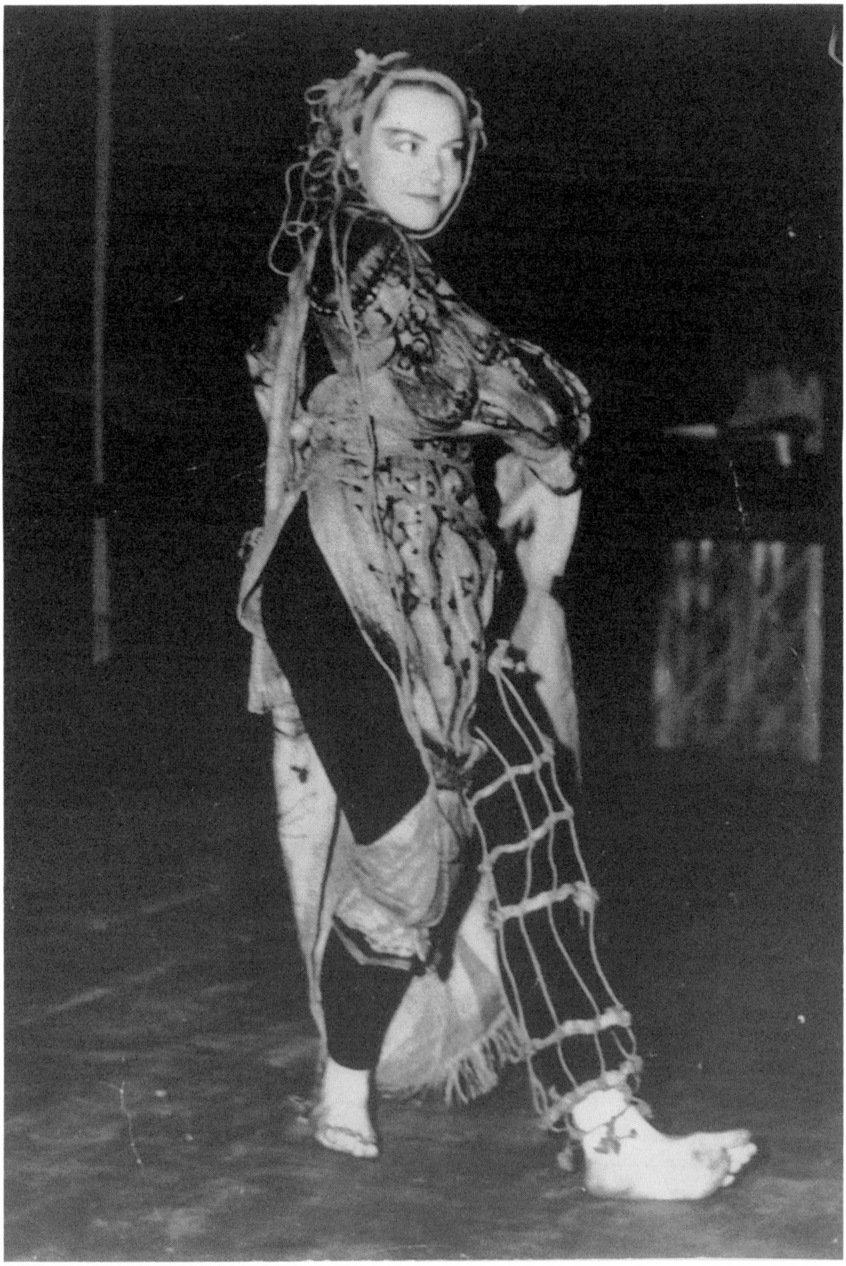

Black and Tan (1949)
Chorégraphe et danseuse: Françoise Sullivan

Dualité (1948)
Chorégraphe et danseuse: Françoise Sullivan

Dualité (1948)
Françoise Sullivan et Jeanne Renaud

Autour de 1945-1946, Françoise séjourne à New York chez Louise Renaud, sœur aînée de Jeanne. Sa rencontre avec Fransisca Boas, fascinée par l'anthropologie et mère de l'art conceptuel, s'avère déterminante. Elle suit des cours de danse au studio Boas et organise une première mini-exposition de tableaux de peintres québécois dans ce même studio.

De retour à Montréal, Sullivan ajoutera sa conférence sur la danse dans le recueil de textes du manifeste. Elle monte également un récital de danse moderne en collaboration avec Jeanne Renaud. Les essais chorégraphiques de cette première période automatiste trahissent une sensibilité qui se rapproche du retour au naturel jadis prôné par une autre grande prêtresse de la danse moderne : l'Américaine Isadora Duncan. La *Danse dans la Neige*, exécutée par Sullivan aux Escoumins en plein environnement naturel, est admirablement illustrée par les photographies de Maurice Perron. Ces clichés mémoires sont les seuls vestiges d'un projet à plusieurs volets dont le thème était les quatre saisons. Les autres pièces dansées de Sullivan s'inspirent à cette époque du jazz, comme dans *Black and Tan* où l'aspect sensuel et taquin de la musique est reproduit dans la gestuelle. *Gothique* marque un retour aux formes préclassiques en réaction à l'académisme du ballet alors que *Femme Archaïque* fait appel à l'archétype féminin, au rituel et à la magie comme source d'inspiration chorégraphique. Enfin, *Dédale*, solo admirablement exécuté dans le silence, axe l'exploration gestuelle sur une seule qualité de mouvement : celle du ballant qui emporte la danseuse par la force de l'attaque vers le prochain geste, également issu du ballant. Une œuvre épurée mais riche en émotions et en textures, avec un thème et une exécution toujours d'actualité, si l'on se fie à l'accueil chaleureux réservé à cette pièce lors de ses reconstitutions.

Peu après le récital conjoint avec Renaud, Sullivan épouse le peintre Paterson Ewen. Une longue période d'arrêt chorégraphique s'ensuit durant laquelle elle donne naissance à quatre fils. Entre-temps, les automatistes se sont dispersés hors du pays et la télévision a fait son entrée à Montréal. Françoise danse aussi à l'occasion pour Gérald Crevier ainsi que pour des émissions télévisées. Elle chorégraphie même des œuvres classiques pour les Ballets Chiriaeff, et c'est d'ailleurs elle qui montera en 1953, et pour la première fois au Canada, un ballet sur la légende québécoise de Rose LaTulippe, qui fera l'objet de plusieurs versions ultérieures dans de nombreuses compagnies canadiennes de danse. Outre ses responsabilités de mère de famille, Sullivan se consacre, durant ses temps libres, à la peinture ainsi qu'à la sculpture qu'elle vient de découvrir. Elle renoue avec ses activités en danse en 1976 mais seulement de façon sporadique.

L'œuvre *Dédale* est remontée en 1977 dans le cadre informel des Choréchanges du Groupe Nouvelle Aire. Les membres de cette troupe de danse moderne sont d'emblée séduits par l'approche chorégraphique si individualiste de Sullivan et plusieurs vont l'épauler dans ses futures réalisations en danse. C'est avec des danseurs du Groupe Nouvelle Aire qu'elle crée *Hiérophanie* et qu'elle présente un spectacle en matinée lors du Festival d'Octobre en Danse en 1978. Suivront plusieurs expériences en danse de 1979 à 1980 réunies sous le nom d'*Accumulations*. Les représentations ont lieu dans des espaces inhabituels, notamment dans des galeries d'art, sur le Mont-Royal et sur des terrains de stationnement où le lieu scénique est souvent démarqué par des pierres. Les *Accumulations* seront présentées au Québec, en Ontario et en Italie lors des vernissages des œuvres visuelles de Sullivan. Le travail chorégraphique de cette période s'apparente davantage à des installations visuelles et à l'art de la performance qu'à la danse pure. La gestuelle est simple et s'articule sur une base répétitive. Pour Sullivan, cela correspond à ses « actions documentées » en art visuel où l'artiste elle-même est photographiée devant des fenêtres bloquées et des portes fermées. Le mouvement dansé chez Sullivan s'élabore de manière dynamique et naturelle, s'appuyant sur une répétition obsessionnelle. Maintenant comme alors, elle ne pratique aucune censure sur l'inconscient. En authentique automatiste, son geste est issu de l'improvisation et devient la séquence chorégraphique établie.

Les thèmes majeurs dans la totalité de l'œuvre de Sullivan, que ce soit en sculpture-peinture ou en danse, sont la récurrence du cercle et la quête de l'essentiel par une forme pure qui se veut d'abord abstraite et conceptuelle. La pureté et la simplicité de ses formes, chorégraphiques ou autres, demeurent dans un hors-temps; elle font le pont entre l'époque archaïque et une modernité fuselée, voire épurée.

Établir un pont entre le passé lointain et les temps postmodernes revêt une grande importance pour Sullivan. Le côté intemporel rehausse l'idée du rituel toujours présente dans son œuvre. *Et La Nuit à la Nuit*, une chorégraphie créée en 1981, retourne aux rites de fécondité de l'ère minoenne. Les danseuses, déguisées en déesses crétoises de la fertilité, déambulent sur le plateau dans des scènes évocatrices des peuples qui vivaient à l'époque du berceau de la civilisation occidentale. L'œuvre récolte des critiques contradictoires. Sur le plan visuel, la pièce accusait un retour authentique à la genèse des formes artistiques occidentales. Sur les plans rythmique et dynamique toutefois, la recherche n'était pas aussi élaborée, créant un anachronisme entre les aspects visuels et dansés qui entraient ainsi en conflit. Enfin, la surenchère symbolique de la dernière image était d'une évidence flagrante. Une femme nue, enceinte de 7 mois, se rapprochait du public pour déposer à terre un panier rempli de petits lapins qui, aussitôt, se sauvaient dans tous les coins de la scène. Image de fécondité par excellence!

L'intérêt manifesté pour le rituel et son incorporation, par la suite, dans le processus chorégraphique, connaîtront une meilleure osmose dans la pièce *Labyrinthe*. Présentée également en 1981 à l'occasion du vernissage de l'exposition rétrospective de Sullivan au Musée d'art contemporain de Montréal, *Labyrinthe* met en scène une femme et deux hommes déjà placés sur le lieu théâtral quand le public entre dans la salle. La femme, voilée et immobile, est accroupie sur un amas de roches qui représentent l'entrée du labyrinthe de Crète. D'autres roches, formant un cercle, séparent les spectateurs de l'action scénique. Quant au public, il est assis sur deux côtés qui se font face dans la salle. Le cercle, symbole hiératique et intemporel, définit et sépare l'enceinte sacrée de l'espace profane. Les deux danseurs masculins avancent à la file indienne, retraçant, dans une séquence dansée, le véritable parcours du dédale crétois. Des bougies, placées à terre et sur les roches, fournissent le seul éclairage de la salle. L'ombre des danseurs qui évoluent en zigzag se reflète sur les murs blancs de la salle, semblable à une murale antique ou à un bas-relief de la préhistoire. Évocation efficace et succincte, symbole capturé dans toute sa simplicité; graduellement la pythie-sibylle s'anime. Elle est vêtue de multiples bandelettes qu'elle délaisse pour rejoindre les danseurs et leur montrer l'issue, faisant immédiatement surgir à l'esprit la légende du fil d'Ariane.

Fascinée par le rituel antique, Sullivan fera même un voyage prolongé de deux ans en Crète. Elle vivra dans une cabane de berger aux alentours d'un petit village de cette île grecque, y puisant son inspiration pour des futures expositions de son « cycle crétois ». En danse, cela se traduira dans sa plus récente chorégraphie *Cycle* (1987) qui sera incluse dans la saison inaugurale de la compagnie Montréal Danse.

Innocence, spontanéité, risques et imprévus dominent toute l'œuvre artistique de Sullivan. Elle aborde son travail créateur par le biais de l'émotion et de l'abstraction, donnant naissance à des objets d'art et à des œuvres dansées qui sont essentiellement simples et hors-temps. Constamment à la recherche de la magie et de l'inconscient, Sullivan nous offre un univers d'une innocence dépouillée de toute censure.

Françoise Riopelle et la danse d'objets

C'est à titre de jeune épouse de Jean-Paul Riopelle que Françoise Lespérance signe le manifeste automatiste. À cette époque, elle ne travaille pas encore dans le monde de la danse professionnelle bien qu'elle ait déjà suivi contre le gré de ses parents, quelques cours de ballet avec Morenoff et d'autres, en danse moderne, avec Elizabeth Leese. Son premier contact avec la danse, elle l'avait d'ailleurs eu en consultant des livres techniques sur le ballet classique qu'elle avait empruntés à la Bibliothèque nationale et grâce auxquels elle pensait apprendre à danser toute seule. Mais c'est surtout en Europe, durant les longues années d'exil de Jean-Paul Riopelle, de 1946 à 1958, qu'elle s'initie vraiment aux techniques de danses contemporaines en suivant des stages auprès de la grande Wigman, de Karin Waehner et de Laura Sheleen.

Ayant commencé tardivement à étudier la danse, Françoise Riopelle ne fera pas carrière comme interprète. Elle est davantage attirée par le métier de chorégraphe. Ses premières expériences multidisciplinaires, elle les vit en France avec Jeanne Renaud, elle aussi à Paris, ainsi que Jean-Paul Riopelle et Pierre Mercure. La danse intéresse Françoise Riopelle en raison de son rapport possible avec le monde de la peinture. Elle cherche donc à créer une peinture en mouvement. Lors de son retour au Québec en 1958, elle ouvre l'École de danse de Françoise Riopelle et convainc Jeanne Renaud de renouer avec la danse comme interprète, comme professeur et comme chorégraphe. Leur association donnera plus tard naissance au Groupe de danse moderne de Montréal. Plusieurs spectacles y seront présentés de 1961 à 1965.

L'approche chorégraphique de Riopelle se veut abstraite et géométrique. Elle ne travaille pas pour exprimer un sentiment mais pour créer un dessin et écrire dans l'espace. Le spectacle consiste en l'intégration de plusieurs arts qui créent un impact global. Les danses sont des sculptures en mouvement comme le démontrent ces titres révélateurs : *Danse d'objets* (1960), *Manipulations* (1962), *Sphères* (1964) et *Formes disponibles* (1965). Riopelle exploite l'invention technologique pour la mettre au service des arts d'interprétation dans des spectacles multidisciplinaires où la gestuelle en elle-même n'a pas une grande importance. La projection d'images, de couleurs et de formes géométriques transforme les danseurs en objets d'art mobiles. Le fond sonore est souvent une musique électro-acoustique qui apporte une dimension intellectuelle tout en aidant à recréer un monde de formes abstraites.

Le langage chorégraphique de Riopelle s'apparente à la démarche cunninghamienne et à celle de Nikolaïs. Les pièces sont des improvi-

(Archives Jeanne Renaud, UQAM)

Affiche publicitaire de l'*École de danse moderne de Montréal* (Circa, 1961)

André Le Coz

Formes disponibles

Chorégraphie: Françoise Riopelle
Radio-Canada

À gauche: Nicole Vachon; *Sur l'écran:* Peter Boneham (à gauche) et Yseult Riopelle (à droite).

André Le Coz

Réunion artistique pour l'opéra *Toi* (Radio-Canada, 1963)
Pierre Mercure (réalisateur); Murray Schaeffer (compositeur); et Françoise Riopelle (chorégraphe).

André Le Coz

Formes disponibles
Chorégraphie: Françoise Riopelle
Danseuse: Jocelyne Renaud
Radio-Canada

sations dirigées, basées sur une structure ou une formule ouverte. Riopelle avait auparavant suivi des stages avec Nikolaïs aux États-Unis. Quant à son association avec Cunningham, elle remontait au Festival de musique actuelle organisé par Pierre Mercure à Radio-Canada lors duquel John Cage et Merce Cunnigham avaient présenté un spectacle télévisé. Les liens avec Cunningham se poursuivent et en 1966 Riopelle chorégraphie l'*Opéra toi*, sur une musique de Murray Schaeffer. Comme interprètes, elle utilise Carolyn Brown, danseuse chez Cunningham, et sa propre fille Yseult Riopelle laquelle ira peu après danser au sein de la compagnie du chorégraphe américain pendant trois ans.

Toujours est-il que le cheminement chorégraphique de Riopelle évolue. Ses origines esthétiques, plastiques et abstraites cèdent peu à peu la place à une découverte de la théâtralité qui se situe autour de 1966. Un changement qui coïncide avec le moment où Riopelle commence à donner des cours de mouvement aux étudiants en théâtre du collège Brébeuf. Dès lors, les chemins de Renaud et de Riopelle se séparent. La première fonde le Groupe de la Place Royale et la seconde s'apprête à devenir une pionnière de l'intégration de l'expression corporelle dans les milieux éducatifs. Riopelle deviendra ensuite professeure à la section théâtre de l'UQAM dès l'ouverture de cette institution en 1968-1969. À l'université, elle monte des spectacles avec des comédiens plutôt qu'avec des danseurs, ce qui lui fait découvrir l'émotion et la dimension théâtrale dans l'art d'interprétation. De là, naîtra le groupe Mobiles formé d'étudiants en théâtre qui interpréteront des œuvres de théâtre gestuel ou de théâtre dansé signées Riopelle.

Entre-temps, Riopelle avait eu l'occasion de se rapprocher du monde de la danse lors d'un Choréchange du Groupe Nouvelle Aire en 1977. On y remonte une de ses pièces abstraites à formule chorégraphique ouverte : *1964*. Deux années plus tard, Riopelle sera responsable de l'ouverture d'un programme de danse à l'UQAM. Le groupe Mobiles intègre dorénavant des danseurs en plus des comédiens. Les dernières œuvres chorégraphiques de Riopelle datent de 1980. *Tout autour et dans le fond* est créée pour le spectacle *Treize chorégraphes pour deux danseurs*. Cette œuvre traduit les nouvelles préoccupations de Riopelle : l'élaboration d'une danse ambiante et psychologique où l'abstrait rejoint une certaine émotion.

Si l'évolution de Riopelle, chorégraphe, a emprunté la voie de l'abstrait au théâtral, celle de Renaud, sa collaboratrice, a connu un cheminement inverse, passant de l'émotif et du subjectif au type d'abstraction qui a caractérisé le travail des débuts du Groupe de la Place Royale.

Jeanne Renaud et la pureté linéaire

Des trois pionnières de la danse moderne québécoise, seule Jeanne Renaud consacrera sa carrière entière à la danse. Après avoir été initiée à l'aspect contemporain de cet art par Elizabeth Leese et au côté classique par Gérald Crevier, Jeanne Renaud ira aussi s'abreuver à New York et à Paris travaillant auprès de professeurs reconnus comme Hanya Holm, Mary Anthony et Merce Cunningham.

Bien qu'elle n'ait pas signé le manifeste automatiste, Renaud sera associée à ce courant de contestation grâce aux deux Françoise et à ses deux sœurs, Louise et Thérèse qui, elles, participent aux activités du groupe d'artistes rebelles. Jeanne Renaud endossera les principes artistiques de ce groupe tout le long de sa carrière et en particulier celui du décloisonnement des formes artistiques. En bonne émule de Cunningham, elle privilégie également l'autonomie de la danse par rapport à la musique. Ses premières œuvres, créées en France, s'intéressent à l'approche multidisciplinaire : la musique est de Pierre Mercure et les décors sont de Jean-Paul Riopelle. Lors de son récital conjoint avec Sullivan présenté à la maison Ross de Montréal en 1948, Renaud crée *Déformité* et *Emprise*. Ces deux œuvres dépeignent deux visions subjectives et expressives des angoisses de la grande ville. Écrites dans un langage gestuel moins formaliste et plus émotif, ces premières ébauches chorégraphiques ne semblent s'intéresser ni à la linéarité ni à la pureté de formes qui deviendront pourtant la future marque de commerce de Renaud.

Revenue de façon définitive au Canada en 1953, elle se consacre pendant six ans à sa famille et ne recommence à danser qu'après en avoir été persuadée par Françoise Riopelle. Ensemble, elles vont collaborer à des spectacles de 1958-1965, date à laquelle Renaud monte *Expression 65* au théâtre de poche de la Place Ville-Marie. Après six semaines de représentations quotidiennes, Renaud décide de se lancer à l'aventure. Elle fonde en 1966 la première troupe officielle de danse moderne au Québec. Le Groupe de la Place Royale emprunte son nom au square du Vieux-Montréal où sont situés les studios de la compagnie. Renaud cumulera plusieurs fonctions au sein de cette compagnie : directrice artistique, administratrice, professeure, chorégraphe et aussi danseuse. Sept années plus tard, souffrant d'essoufflement, elle démissionne, coupant les liens avec la troupe, et sa carrière prendra dès lors une tournure administrative. Elle sera, tour à tour, agente des arts au programme Explorations du Conseil des arts et ensuite directrice du Programme de danse au ministère des Affaires culturelles du Québec. Par la suite, elle

(Collection personnelle Jocelyne Renaud)

Improvisation sur le toit du Rialto Hall (Circa, 1963)
Jocelyne Renaud, Vincent Warren et Jeanne Renaud

Improvisation sur le toit du Rialto Hall (1963)
Vincent Warren et Jeanne Renaud

(Archives Jeanne Renaud, UQAM)

Affiche du spectacle *Expression 65*
Chorégraphie de Jeanne Renaud présentée au théâtre de poche de la Place Ville Marie

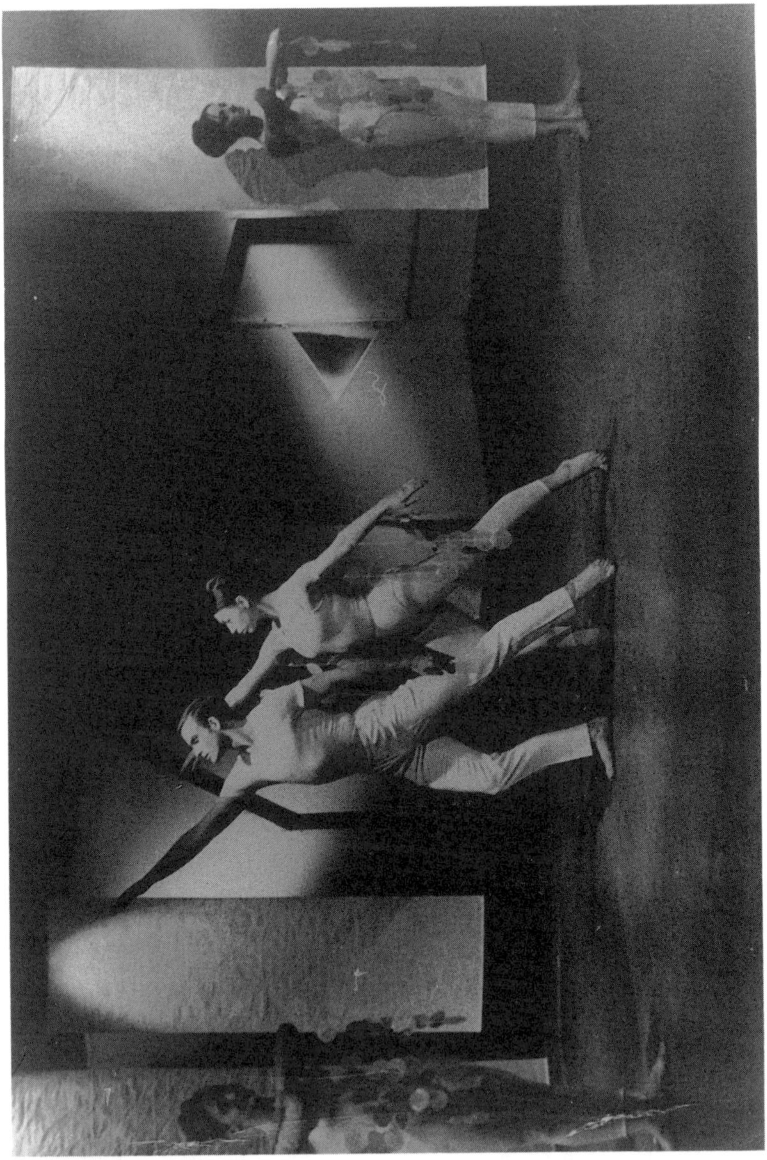

Blanc sur blanc (1965)
Chorégraphie: Jeanne Renaud
Danseurs: Nicole Vachon, Vincent Warren, Jocelyne Renaud et Danièle Roy

occupera un poste de conseillère au Conservatoire de musique et d'art dramatique de Québec et de Montréal pour enfin s'intégrer comme professeure au département de danse de l'UQAM tout en assumant une brève codirection artistique aux Grands Ballets Canadiens de 1985 à 1987.

L'*establishment* de l'expérimentation

Le Groupe de la Place Royale

Dès ses premiers essais chorégraphiques des années 60 (*Écran* en 1963 et *Blanc sur blanc* en 1964), Renaud était à la recherche de mouvements lents et contrôlés. Exécutant leur gestuelle sobre, les danseurs évoluaient parfois avec un accompagnement musical qui provenait de pastilles de nacre ou de robes en bois qui faisaient partie de leurs costumes. Ainsi les danseurs créaient tout en dansant un fond sonore à leurs mouvements.

Renaud aimait aussi jouer avec les lignes et les volumes. Elle prolonge cette même recherche au sein du Groupe de la Place Royale qu'elle vient de fonder. Les membres de la troupe sont en partie des artistes empruntés aux Grands Ballets Canadiens pendant ses périodes de relâche. On retrouve notamment les noms de Vincent Warren, Jocelyne Renaud, Vanda Intini et Nicole Vachon. Peter Boneham, un danseur d'origine américaine qui danse aussi avec Les Grands Ballets Canadiens, choisit de laisser cette compagnie pour se joindre à temps plein à la troupe moderne. Il sera l'assistant de Renaud dans la mise sur pied du nouveau groupe. Les autres membres fondateurs sont Maria Formolo, Nora Hemenway et Rosemary Toombs. Le groupe rejette l'aspect narratif de la danse, refusant tout récit et s'attardant plutôt sur une plastique linéaire et des spectacles multidisciplinaires conformes aux principes d'abstraction inhérents à la pensée automatiste. *Vers l'azur des lyres*, œuvre chorégraphiée par Renaud en 1968 sur une musique de Bruce Mather et un décor de Mariette Rousseau-Vermette, illustre très bien l'approche multidisciplinaire de la fondatrice du groupe.

Parallèlement à la création de la compagnie, Renaud fonde une école. Elle y enseigne l'improvisation gestuelle et la recherche chorégraphique. Quant à Boneham, il assure les cours de classique. Les dépenses de la compagnie sont assumées en partie par Renaud dont le mari est psychanalyste. S'y ajoutent les revenus des inscriptions aux cours de l'école et les petites subventions de projets du Conseil des arts du Canada. La troupe est cependant ambitieuse et, dès 1967, elle se produit au Théâtre Port-Royal de la Place des Arts.

(Collection personnelle Jeanne Renaud)

Chorégraphie de Jeanne Renaud dansée par Vanda Intini, Jeanne Renaud et Maria Formolo

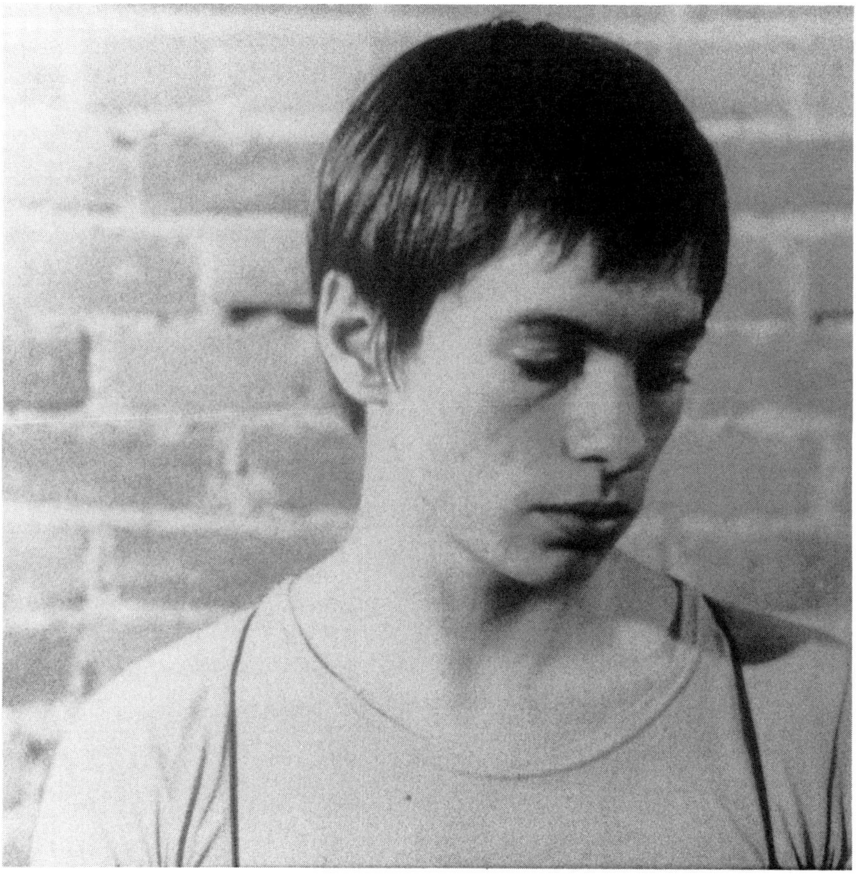

(Collection personnelle J.-P. Perreault)

Jean-Pierre Perreault du temps où il dansait avec le Groupe de la Place Royale

André Le Coz

Phrase I
Chorégraphie: Jeanne Renaud
Danseurs: Vanda Intini, Jeanne Renaud, Vincent Warren et Peter Boneham

Susan Swibold

Les Bessons
Chorégraphie: Jean-Pierre Perreault

Les Nouveaux espaces (1976)
Chorégraphie: Jean-Pierre Perreault et Peter Boneham
Danseurs: Suzanne McCarrey et Bill James

Les critiques accueillent de façon mitigée le travail chorégraphique de ce nouveau groupe qui parle de construire et de « déconstruire » l'espace. On trouve l'approche intellectuelle et froide; le vocabulaire gestuel est jugé trop diffus et indéchiffrable. Le contenu expérimental qui s'en dégage demeure hermétique et le public, novice, ne le comprend pas. Enfin, aucune œuvre ne semble s'imposer au-dessus des autres[4].

L'intégrité artistique de Renaud ne chavire pas cependant, devant ce manque de compréhension. Renaud résume ainsi les espoirs de cette jeune compagnie :

> [...] un esprit ouvert à la création, un goût du travail neuf, et une curiosité toujours en éveil, l'audace dans les tentatives actuelles, voilà les qualités importantes des danseurs qui veulent faire partie d'un groupe comme le nôtre[5].

L'absence d'émotion gouverne et caractérise les chorégraphies du Groupe de la Place Royale mais Renaud tient toutefois à préserver la sensibilité de l'œuvre elle-même. Elle s'inspire parfois de poèmes qui sont ensuite chantés sur la scène par des sopranos connues.

En plus d'être hermétique et incompris, Le Groupe de la Place Royale est aussi parfois « osé ». *Karanas* est un pas de deux que signe Renaud en 1968 et qui est présenté simultanément sur film et sur scène. Le pas de deux filmé reprend au ralenti les séquences chorégraphiques sur scène avec les mêmes danseurs mais cette fois-ci dans un contexte de nudité. Les interprètes sont Maria Formolo et le jeune Jean-Pierre Perreault qui venait de s'inscrire aux cours de danse du groupe et qui deviendra le premier danseur masculin canadien-français en danse moderne. À cette époque, la nudité dans le monde théâtral américain n'était déjà plus influencée par le Living Theatre alors que la danse au Québec accuse par contre un léger retard à ce niveau. Le public montréalais accueille *Karanas* en huant et en criant simultanément bravo! Montréal n'est pas encore prête à affronter la nudité sur scène et sur pellicule. Lors d'une situation quasi similaire, la brigade des mœurs avait exigé des danseuses africaines, qui se produisaient à la Place des Arts à moitié dévêtues dans des danses folkloriques, qu'elles portent des soutiens-gorge blancs comme complément vestimentaire à leurs jupes de paille afin de réduire l'atteinte à la pudeur catholique qu'un tel spectacle pouvait exercer! Il est facile de mesurer, à la lumière de ces événements, le degré d'inculture chorégraphique des amateurs de la danse

4. Jean BASILE, « Le Groupe de la Place Royale », *Le Devoir*, 10 mars 1967.
5. Propos recueillis par Jacques THÉRIAULT dans « Être de son temps et authentique », *Le Devoir*, 23 mars 1968, p. 13.

à Montréal. Le besoin de mettre en place des projets susceptibles d'offrir à l'auditoire un référentiel en art chorégraphique devenait urgent.

Restant fidèle à l'idée de la spontanéité et à celle de la création libérée de tous les modèles préétablis, Le Groupe de la Place Royale continue son expérimentation insolite et ésotérique favorisant un prolongement de la « tradition de non-tradition » véhiculée depuis le *Refus Global*. Bien qu'une école se rattache effectivement à la compagnie, l'aspect création y est surtout privilégié. Au bout de sa septième année à la direction de la compagnie, Renaud démissionne, les instances gouvernementales ayant refusé de lui accorder une subvention de fonctionnement annuelle plutôt que des subventions par projet. Peter Boneham prend alors la relève de la compagnie en 1973. Étant lui-même d'origine américaine, il choisit prudemment Jean-Pierre Perreault, un Québécois francophone, comme codirecteur.

Les premières esquisses chorégraphiques de Perreault se dessinent d'ailleurs à ce moment-là. La démarche du groupe, sous la codirection Boneham-Perreault, contribue à resserrer les liens entre les arts d'interprétation et les arts visuels. L'exploration, maintenant entreprise, se fera par contre davantage au niveau de la voix qui devient un outil additionnel dans l'expression scénique des danseurs. Des cours de voix font désormais partie intégrante de la formation. Cette exploration atteindra son premier sommet, après plusieurs essais chorégraphiques dans cette même veine, dans des co-chorégraphies comme *Les Nouveaux Espaces* et *Danse pour sept voix*, toutes deux créées en 1976. Les chorégraphies signées uniquement par Boneham dont *Danse maigre pour trois voleurs* ne sont pas dénuées d'humour ni de théâtralité, Boneham ayant eu des expériences dans le domaine des comédies musicales avant son arrivée au Canada. Ce dernier présente aussi *A Studebaker for Jimmy* en hommage au chorégraphe américain James Waring qui venait récemment de mourir du cancer. Pour leur part, les œuvres de Perreault, notamment *Les Bessons* (1972), témoignent à nouveau de l'apport essentiel des arts visuels à l'approche chorégraphique. *Les Bessons* s'inscrit dans la démarche très à la mode à cette époque, celle du Op Art qui s'appuie sur les illusions optiques, tendance qui sera plus tard récupérée par les adeptes de l'art de la performance et en particulier par des groupes comme l'Écran Humain.

Malgré des octrois obtenus des trois paliers de gouvernement, la situation financière du GPR n'est guère meilleure qu'avant. Le public est toujours restreint. Une nouvelle formule s'impose : celle des événements à la Cunningham, à la place des représentations conventionnelles. Des œuvres en élaboration sont présentées sous forme d'ateliers dans des espaces parallèles et des galeries d'art. Mais une décennie après sa fondation, le Groupe n'est pas davantage intégré à la scène montréalaise. Seule l'élite des artistes d'avant-garde constitue son public fidèle. L'arrivée au pouvoir du Parti québécois en 1976 ne facilite guère la survie d'une troupe de danse dont le contenu n'est pas essentiellement québécois. Sous le gouvernement péquiste, une première politique de la danse voit le jour. Parmi les priorités : la promotion et la préservation du patrimoine chorégraphique québécois, non seulement en ce qui a trait au contenu, mais aussi quant au nombre d'interprètes (danseurs et musiciens) de souche canadienne-française. Se sentant coincé, d'une part, par le petit nombre de spectateurs et, d'autre part, par des politiques artistiques gouvernementales bien spécifiques, Le Groupe de la Place Royale décide de déménager à Ottawa en 1977. Aucune autre troupe de danse professionnelle n'y est encore installée.

Cette décision s'avère fructueuse pour la troupe. Celle-ci découvre, dans la capitale canadienne, une structure de soutien plus généreuse pour elle que celle du Québec. Une fois établis, les chorégraphes du groupe continuent l'expérimentation musicale et l'intégration de la voix à la danse, et cette démarche se poursuit encore aujourd'hui. L'évolution du GPR dans son nouveau lieu de résidence déborde les cadres de la présente étude qui ne s'intéresse qu'à l'existence québécoise du groupe. Son cheminement ultérieur pourrait aisément faire l'objet d'une autre analyse.

En quittant le Québec, Le Groupe de la Place Royale laisse ainsi le champ libre à son rival, l'autre compagnie de danse moderne de Montréal : Le Groupe Nouvelle Aire. Désormais assuré d'avoir le monopole de la danse expérimentale montréalaise, ce dernier prendra de plus en plus d'envergure.

Le Groupe Nouvelle Aire

Fondé en 1968, Le Groupe Nouvelle Aire est la deuxième troupe de danse moderne à s'incorporer à Montréal. À première vue, son mandat artistique semble se confondre avec celui du Groupe de la Place Royale : la découverte et la promotion des artistes de la scène québécoise. Mais plus spécifiquement, la recherche du Groupe Nouvelle Aire s'oriente vers l'élaboration d'une nouvelle technique en danse moderne qui servirait de point d'appui à un style gestuel dit « québécois », selon la vision de la cofondatrice et directrice Martine Époque.

L'existence conjointe de ces deux groupes de danse moderne a assuré une transition entre l'époque des pionnières de la danse contemporaine et celle des chorégraphes qui œuvrent actuellement au Québec, lesquels se sont dissociés des deux compagnies mères. Si Sullivan, Riopelle et Renaud constituent le trio de mères fondatrices de la danse moderne québécoise, les deux compagnies qui ont suivi ont fait figure de mères porteuses de la présente génération de créateurs chorégraphiques. Avec le recul du temps, les buts et objectifs des deux compagnies se révèlent non similaires : Le Groupe Nouvelle Aire était surtout axé sur la création d'une gestuelle qui lui était propre alors que l'intervention du Groupe de la Place Royale visait plus l'interaction des arts visuels et de la danse.

Mais quelle était l'identité du Groupe Nouvelle Aire? À l'origine, ce groupe est né de l'enthousiasme des professeurs et étudiants du département d'éducation physique de l'Université de Montréal. Les débuts gymniques du groupe ont d'ailleurs donné beaucoup de fil à retordre à la future image de cette compagnie, image qui a persisté bien après que les éducateurs physiques se soient dissociés de la troupe. Parmi les membres fondateurs, on retrouve des figures centrales œuvrant présentement dans le milieu de l'enseignement : Rose-Marie Lèbe-Néron, future fondatrice du certificat en danse de l'Université de Montréal, Gérald Fyfe et Denis Poulin, responsables du programme de danse au cégep Montmorency, ainsi que Diane Carrière, Philippe Vita, Sylvie Pinard et Paul Lapointe qui sont tous enseignants au niveau collégial ou universitaire. Mais c'est surtout autour de la personne de Martine Époque, une des fondatrices, que va se construire la véritable image du Groupe Nouvelle Aire qui traversera trois périodes distinctes[6].

Une compagnie en herbe : 1968-1972

Martine Époque était une méridionale venue au Québec pour enseigner la rythmique à l'Université de Montréal. Spécialiste de la rythmique Dalcroze, Époque se présente toutefois comme autodidacte pour ce qui est des techniques de danse. Au Groupe Nouvelle Aire, elle accède rapidement au poste d'unique directrice artistique. Durant la phase initiale du groupe, 25 enthousiastes de la danse apportent à leur jeune art toute la candeur et l'aplomb que seule l'adolescence peut avoir. En deux années d'existence, ces gymnastes réussissent à produire deux spectacles différents à la Place des Arts, spectacles qui comprennent une douzaine de chorégraphies signées par les danseurs et d'autres membres de la troupe. Deux pièces retiennent particulièrement l'attention : *Amiboïsme* de Martine Époque, et *Mi-E-Meta* de Paul Lapointe.

6. Une partie de ce texte a déjà été publiée dans l'article d'Iro TEMBECK, « Groupe Nouvelle Aire : Rétrospective d'une ère passée », *Réflex*, vol. 1, n° 3, 1983, p. 7-11.

Martine Époque en studio

Amiboïsme
Chorégraphie: Martine Époque
Danseurs: Nicole Laudouar, Sylvie Pinard et Paul Lapointe

Mi-é-méta
Chorégrahie: Paul Lapointe
Danseurs: Paul Lapointe et Nicole Laudouar

Normand Jacob

Mi-é-méta
Chorégraphie: Paul Lapointe
Danseurs: Paul Lapointe et Nicole Laudouar

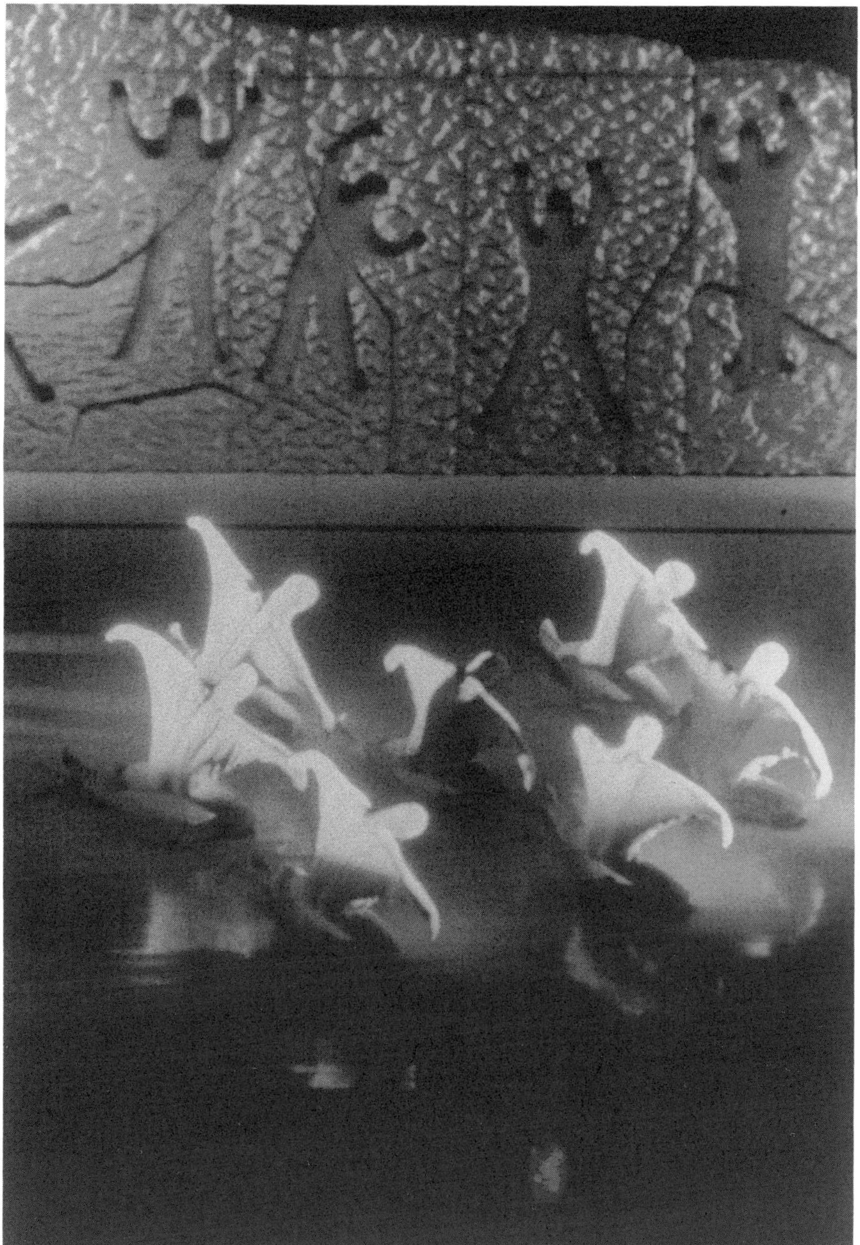

Densité (1974)
Chorégraphie: Paul Lapointe

Denis Poulin

***Erosiak* (version 1974)**
Chorégraphie : Paul Lapointe
Danseurs : Gaby Orbach, Iro Tembeck, Gabriel Mongrain, Philippe Vita, Monique Giard, Martine Haug et Paul-André Fortier

(Collection personnelle Paul-André Fortier)

La maison de ma mère (1977)
Chorégraphie: Édouard Lock
Danseurs: Paul-André Fortier et Martine Haug

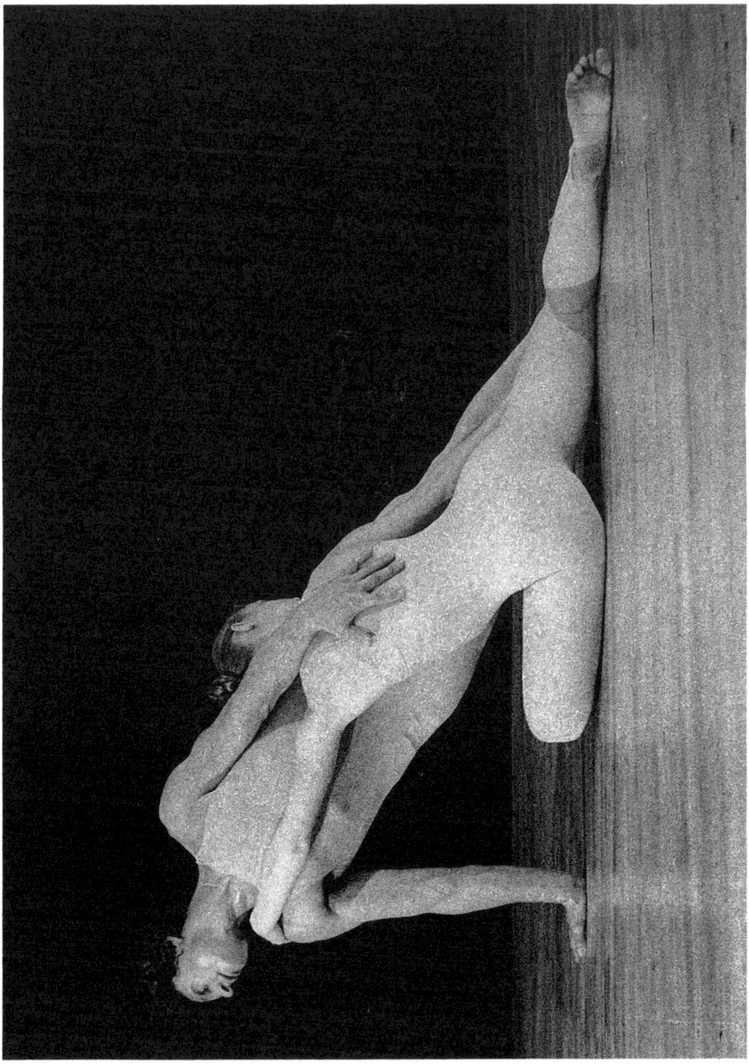

Diallèle
Chorégraphie : Martine Époque
Danseurs : Philippe Vita et Manon Levac

Guy Dubois

Trilogie de la Montagne (1980)
Chorégraphie: Martine Époque
Danseurs: Louise Lecavalier, Alain Gaumond, Manon Levac, Philippe Vita, Louise Bédard, Gilles Brisson, Marie Brodeur et Ginette Boutin

L'œuvre de Martine Époque constitue le second volet d'un triptyque intitulé *La Cellule humaine. Amiboïsme* représentait un camee détaillé côté invention gestuelle. La pièce se déroulait entièrement au sol afin d'imiter les mouvements moléculaires des amibes. Elle fut créée durant l'époque où la gestuelle microbiologique était en vogue en danse contemporaine. Les huit minutes de cette danse représentent un véritable tour de force réussissant à capter l'attention et l'intérêt du spectateur malgré les contraintes thématiques qui forcent les danseurs à évoluer uniquement sur le plan horizontal. Bien structurée et accessible, *Amiboïsme* deviendra une des pièces maîtresses et un des fétiches de la compagnie et a figuré à son répertoire durant toute son existence.

De son côté, *Mi-E-Meta* est la première ébauche chorégraphique de Paul Lapointe. La pièce surprend son public par l'originalité du thème qui met en vedette des enfants siamois portant des calottes crâniennes et qui s'évertuent durant tout le déroulement chorégraphique à se libérer l'un de l'autre. La recherche d'un langage correspondant au thème chorégraphique a contribué à donner le ton au cheminement ultérieur du groupe. Peu après ces spectacles, l'idéologie du groupe se précise et il devient question :

- d'encourager l'expérimentation et l'innovation en création chorégraphique;
- de découvrir et de promouvoir les artistes québécois de la scène;
- de créer une nouvelle technique qui non seulement caractériserait la compagnie mais qui servirait de base pour la fondation d'un style gestuel « québécois ». (À cette fin, l'école Nouvelle Aire fut fondée n'offrant, pendant un certain temps, que des cours de sa propre technique);
- d'éduquer le public dans le champ de la danse moderne par l'entremise de spectacles-démonstrations dans les établissements scolaires.

Du côté de la chorégraphie, le travail du groupe trahit à cette époque une esthétique béjartienne : collants académiques avec quelques ajouts de lignes colorées et maquillage spécialisé pour chaque pièce sont de rigueur. L'utilisation de grands pliés profonds à la seconde avec un pied restant sur la demi-pointe ainsi qu'un bon nombre de dissociations des différentes parties du torse sont d'autres leitmotivs gestuels qui dévoilent l'influence de Béjart. *De Profundis*, que signait Époque autour de 1972, résumait admirablement cette tendance béjartienne. En 1973, Époque crée *Diptyque*, reprenant ces mêmes tendances stylistiques, mais cette fois avec une thématique reflétant un souci écologique face aux dangers de la pollution.

Les années d'incubation : 1972-1979

Le deuxième chapitre de l'histoire du Groupe Nouvelle Aire s'ouvre vers 1972. Un bon nombre des premiers membres de la compagnie quittent et elle se compose dès lors de quinze danseurs, dont plusieurs nouveaux venus. Les nouveaux danseurs ont un bagage technique bien diversifié : leur formation antérieure se rattache à l'art du mime chez certains, au théâtre chez d'autres ainsi qu'au ballet classique et à des études en lettres pour d'autres encore. Fait inusité pour ce temps-là, la plupart des danseurs détiennent au moins un diplôme universitaire et ils amènent avec eux un esprit de questionnement devant le rôle que peut jouer la danse. Bien que les principes directeurs du groupe soient l'originalité et l'expérimentation, le tout s'articule autour d'un *brainstorming* collectif comme leurs homologues du Groupe de la Place Royale, quoique les résultats soient différents. La grande particularité du Groupe Nouvelle Aire se situe davantage dans la construction d'une phrase dansée. La technique Nouvelle Aire développée par Époque était à ses débuts très ardue et difficile à saisir. Avec le temps, elle a évolué en adoptant un vocabulaire plus fluide et versatile tout en conservant ses caractéristiques : une structure rythmique complexe et irrégulière, des contrastes marqués dans la ligne et le dynamisme et une dissociation des différentes parties du corps.

Les œuvres marquantes de cette période ont été *Erosiak* (1973) et *Densité* (1974) de Paul Lapointe et *Diallèle* (1975) de Martine Époque. Illustrant une bacchanale dionysiaque, *Erosiak* se veut une exploration des différents visages de l'amour. La pièce emprunte son langage chorégraphique aux formes archaïques et ses costumes à l'ère romaine. Les danseurs et danseuses, vêtus de pagnes et de jambières de cuir sur des collants diaphanes, dévoilent leur nudité partielle. Ils marchent à la file indienne traçant un parcours horizontal évocateur des bas-reliefs antiques. Des mouvements bidimensionnels à haute retenue musculaire sont remplis de lourds silences alors que leurs autres gestes plus explosifs laissent transparaître une émotion à fleur de peau. Un pas de deux masculin, où les rapports des deux hommes peuvent être interprétés à plusieurs niveaux, constitue l'un des moments forts de l'œuvre. On pouvait d'abord y retracer une référence indirecte à la pratique de l'homophilie qui faisait partie de l'univers classique grec. Autre lecture possible, celle d'un duo-duel mettant en scène le conflit du mortel qui affronte le demi-dieu ou encore l'homme qui fait face à sa double nature, à la fois humaine et divine. *Erosiak* fut une œuvre provocante pour les mœurs prudes de l'auditoire montréalais. Malgré une recherche gestuelle poussée, elle n'a eu qu'un succès mitigé. Abordée pour la première fois dans le discours en danse au Québec, la thématique de la sexualité deviendra un leitmotiv chorégraphique quelques années plus tard.

L'année suivante, Lapointe crée *Densité*, une pièce qui fait état d'une toute autre exploration. *Densité* décrit un univers onirique dans lequel la danseuse soliste se livre à des hallucinations. Des créatures bizarres sont encastrées dans une grande murale fabriquée de façon à simuler un énorme rocher s'étalant sur toute la largeur de l'arrière-scène en guise de remplacement au cyclorama. Les êtres s'animent, émergeant graduellement du mur. Les costumes, confectionnés à partir de collants orange auxquels on avait ajouté des manches chauve-souris et des cagoules, accentue l'aspect hallucinatoire de ces êtres qui viennent hanter, manipuler, parfois même bercer la soliste. Dans cette œuvre, on sent un rapprochement avec les formes métamorphosées si apparentes dans le travail d'Alwin Nikolaïs. La particularité du costume exigeait l'invention d'un vocabulaire gestuel spécifique et l'œuvre dépeignait une atmosphère se situant à mi-chemin entre le rêve et la réalité.

Créée durant l'Année internationale de la femme, *Diallèle* de Martine Époque reflète les préoccupations de l'heure : les relations hommes-femmes et la lutte des sexes pour le pouvoir. Une série de diapositives en couleur vient rehausser le pas de deux central de la pièce. Ces photos se font l'écho des portés qui figurent dans la chorégraphie et qui évoquent des positions de *pietà* de pierre de la Renaissance italienne. L'effet sculptural qui s'en dégage s'explique aussi par le fait que les danseurs représentés sont nus. Le style chorégraphique de *Diallèle* démontre une plus grande fluidité qu'auparavant. Les caractéristiques premières du groupe sont cependant encore présentes, notamment dans la complexité rythmique et le travail approfondi pour isoler les parties du torse. Mis à part la thématique féministe qui n'est plus autant d'actualité aujourd'hui, *Diallèle* est une pièce à grands défis techniques et dont la recherche de mouvements et de portés demeure intéressante.

Malgré un discours gestuel plus dense et étoffé, le GNA souffre du même hermétisme que son homologue multidisciplinaire, le GPR. L'accessibilité du produit chorégraphique n'a jamais été importante pour l'une ou l'autre de ces compagnies expérimentales. En outre, les danseurs du Groupe Nouvelle Aire ont des talents et des connaissances diversifiés ne pouvant ainsi véhiculer l'image d'un corps de ballet traditionnel et uniformisé. Enfin, ces mêmes danseurs sont des enseignants qui gagnent leur vie hors des structures de la compagnie, laquelle ne bénéficie que de subventions de projets accordés par différents ministères. Tel n'est pas le cas de l'aîné, le Groupe de la Place Royale, qui réussit enfin à obtenir un plus grand financement. Le Groupe Nouvelle Aire parvient quand même à survivre en puisant dans les maigres profits de l'école qui lui est rattachée et grâce au fait que ses danseurs sont quasi autonomes financièrement.

Autour de 1975, le groupe se sent plafonner. Jusque là, l'image dominante de la troupe avait été Martine Époque et peu de changements s'annonçaient. Des difficultés financières, une administration faible et une remise en question de la vision artistique provoquent l'inévitable changement. Sentant la nécessité d'un recul et d'un ressourcement, Époque décide de partir aux États-Unis. Le groupe se trouve donc à un point tournant. De nouveaux chorégraphes apparaissent, dont Édouard Lock, Christina Coleman et Iro Tembeck. Si la gestuelle avait été jusque là prépondérante dans le produit chorégraphique du Groupe Nouvelle Aire, elle est dès lors remplacée par la découverte et l'intégration de l'émotion. Une touche de théâtralité commence à s'infiltrer dans la démarche artistique et l'approche dramatique est maintenant valorisée. Les œuvres décrivent un climat intérieur et une situation spécifique à la fois personnelle et universelle. Bref, il n'est plus question de fabriquer une gestuelle innovatrice, mais plutôt de travailler autour d'un cadre ou d'une mise en situation.

La venue de professeurs invités, comme Linda Rabin et les membres de la compagnie Limon qui initient les danseurs du groupe à d'autres techniques en danse, contribue à renouveler le vocabulaire gestuel. C'est ainsi que l'on doit, en partie, au Groupe Nouvelle Aire la popularisation de la technique Limon dans le paysage chorégraphique montréalais. L'autre glissement qui survient durant cette année de transition, soit de 1975 à 1976, est l'intérêt grandissant pour les spectacles en studio baptisés plus tard « Choréchanges » (ou échanges chorégraphiques). Le public était convié à regarder une œuvre en élaboration et suivait une période de discussions avec les danseurs et créateurs. Cette formule a eu l'effet multiple de roder les nouvelles œuvres et de mûrir les interprètes tout en démystifiant la danse auprès de son public d'adeptes.

Les Choréchanges et le départ du Groupe de la Place Royale pour Ottawa sont les deux facteurs qui ont contribué à élargir le public du GNA. Coincé entre l'élitisme du classique tel que formulé par Les Grands Ballets Canadiens et l'énorme popularité du style ballet-jazz, la danse moderne expérimentale a dû se frayer un chemin en se rendant un peu plus accessible pour assurer sa survie à Montréal.

Dernière génération et dissolution de fait : 1978-1982

Après de grandes fluctuations financières, le GNA obtient, en 1978, une subvention de fonctionnement du ministère des Affaires culturelles du Québec, qui exige toutefois un changement opérationnel dans la structure du groupe. Martine Époque, de retour des États-Unis, reprend la direction de la compagnie. Payés de façon régulière chaque semaine, les danseurs se doivent d'être présents toute la journée. Des réajustements de vie s'imposent. Certains danseurs ne veulent pas non plus se limiter aux activités du groupe dont la structure administrative lourde laisse peu de temps pour l'exploration et favorise le modèle de compagnie de tournées et de répertoire. C'est ainsi que Christina Coleman et Iro Tembeck se dissocient du groupe pour former Axis Danse, un collectif de danseurs et de chorégraphes professionnels œuvrant de manière plus informelle du côté de la gestion. Un an plus tard, toute l'ancienne équipe du Groupe Nouvelle Aire s'effrite, chacun partant à la découverte de sa propre expression chorégraphique. Un nouveau chapitre de l'histoire de la compagnie s'entrouvre.

La nouvelle relève de danseurs est plus jeune, plus homogène techniquement et mieux encadrée grâce à une structure de soutien consolidée. Cette relève n'a pas vécu la lutte de ses prédécesseurs qui ont eu à faire face au manque de crédibilité et de reconnaissance. Ces jeunes interprètes correspondent aussi au portrait plus typique de l'interprète. Cependant, la prolifération de mini-compagnies d'indépendants extérieures au Groupe Nouvelle Aire contribue à scinder le public potentiel. Et au sein du groupe, il n'y a pas de nouveau chorégraphe. Même Martine Époque se voit dans l'obligation de s'en aller, ayant accepté un poste de professeure au département de théâtre et de danse de l'UQAM.

Le Groupe Nouvelle Aire commande donc des créations à ses anciens chorégraphes et le marché de la danse montréalaise connaît un certain dédoublement. Le produit chorégraphique de l'institution mère présente le travail de ces mêmes créateurs qui œuvrent maintenant à l'extérieur de ses murs. Une redondance apparaît. La structure qui disparaîtra sera le Groupe Nouvelle Aire, consacrant ainsi l'entrée officielle des indépendants comme élément majeur de l'innovation chorégraphique à Montréal. Dédoublée et multipliée, la création en danse, anciennement tributaire de la compagnie mère, adopte dès lors une forme de présentation assez avant-gardiste à Montréal. Elle prolonge encore une fois la « tradition de non-tradition » et il semble qu'il existe autant de démarches que d'intervenants dans le milieu de la danse moderne expérimentale. Mais le couteau est à double tranchant, morcelant d'une part le public et d'autre part la communauté artistique elle-même qui se range dans des factions et des clans. L'ensemble du paysage chorégraphique est fracturé. L'aide financière gouvernementale s'émiette de plus en plus alors que la course aux subventions s'amplifie.

Généalogie du Groupe Nouvelle Aire

Première génération	Deuxième génération	Troisième génération
Rose-Marie Lèbe	Solange Paquette	Louise Bédard
Sylvie Pinard	Paul-André Fortier	Daniel Soulières
Denis Poulin	Iro Tembeck	Manon Levac
Louise Latreille	Michèle Febvre	Daniel Léveillé
Danielle Payette	France Bruyère	Louise Lecavalier
Diane Carrière	Christina Coleman	Gilles Brisson
Michel Lepage	Lionel Kilner	Ginette Boutin
Gilles Néron	Danielle Tardif	Alain Gaumond
Roger Labbée	Ginette Laurin	Marie Brodeur
Gerald Fyfe	Martine Haug	Raymond Brisson
Philippe Vita	Édouard Lock	Pierre Bergeron
Louise Lussier	Louise Gauvreau	Charles Saint-Onge
Nicole McDuff	Monique Giard	
Paulette Côté-Lawrence	Jeffrey Judson	
Louise Vignola	Nicole Laudouar	
Johanne Vita	Gabriella Singerman Orbach	
Louise Vignola	Marie Robert	
Jacques Dubuc	Gabriel Mongrain	
Paul Lapointe	Claude Pilon	
Martine Époque		

À la fin des années 40, le *Refus Global* conteste les fondements de la société québécoise et revendique une modernité qui implique le rejet de l'académisme en faveur de la création individualisée. La philosophie véhiculée par le mouvement automatiste préconise l'abstraction, la spontanéité et l'écoute de l'inconscient.

La démarche artistique de Françoise Sullivan prend corps au moyen de plusieurs médiums artistiques notamment la sculpture, la peinture et l'art chorégraphique. Parmi les leitmotivs qui traversent ces formes d'art, on retrouve le cercle et la quête de l'essentiel.

Quant à Françoise Riopelle, autre signataire du *Refus Global*, elle fut formée en danse moderne par Elizabeth Leese et Maurice Morenoff, avant de partir se perfectionner en Europe auprès de Wigman et d'autres de ses contemporaines. Les chorégraphies de Riopelle se veulent abstraites et géométriques; elles tracent un dessin dans l'espace. Elle sera une pionnière de l'intégration de l'expression corporelle dans les milieux éducatifs, initiative qui aboutit à la mise sur pied d'un programme de danse à l'UQAM.

Jeanne Renaud est la troisième pionnière de la danse expérimentale québécoise. Élève de Leese et de Crevier, elle ira également se ressourcer à New York et à Paris. Ses premières œuvres chorégraphiques sont multidisciplinaires. En 1966, elle fonde le Groupe de la Place Royale, première troupe officiellement incorporée de danse moderne. Cependant, elle quittera la direction artistique de cette compagnie en 1971. Sa carrière prend un tournant administratif par la suite et elle sera entre autres agente de la danse au Conseil des arts du Canada et au ministère des Affaires culturelles du Québec.

La direction artistique du Groupe de la Place Royale est assurée par la fondatrice Jeanne Renaud et ensuite par Peter Boneham et Jean-Pierre Perreault. Les liens entre les arts d'interprétation et les arts visuels seront resserrés dans la troupe qui favorise l'expérimentation. En 1976, un manque de subsides force la troupe à se relocaliser à Ottawa, une ville qui n'a pas encore de compagnie de danse attitrée.

La deuxième troupe de danse moderne à surgir est Le Groupe Nouvelle Aire composé, au départ, d'étudiants et de professeurs du département d'éducation physique de l'Université de Montréal. Un de ses objectifs est de créer une gestuelle individualisée et novatrice. Le vocabulaire gestuel devient moins touffu, se raffinant au fil des ans. L'éclatement du paysage chorégraphique montréalais incite l'entrée des indépendants. Ceci provoque indirectement la dissolution du Groupe Nouvelle Aire en 1982.

Chapitre 6

Courants mitoyens, parallèles et anglophones en danse moderne

La danse à l'Université McGill : une vision hors des sentiers battus

Un courant anglophone en danse moderne se développe à Montréal à partir des années 30. Les représentants sont pour la plupart issus du département d'éducation physique de l'Université McGill qui, dès 1929, avait institué les premiers cours accrédités en danse d'interprétation. C'est d'ailleurs à l'Américaine Thelma Wagner, spécialiste de la Modern Dance dans son pays, que l'on doit le rayonnement de cette discipline dans le programme d'études de McGill. Elle détenait une maîtrise en éducation physique de l'Université de New York, avait suivi des cours avec Hanya Holm, d'autres à l'école Bennington ainsi qu'avec Doris Humphrey. Cette dernière avait d'ailleurs fait salle comble lors de la présentation, durant les années 30, d'une conférence-démonstration au Moyse Hall de l'Université McGill.

Thelma Wagner est embauchée par l'Université McGill en 1938. Elle y restera jusqu'à sa retraite en 1967. Dès son arrivée à Montréal, elle fonde le McGill Modern Dance Club parallèlement à la multitude des cours de danse et d'éducation physique qu'elle dispense. Durant ses années de service à McGill, les cours de danse et les activités chorégraphiques vont se multiplier. C'est ainsi qu'elle devient la cheville ouvrière qui crée auprès du public anglophone de Montréal un noyau d'intérêt quant aux manifestations de danse contemporaine. Au moment de sa retraite, en 1967, un glissement s'opère à McGill, l'intérêt pour les diverses techniques en danse contemporaine cédant le pas à une approche éducationnelle face à la danse, laquelle démontre une forte empreinte Laban. L'époque dorée de la Modern Dance à McGill, courant américain, se situe donc durant les décennies où Wagner travaille avec assiduité dans cette institution. Une fois qu'elle s'en est retirée, l'impact de la danse y sera considérablement amoindri pour diverses raisons d'ordre socio-économique et pédagogique.

Quant au McGill Modern Dance Club créé en 1938, celui-ci offre des ateliers de danse et d'exploration gestuelle à l'ensemble de la population étudiante. Les récitals annuels présentent le travail des étudiants et de leurs professeures qui participent aussi à titre de danseuses sur scène, alors que les chorégraphies s'inscrivent dans la lignée américaine de la danse moderne. Durant les « fifties », le club inaugure une tradition de subventions ponctuelles. Ce sont des bourses offertes aux étudiantes prometteuses leur permettant de suivre un stage d'été auprès de maîtres reconnus comme Martha Graham. Cette tradition sera maintenue pendant une bonne quinzaine d'années.

Mary Cussans (ou Cuzanne), ancienne élève de Ruth Saint-Denis, était une autre instructrice qui avait également enseigné la danse dans cette institution. Vers la fin des années 30, elle crée le New Dance Group dont la philosophie de base vise à promouvoir la danse moderne à Montréal par le biais de spectacles dans divers lieux scéniques, et qui précède la création du McGill Modern Dance Club. Le programme souvenir d'un des spectacles du New Dance Group fait valoir les bienfaits de la danse moderne : dans un premier temps, le lien étroit entre la réflexion théorique et la pratique elle-même de cette forme d'expression; dans un deuxième temps, l'importance de la danse moderne, étant donné les idées progressistes et les thèmes contemporains qu'elle véhicule.

L'ensemble de l'Université McGill témoigne d'un esprit fort progressiste pour l'époque, surtout quand on la compare à son homologue francophone, l'Université de Montréal. La création d'un département d'éducation physique est en elle-même la première initiative de ce genre à l'échelle canadienne. Il en est de même pour la création d'une section féminine dans ce département. Fait intéressant : la plupart des diplômés issus de ce département et ayant suivi une concentration en danse étaient d'origine juive. C'est le cas de Nina Caiserman, mentionnée plus tôt dans cette étude. Mais celle-ci ne restera à Montréal que peu de temps, préférant New York où elle réussit à danser pour la grande Martha Graham et sa rivale Doris Humphrey, ainsi qu'avec Jane Dudley et Sophie Maslow, disciples et émules de Graham.

(Collection personnelle Ghitta Caisermann Roth)

Nina Caisermann en spectacle

Malgré ses qualifications, Ann Naran Silverstone, autre diplômée de McGill, ne trouvera toutefois pas d'emploi comme professeure de gymnastique à la Commission des écoles protestantes de Montréal, car une politique antisémite semble être subrepticement en vigueur. Ce sera une canadienne-anglaise, Eleanor Moore-Ashton, qui obtiendra le quasi-monopole de l'enseignement de la danse dans les commissions scolaires protestantes. Disséminés dans toutes les régions de l'île de Montréal, les élèves qu'elle aura formés y donneront des cours de ballet et de claquettes.

Durant cette période, l'antisémitisme est d'ailleurs très répandu dans la société québécoise. Anglophones et francophones trahissent, par leurs actions, les réserves qu'ils peuvent avoir face à l'intégration des Juifs dans leurs milieux respectifs de travail. Même l'Université McGill, toute progressiste qu'elle puisse paraître, contingente les admissions dans le cas des étudiants juifs! Par conséquent, la place de l'élément juif dans le portrait de la société montréalaise est tantôt floue, tantôt flexible. Les Juifs s'intègrent dans l'une ou l'autre des « deux solitudes », selon les circonstances. Toutefois, l'élément juif demeure important dans le paysage social du Québec, car il ajoute une autre dimension aux deux cultures maîtresses.

C'est vers la communauté juive qu'Ann Silverstone se tournera pour dénicher enfin son premier emploi au YWHA. Son enseignement de la gymnastique rythmique et de la danse libre et d'interprétation est si apprécié que la direction du Y lui offre une bourse d'études pendant un été afin de parfaire ses connaissances en technique moderne auprès de Martha Graham. Ce geste démontre que la communauté juive est, de façon étonnante, bien au fait de l'innovation artistique nord-américaine. Silverstone sera bientôt remplacée au YWHA par Elsie Salomons, une autre diplômée juive du département d'éducation physique de McGill. Parmi les représentantes juives de la danse moderne montréalaise, Nina Caiserman sera la plus connue sur le plan international, alors que Salomons se consacrera avec acharnement à créer les fondements de l'enseignement de la danse créative dans sa ville natale.

Elsie Salomons Schwartz (1914-)

Native de Montréal, Elsie avait été l'élève de Ruvenoff pour lequel elle avait dansé dans plusieurs récitals, étant même à l'occasion la partenaire du célèbre maître de ballet dans un *Tango* qui figurait dans les représentations annuelles. Elsie s'inscrit ensuite à McGill. Elle obtient son diplôme en éducation physique en 1937, alors qu'elle danse et qu'elle

(Collection personnelle Elsie Salomons)

Elsie Salomons

(Collection personnelle Elsie Salomons)

Elsie Salomons enseignant la danse créative à l'école Saint-Georges de Montréal (1946) chorégraphie déjà de façon indépendante. Peu après, elle s'installe en Angleterre où elle suit assidûment des cours de danse créative et de moderne avec Kurt Jooss et Rudolf von Laban qui, après avoir fui l'Allemagne hitlérienne, se sont réfugiés dans ce pays. Elle complète aussi sa formation technique en ballet classique auprès de Nikolaï Legat. Mais c'est son apprentissage auprès de maîtres tels que Laban et Jooss qui s'avère déterminant. Elsie découvre ainsi l'importance de marier les techniques du ballet classique à celles de la danse moderne, un principe auquel elle adhérera tout au long de sa carrière, comme à celui qui définit la danse créative comme le véhicule d'expression personnelle par excellence.

Lorsque la guerre éclate en Angleterre, Elsie parvient à retenir une place à bord du dernier paquebot en partance pour le Canada. Elle retrouve Montréal en 1940 et accepte de remplacer Silverstone comme professeure au YWHA. En 1946, l'école Saint-Georges de Montréal l'engage pour enseigner la danse créative à l'élémentaire. Fondée en 1930 par un groupe de parents, cette école progressiste incorpore les cours de danse à partir de l'arrivée de Salomons, et ces cours font encore partie du programme spécialisé en arts d'interprétation. Nul doute, Salomons a été une des pionnières de la danse créative dans le milieu éducatif anglophone de Montréal.

Ouvert en 1953, le Studio de danse d'Elsie Salomons ne fermera ses portes qu'en 1976. Les futures professionnelles de la danse qui y reçoivent leur formation initiale sont ses deux nièces, Judith Marcuse et Betsy Carson, ainsi que Linda Rabin. La technique utilisée dans les cours de Salomons est éclectique. Hybrides, les exercices de réchauffement empruntent à la technique du ballet classique et à celle de la danse contemporaine américaine. Les élèves, qu'ils soient jeunes ou vieux, sont ensuite invités à improviser autour d'un thème déterminé et selon des consignes bien établies. Les élèves expliquent ensuite au pianiste le type d'accompagnement musical qu'ils aimeraient avoir lors de la présentation de leur création devant leurs confrères et consœurs. L'utilisation d'accessoires est non seulement permise mais encouragée.

Salomons est une personne politiquement engagée dans la vie, tout comme dans son métier d'artiste. Elle monte des pièces ayant une thématique d'actualité et elle collabore aux spectacles du Montreal Theater Ballet et du Negro Community Centre. Le « 5 Mount Royal West », un organisme communautaire juif de gauche, requiert sa participation lors de plusieurs représentations. Salomons devient même membre du Parti communiste durant la période duplessiste, s'inscrivant par ce geste dans la tendance militante de la communauté juive. En 1941, elle participe à une soirée russe, chorégraphiant pour cette occasion une danse pour la paix. Le milieu artistique juif montréalais est d'ailleurs connu pour son engagement social et son approche avant-gardiste, comme nous l'a fait remarquer le commentaire d'Esther Trépanier[1] dans des propos repris dans *La Presse.*

Les chorégraphies d'Elsie Salomons reflètent un contenu social. *Vol d'Essai* (*Trial Flight*) est présentée lors d'un spectacle du Montreal Theater Ballet en 1957 et se veut une étude psychologique de l'adolescence. On retrouve dans cette pièce l'influence sous-jacente des chorégraphes américaines Anna Sokolow et Helen Tamiris. Salomons les avait d'ailleurs invitées à mener des « cliniques intensives » à plus d'une reprise à Montréal durant les années 40. Une autre pièce de Salomons, *Ever so Very Contemporary,* utilise une approche de danse-théâtre sur une composition musicale signée Robert Swerlow.

L'œuvre d'Elsie Salomons révèle une vie menée de façon intègre et dominée par un courage qui ne chancelle jamais. Salomons fut la seule pionnière de cette époque à promouvoir l'aspect récréatif de la danse créative et à intégrer cette dimension dans un contexte artistique. Aujourd'hui dans une maison de convalescence, elle reçoit des soins intensifs pour retarder la progression de sa sclérose en plaques qui est déjà à un stade bien avancé.

Eleanor Moore-Ashton (1917-)

Autrefois élève d'Ezzak Ruvenoff, la Montréalaise Eleanor Moore-Ashton sera influencée par Ted Shawn, auprès de qui elle a suivi des cours à New York. Elle complète ses études pratiques en ballet avec des professeurs aussi réputés que Vera Volkova et Michel Fokine. Elle commence néanmoins à s'intéresser plus particulièrement à l'aspect thérapeutique de la danse, à l'anatomie humaine et à la psychologie infantile quand, de ses trois enfants, l'un est atteint de poliomyélite et l'autre d'aphasie. En observant leurs troubles moteurs et de coordination, elle élabore, en collaboration avec sa sœur qui enseigne à la maternelle, un système d'apprentissage du mouvement de niveau préscolaire. Moore-Ashton suit ainsi le processus d'évolution neurologique de l'humain : une progression allant des yeux à la tête et aux bras et qui prend fin avec les jambes. Le mouvement et par prolongement la danse qu'elle enseigne obéissent à cette même progression. Autrement dit, Moore-Ashton ne favorise pas le placement des pieds en premier.

1. Jocelyne LEPAGE, « Pour combler le vide des années 30 », *La Presse*, Montréal, 24 octobre 1987.

Eleanor Moore-Ashton (1949)

Étant donné ces tendances particulières, Moore-Ashton s'intéressera plus à l'aspect pédagogique de la danse, même classique, qu'à la création d'une troupe. L'approche qu'elle privilégie dans son enseignement est celle où l'élève est amené à comprendre le processus et la raison d'être de toute activité en danse. À mi-chemin entre la danse à tendance physiothérapeutique et la danse créative, le système préscolaire qu'elle conçoit est repris dans plusieurs écoles de Montréal à partir de la fin de la Deuxième Guerre mondiale, l'école-pilote ayant été l'école Barclay dans le secteur Côte-des-Neiges. Son succès fut tel qu'il est utilisé encore aujourd'hui.

Moore-Ashton forme aussi des enseignants spécialisés dans le ballet classique, les claquettes et la danse de caractère qui iront donner des cours dans les différents établissements et écoles du réseau de la Commission scolaire protestante de Montréal. Elle croit fermement que tout élève doit acquérir une certaine expérience dans l'enseignement. Elle réunit annuellement durant le mois de septembre ses monitrices et jeunes professeures qui enseignent la danse dans le réseau des écoles protestantes, afin de leur faire suivre un cours de recyclage et de mise au point des changements qu'elle prévoit dans sa méthode.

Au fil des ans, les cours offerts à son studio de Ville Mont-Royal s'orientent de plus en plus vers le classique; ils allient l'approche artistique de Moore-Ashton à un style emprunté aux méthodes Cecchetti et R.A.D. Les exercices de classe sont répétés durant trois semaines pour faciliter leur assimilation avant qu'ils ne soient modifiés et augmentés. Parmi les professeurs invités qui viennent occasionnellement donner des classes de ballet à ses élèves avancées, on remarque des noms importants tels Edward (Ted) Caton, Lillian Moore (maîtresse de ballet et historienne de la danse) et Lucia Chase (directrice de l'American Ballet Theater). Eleanor s'occupe particulièrement de ses élèves talentueuses et les accompagne à New York où elles peuvent suivre des stages intensifs en danse. La professeure new-yorkaise Thalia Mara est d'ailleurs une de ses amies. Les artistes les plus illustres issues de son école sont Margaret Mercier, soliste du Sadler's Wells de Londres et des Grands Ballets Canadiens, et Vanda Intini qui a dansé avec le Ballet National du Canada et Les Grands Ballets Canadiens. D'autres élèves feront carrière ailleurs : Rose Anne Thom s'établira à New York et deviendra critique et historienne de la danse au College Sarah Lawrence, alors que Zella Wolofsky fera partie de la troupe torontoise de danse moderne Dancemakers. Ses élèves semblent avoir été marquées non pas par le côté technique, mais par son approche globale généreuse et éclairée.

Moore-Ashton cherche aussi à structurer le petit milieu de la danse professionnelle de Montréal et sollicite la collaboration ponctuelle des arrivants d'Europe et plus spécifiquement de Séda Zaré et de Ludmilla Chiriaeff. Bien qu'elle ne sente peu d'affinités avec la danse moderne, elle accepte toutefois le ballet-jazz car ses bases sont classiques et invitera Eva von Genczy à animer plusieurs cliniques dans ce style, qui est devenu sa marque de commerce. Mme Ashton sera aussi une des principales instigatrices de la Quebec Dance Teachers Association, un organisme affilié à la Canadian Dance Teachers Association. Elle a également été la directrice artistique du Montreal Ballet qui a participé, à l'occasion, au Festival de ballet pancanadien et à des émissions télévisées dans des chorégraphies signées Fernand Nault et Heino Heiden, danseur et chorégraphe allemand établi à Montréal. D'ailleurs, d'autres professionnels dont Eric Hyrst, Irène Apiné et Jury Gottshalks sont souvent apparus à titre d'invités dans le cadre de ses récitals annuels.

Actuellement à la retraite, Eleanor Moore-Ashton vit à Etobicoke en Ontario. Elle a quitté le milieu de la danse en 1976.

Biroute Nagys (1920-)

Néo-canadienne d'origine lituanienne, Biroute Nagys émigre au Canada en 1948. Auparavant, elle avait découvert la danse dans son pays natal qu'elle quitte en 1941 afin d'étudier à Vienne à l'Académie de danse de Rosalia Chladek. Au bout de trois ans, elle y obtient un diplôme d'État en danse de cette académie certifiant qu'elle a étudié la rythmique Dalcroze, la composition chorégraphique, le solfège et la musique, l'improvisation dansée et l'acrobatie, sans oublier la danse de caractère et le ballet classique. Elle dansera ensuite dans le groupe de Chladek qui se produit à l'Opéra de Vienne. Son métier de chorégraphe, elle l'apprendra de sa professeure, une adepte de l'approche structurée en composition. Chladek rejette le laxisme et le surplus émotif qui se dégagent de la plupart de l'*Auzdrucktanz* allemande. Elle prône plutôt une retenue qui se veut quand même expressive et dynamique. Estimant avoir épuisé ses possibilités de croissance artistique auprès de Chladek, et étant de nature plus émotive que celle-ci, Nagys décide de s'établir ailleurs. Son premier choix aurait été d'aller danser en Allemagne mais elle opte finalement pour le Canada, attirée par ses grands espaces.

Installée à Montréal, elle s'intègre à la petite communauté lituanienne et offre presque aussitôt des cours de danse à des ménagères immigrantes au YWCA de l'avenue du Parc. Elle devient aussi membre de la compagnie de Ruth Sorel où elle rencontre Alex MacDougall qui sera son partenaire de scène à maintes reprises. Après le départ précipité de Sorel en 1951, Biroute continue d'enseigner au YWCA. Deux années

(Collection personnelle Birouté Nagys)

Birouté Nagys en spectacle

(Collection personnelle Birouté Nagys)

Birouté Nagys

plus tard, elle ouvre son propre studio de danse contemporaine, toujours sur l'avenue du Parc. Elle forme des élèves prometteuses : Ina Hazen et Françoise Graham qui participent à ses récitals ainsi qu'une autre danseuse talentueuse, Linda Rabin.

Birouté Nagys présente son premier récital au Théâtre du Gésu en 1959. Les thèmes chorégraphiques sont dansés sur de la musique contemporaine ou dans le silence. Une œuvre majeure est créée à ce moment-là : *Le Chant de Hiawatha* inspirée du poème du même nom de Longfellow. Le travail chorégraphique de Nagys est expressif et ne manque pas de rigueur; elle crée des pièces dans le style de la Modern Dance. Lors du premier festival canadien de danse moderne qui a lieu à Toronto en 1963, ses œuvres ainsi que celles de sa consœur et collaboratrice Yone Kvietys sont particulièrement remarquées par le critique américain Walter Sorrell, qui est le juge du festival. Les articles de presse font l'éloge de sa force technique et de son expressivité en soulignant aussi que seules Birouté Nagys et Yone Kvietys sont de calibre vraiment professionnel.

Un an plus tard, un Mexicain du nom de Hugo Romero, nouvellement arrivé au Québec, sollicite la collaboration de Nagys dans un spectacle conjoint qui aura lieu au théâtre de poche de la Place Ville-Marie. *Expression 64* précédera d'un an le spectacle que signera Jeanne Renaud dans cette même salle, spectacle qui entraîne la fondation du Groupe de la Place Royale. Nagys avait déjà dansé à une ou deux occasions dans des œuvres de Riopelle en compagnie de Renaud, mais une telle collaboration ne se répète pas souvent.

Du côté de l'enseignement, l'Institut Marguerite-Bourgeoys fait appel à Birouté en 1962 pour la mise sur pied d'un programme d'expression corporelle. Cette institution religieuse fait ainsi preuve d'une grande ouverture d'esprit et ce geste témoigne d'un changement d'attitude de la part du clergé face au rôle social et éducatif que peut avoir la danse.

La contribution professionnelle de Birouté Nagys se situe surtout dans l'approche pédagogique du mouvement, approche que l'on retrouve chez ses élèves Françoise Graham et Linda Rabin. Arrivée au Québec trop tôt pour pouvoir efficacement créer une compagnie de danse moderne et trop tard pour s'associer de près ou de loin au travail des adeptes de la danse automatiste, Birouté n'a pu tirer profit de ses acquis professionnels antérieurs ni fournir le plein rendement dans son nouveau pays d'adoption. De nos jours, Birouté Nagys demeure active dans la communauté lituanienne du Canada, ne participant que sporadiquement à des représentations artistiques dans le cadre d'ateliers de maître pour l'Université de Toronto ou à titre de chorégraphe moderne pour le Ballet Classique d'Ottawa.

Hugo Romero (mort en 1989)

Mexicain formé à l'Académie mexicaine de l'art chorégraphique, Hugo Romero remporte, en 1960, le premier prix lors d'un festival de danse qui a lieu dans son pays natal. C'est un ancien élève de Waldeen Falkenstein dont il faudrait dire ici quelques mots. Californienne d'origine allemande, Falkenstein avait élu domicile au Mexique. Son style chorégraphique tendant vers l'expressionnisme allemand allait rapidement en faire une importante pionnière de la danse contemporaine mexicaine, forme de danse dont l'histoire, soit dit en passant, s'étend déjà sur plus d'un demi-siècle. Waldeen devint également la directrice artistique de la compagnie Bellas Artes.

Avant son arrivée au Canada, Romero avait dansé pour plusieurs compagnies de danse mexicaine dont notamment Bellas Artes et le Ballet Nacional Mexicano. Ses partenaires de l'époque étaient Josefina Lavalle, Rosa Reyna et Guillermina Bravo, avec qui il était parti en tournée à Cuba. Ces trois danseuses ont une grande renommée et sont des pionnières fort respectées aujourd'hui encore dans le milieu culturel latino-américain. De plus, Hugo avait fait partie de la compagnie mexicaine formée par José Limon. Mais il est attiré par les États-Unis et le rêve américain, et une fois arrivé à New York il s'inscrit à la Juilliard School of Music.

C'est en 1964 qu'il foule le sol canadien. Dès son arrivée, il se lance dans la création, produisant *Expression 64* avec l'aide de Birouté Nagys. L'année de l'Expo, il crée *La Voix du Silence* sur le site même de l'exposition. En 1969, il fonde le Contemporary Dance Theater au Centre Saidye Bronfman. Pendant cinq ans, cette troupe sera subventionnée par les Projets d'initiatives locales (PIL) du gouvernement fédéral et donnera des cours portant sur la technique Limon. La troupe présentera de nombreux spectacles dans les polyvalentes et cégeps de la province, ce qui assure un salaire de base à ses danseurs. Un style unifié et constant caractérise la troupe qui, par contre, ne se range pas du côté de l'innovation. En cela très éloignée des groupes Nouvelle Aire et Place Royale, la compagnie de Romero est la seule compagnie de danse moderne à véhiculer un style internationalement reconnu de danse moderne et à s'inscrire dans un courant mitoyen en danse contemporaine.

Victor August (Collection personnelle Jill Marvin)

Chorégraphie de Hugo Romero dansée par Jill Marvin et Claudia Moore

André Le Coz

Chorégraphie de Hugo Romero à Radio-Canada (1975)
Danseurs: Hugo Romero et Claudia Moore

André Le Coz

L'Oiseau de feu
Chorégraphie : Hugo Romero, pour Radio-Canada
Danseurs : Louis Robitaille et Claudia Moore

Depuis 1974, Romero ne réside plus à Montréal, mais il est souvent de passage pour de brèves visites. Lionel Kilner prendra la relève de la direction artistique de la troupe pendant une saison ou deux et la rebaptisera Contemporary Dance Troupe. Durant les années 80, on retrouve Romero dans son Mexique natal. Après quelques tentatives d'enseignement dans la capitale et devant l'impossibilité d'y fonder une troupe, il décide de s'établir à Villa Hermosa dans la province mexicaine de Tabasco. Il y enseignera quelques cours en technique contemporaine jusqu'à sa mort en décembre 1989.

Doté d'un tempérament latin, fougueux et passionné, Romero est connu dans le milieu professionnel pour son énergie débordante. Son langage chorégraphique est un mélange de danse primitive et de techniques conventionnelles en danse moderne. Il a chorégraphié plusieurs spectacles télévisés, le plus récent étant sa propre version de l'*Oiseau de feu* de Stravinsky interprétée par Louis Robitaille et Claudia Moore en 1980. Les autres pièces représentatives de son travail chorégraphique sont *Seascape* et *The Immigrant* qui illustrent les deux volets de son approche en composition : la tendance poétique évidente dans le lyrisme de *Seascape* et la tendance plus passionnée dans *The Immigrant*. Les artistes qui ont le plus souvent dansé pour sa compagnie et dont la technique en danse moderne est mise en valeur dans ses pièces sont Jill Marvin, Margaret Goldstein, André Lucas, Robert Desrosiers, Claudia Moore et Christopher Gillis.

Linda Rabin

Élève d'Elsie Salomons et de Biroute Nagys, Linda Rabin quittera Montréal afin de parfaire sa formation technique à l'école Juilliard de New York. Bien qu'elle danse pour le Juilliard Dance Ensemble et pour plusieurs autres petites compagnies de répertoire dans la métropole américaine, Linda Rabin ne fera pas carrière à titre de danseuse. Sa réputation outre frontières, elle l'acquiert plutôt comme enseignante, répétitrice et chorégraphe.

En 1968, Rabin part pour Israël afin de travailler au sein des compagnies Bat Dor et Batsheva à titre de maîtresse de ballet. Là, elle rencontre un autre Montréalais, Brian Macdonald, qui l'incite à chorégraphier sa première œuvre : *Three out of Me*. Quittant Israël en 1973, Linda se rend en Angleterre et devient répétitrice au Ballet Rambert. Un an plus tard, Macdonald l'invite à créer une œuvre à l'intérieur de l'atelier chorégraphique des Grands Ballets Canadiens, œuvre qui remporte un tel succès qu'elle est incorporée par la suite dans le répertoire de la compagnie sous le titre *A Yesterday's Day*, ou *Souvenance* en français.

Éternelle nomade, Rabin parcourt le Canada de la côte ouest à la côte est en dirigeant des ateliers et des cliniques dans les centres professionnels de la danse. Durant cette époque, elle monte aussi des pièces pour des troupes telle la Contemporary Dancers de Winnipeg. En 1975, une bourse du Conseil des arts du Canada lui permet enfin de produire elle-même ses œuvres pour la première fois. Elle monte alors *La Déesse blanche* dont les représentations se déroulent dans les studios du Groupe Nouvelle Aire en 1977. *La Déesse blanche* représente une œuvre charnière dans le cheminement chorégraphique de Rabin et elle marque également un jalon important de l'histoire chorégraphique de Montréal.

Œuvre majeure, *La Déesse blanche* a été le fruit de plus d'un an de recherche, de travail, et de sensibilisation avec son groupe de six danseuses ainsi qu'un comédien et une chanteuse qu'elle avait sélectionnés avec soin. Durant ce spectacle se distingueront Candace Loubert dans le rôle titre, et également Margie Gillis et Stéphanie Ballard. Spectacle-cérémonie qui s'attarde surtout sur l'aspect rituel et l'intégration de la voix et du texte dans une œuvre dansée, *La Déesse blanche* aura une influence féconde à Montréal. Le minimalisme et l'aspect dépouillé mais symboliquement chargé de l'art et de la culture asiatique se font sentir dans cette œuvre qui est la première chorégraphie moderne créée à Montréal pour durer une soirée entière.

L'influence de *La Déesse blanche* sur le milieu de la danse moderne montréalaise devient visible dans les années qui suivent. Le minimalisme et les spectacles n'affichant qu'une seule œuvre, l'utilisation du temps dilaté et du ralenti seront de mise. Entre-temps, Rabin se rendra en Asie pour étudier le théâtre et le rituel d'Extrême-Orient. La théâtralité japonaise, le Zen, le yoga spirituel et autres influences de ce type sont toujours présentes dans ses œuvres, même dans celles qui se veulent franchement lyriques.

À son retour du Japon en 1980, elle crée *Ô Parade* pour le département de danse de l'UQAM, un spectacle-fête très coloré et dansé sur la musique de Vincent Dionne, et qui se veut une synthèse de ses démarches antérieures et de son passage en Asie. C'est vers ce moment-là que Rabin décide de s'établir définitivement à Montréal.

Elle ouvre sa propre école, baptisée au tout début Linda Rabin danse moderne, un nom qu'elle changera par la suite pour Les Ateliers de danse moderne. Cette école sera presque la seule à assurer la formation professionnelle des interprètes en danse moderne, exception

A Yesterday's Day
Chorégraphie: Linda Rabin
Danseurs: Les Grands Ballets Canadiens

Robert Etcheverry

Linda Rabin

Jack Udashkin

La déesse blanche
Chorégraphie: Linda Rabin
Danseurs: Candace Loubert, Margie Gillis et Robert O'Neill

Linda Rutenberg

A Moment Sitting
Chorégrahie: Linda Rabin
Danseurs: Linda Rabin et Dwight Shelton

faite des milieux universitaires. Après une vaine tentative de former une troupe nommée Triskelian, pour présenter ses propres chorégraphies, Rabin doit abandonner cet aspect de sa carrière, ne pouvant cumuler trop de fonctions. Elle se consacre dès lors à la consolidation de son école avec l'aide de sa collaboratrice Candace Loubert et continue de chorégraphier pour des compagnies de répertoire telles que Les Grands Ballets Canadiens, Montréal Danse et le Nederlans DanzTeatr.

Fort respectée par les professionnels de la danse partout au Canada et artiste intègre dans tous les différents aspects de sa carrière, Linda Rabin est une des rares montréalaises de naissance de sa génération à avoir réussi à se forger une carrière internationale à partir de ses vols solitaires.

Axis Danse (1977-)

Axis Danse marque la première tentative de décentralisation de la danse moderne professionnelle à Montréal. Fondé en 1977 par Christina Coleman et Iro Tembeck, qui quittaient de ce fait l'institution mère du Groupe Nouvelle Aire, ce nouveau groupe est né d'un désir d'encourager la création chorégraphique tout en restant à l'abri des contraintes de temps qu'une structure administrative lourde ne manquait pas d'imposer. Adoptant le modèle des troupes spontanées, soit la formule des *pick-up companies* si répandue aux États-Unis, la compagnie Axis inaugurait au Québec une nouvelle structure de fonctionnement à la fois intéressante et viable qui la démarquait des autres compagnies existantes.

Travaillant à raison de trois ou quatre saisons par année, ce groupe inscrit plus de 40 œuvres originales à son répertoire de 1977 à 1981. La majorité des pièces sont signées par l'âme dirigeante du groupe, Iro Tembeck. Les autres chorégraphes étaient Christina Coleman, Peter George, Daniel Léveillé et Daniel Soulières. Axis Danse regroupe des danseurs et des chorégraphes professionnels désirant explorer de nouvelles avenues en danse-théâtre. Les spectacles de cette troupe bénéficient de subventions de projet en provenance des divers paliers gouvernementaux. Le collectif Axis rassemble au cours de ses différentes saisons la plupart des professionnels de la danse moderne de la métropole et la troupe se produit à travers le Canada et aux États-Unis. Son mandat implicite, démystifier la danse moderne, l'incite à se produire dans des espaces parallèles tels que les galeries d'art où les liens entre les spectateurs et les interprètes se renforcent puisque ceux-ci sont proches les uns des autres. Une formule qui reprend en fait celle des Choréchanges.

Frederic George

Amazonie
Chorégraphe et danseuse: Iro Tembeck

Échos du monde intérieur
Chorégraphie: Iro Tembeck
Danseuses: Iro Tembeck, France Bruyère, Louise Kralka, Gaby Orbach et Marie Robert

Photo : Frederic George

Fragment
Chorégraphie : Iro Tembeck
Danseurs : Daniel Soulières, Iro Tembeck et Daniel Léveillé

L'idée de troupe spontanée ou de *pick-up company* est adoptée aussitôt par d'autres collectifs de danseurs à Montréal. Qui Danse?, par exemple, offre un premier tremplin semi-professionnel aux jeunes chorégraphes débutants alors que Most Modern et Danse Cité qui suivent s'adressent aux professionnels, toutes deux des initiatives de Daniel Soulières. Axis Danse a joué le rôle d'éclaireur auprès des futurs indépendants, lesquels toutefois décident de se dissocier de tout groupe afin de créer des compagnies à leur propre image, reflétant la vision chorégraphique de leur fondateur. L'idée d'un collectif cède ainsi la place à celle d'une individualité, et cette nouvelle formule se propage partout dans le milieu des créateurs chorégraphiques de Montréal. Axis Danse se trouve donc dans l'obligation de diminuer ses activités de groupe en 1981. Désormais, la compagnie sera identifiée aux œuvres de Tembeck, son instigatrice initiale.

Intéressée par le rituel en danse et par la découverte des racines communes de cet art et du théâtre, Tembeck, une néo-Canadienne d'origine grecque, désirait créer un pont entre l'héritage culturel et historique et les tendances actuelles. Ainsi, *La Roue à aubes* (1977) était une pièce de groupe qui illustrait l'aridité du labeur agricole. *Échos du monde intérieur* (1978), par contre, était située dans une prison de femmes : de l'apathie des cinq prisonnières émergeaient peu à peu la tension, la peur et la haine. La tendance plus primitive se manifestait dans les chorégraphies *Amazonie* (1982) et *Dialogue* (1979), cette dernière présentant un duo entre le musicien-compositeur et la danseuse-chorégraphe. Enfin, *Terracotta* était une étude approfondie de la statuaire antique.

Modeste mais unique et stimulante à ses débuts, la compagnie Axis Danse a inconsciemment ouvert le chemin à d'autres troupes informelles, lesquelles ont fini par supplanter la formule initiale de ce groupe en créant des petits noyaux autour de chaque créateur indépendant. C'est ainsi que le paysage chorégraphique du Québec s'est morcelé, provoquant par le fait même la dissolution de l'*establishment* représenté à l'époque par Le Groupe Nouvelle Aire.

Pointépiénu (1977-1984)

Louise Latreille est la seule Québécoise diplômée de l'école Mudra, dirigée par Béjart à Bruxelles. Elle a également fait partie du Ballet du XXe siècle pendant une saison. À Montréal, elle avait auparavant étudié le ballet à l'Académie des Grands Ballets Canadiens et fut, durant une courte période, membre du Groupe Nouvelle Aire. De retour au Québec en 1975, Latreille se joint aux Ballets Modernes du Québec sous la direction de Hugo de Pot. Lorsque cette troupe disparaît, Latreille en récupère la plupart des danseurs et l'équipe technique pour fonder sa propre compagnie.

Sa nouvelle troupe se nomme Pointépiénu. Son style hybride et versatile épouse d'un même souffle le ballet classique et la danse contemporaine. À l'instar de Béjart, son maître, elle recherche le théâtre total et le répertoire de la compagnie se compose presque uniquement de ses propres chorégraphies. Les œuvres que signe Latreille se prêtent à l'insolite, se teintent d'un humour parfois satirique et accueillent des mouvements abstraits et géométriques. Hybride et soumis à des influences multiples, le style gestuel est difficile à catégoriser. Peu de travail de torse, bien que Latreille déclare que sa technique se base sur des mouvements émanant du plexus solaire. Il n'y a que très peu de passages au sol mais le récit ou l'aspect narratif est presque toujours présent. *Cordes d'assaut* (1979) est un solo de danse-théâtre psychologique qui illustre un conflit intérieur à l'aide d'une véritable corde qui traverse la scène, offrant à la chorégraphe et danseuse un travail créatif centré autour de cet objet. *La Bottine souriante* (1979) est une pièce légère de groupe, bien structurée et rapide. *Malbrough s'en va-t-en guerre* (1978) est aussi un excellent véhicule technique pour deux danseurs classiques alors que *Ich Grolle Nicht* (1983) dévoile une esthétique punk et New Wave. Mais c'est dans sa dernière pièce intitulée *Événement Noir Blanc Rouge* que Latreille réunit en 1983 dans un même spectacle peinture, danse et théâtre. La scène se métamorphose en multiples toiles du peintre-scénographe Patrice Fincœur qui crée son œuvre devant le public autour de jeux et d'échanges entre les comédiens-danseurs qui deviennent, à leur tour, des sculptures vivantes. Parmi les danseurs qui ont souvent participé aux représentations de Pointépiénu, on retrouve les noms connus d'Alexandre Belin, ancien soliste des GBC, et de Tony Bouchard, ancien premier danseur dans la compagnie de Béjart, ainsi que ceux de Mireille LeBlanc, Louise Lecavalier, Howard Richard, Marie-Andrée Gougeon et Nina Galea.

Le deuxième objectif de la compagnie était de former une relève de danseurs. C'est pourquoi l'école de Pointépiénu est fondée en 1977. Latreille met en pratique l'enseignement qu'elle a reçu à Mudra. Des cours de rythmique, de solfège, de théâtre et de voix en plus des techniques classique et moderne sont incorporés dans le travail journalier.

Pointépiénu s'était donnée comme mandat de vulgariser la danse, et son contenu chorégraphique n'était pas nécessairement intellectuel, contrairement aux groupes Nouvelle Aire et Place Royale. Les spectacles de la compagnie ont étés appréciés surtout en France et en Belgique lors

Ron Diamond (Collection personnelle Louise Latreille)

Louise Latreille en spectacle (1981)

(Collection personnelle Louise Latreille)

Fantaisie sur quatre notes
Chorégraphie: Louise Latreille
Danseuse: Louise Lecavalier

(Collection personnelle Louise Latreille)

Malbrough s'en va-t-en guerre
Chorégraphie: Louise Latreille
Danseurs: Sacha Belinsky et Tony Bouchard

de nombreuses tournées, car ils dévoilaient une sensibilité propre à l'esthétique béjartienne, laquelle se situait plus près de l'auditoire européen que du public québécois. Déçue par le manque de reconnaissance du milieu de la danse de Montréal et faisant face à des difficultés financières de plus en plus grandes, Latreille décide de fermer la compagnie en 1984 et de poursuivre une autre carrière, cette fois-ci dans le monde des affaires.

Danse Partout (1976-)

Danse Partout a vu le jour lors d'un atelier chorégraphique de l'Académie des Grands Ballets Canadiens qui présentait, au début des années 70, une pièce chorégraphiée par une professeure de technique moderne et ancienne danseuse de la compagnie. Peu après, la chorégraphe Chantal Belhumeur crée sa compagnie et choisit de relever le défi de combattre le monopole dont jouissait Montréal à titre de centre de la danse théâtrale dans la province. En 1976, Belhumeur installe donc sa troupe, désormais autonome, dans la Ville de Québec, voulant ainsi pallier la pénurie d'organismes chorégraphiques dans la Vieille Capitale.

Versatile, Danse Partout ne se limite pas uniquement à la vision chorégraphique de sa directrice. La troupe a dû quand même revêtir un style plus accessible que celui de l'innovation constante et provocatrice si courante à cette époque à Montréal. Comme son nom l'indique, cette troupe de danse moderne désire attirer le grand public de la ville de Québec. Les danseurs, rompus aux techniques contemporaines et formés également en ballet classique, véhiculent avec aisance un langage chorégraphique plus traditionnel que celui qui s'affiche à Montréal. Dès sa fondation, Danse Partout se produit ailleurs au Canada et également en Europe.

Souvent narrative et parfois teintée d'un élan spirituel, la thématique du répertoire de la troupe figure parmi les facteurs qui placent cette compagnie à l'écart des courants majeurs de la danse actuelle québécoise. Rejetant l'idée d'une tradition de non-tradition et favorisant au contraire les techniques et le vocabulaire connus, Danse Partout a le courage de présenter des œuvres à caractère plus conventionnel en danse moderne. Mais ce courage n'en était peut-être pas un, si l'on considère le peu de marge de manœuvre et de choix dont disposait la direction afin d'atteindre son objectif : rejoindre le grand public de la ville de Québec, ce public qui ne possédait pas le même référentiel en danse que l'auditoire montréalais. Il fallait l'initier graduellement à la danse contemporaine et à son langage si différent du classique. Les pièces

Scènes de la vie de Marie (1980)
Chorégraphie: Chantal Belhumeur
Danseuse: Lucie Boissinot

Rivières I, II et III ainsi que *L'Autre rive* et *Siamoises* résument admirablement l'approche chorégraphique de Belhumeur qui épouse le lyrisme et le récit en danse.

En 1985, Belhumeur démissionne, épuisée par la lutte continue qu'elle a dû entreprendre pour rendre crédibles les activités de sa troupe, et de la danse en général. Luc Tremblay, un ancien membre de la troupe qui avait ensuite dansé au Toronto Dance Theater, lui succède. Tremblay imprime sa marque à la compagnie en y ajoutant une plus grande théâtralité et en favorisant une ouverture vers les autres chorégraphes québécois et canadiens. Danse Partout demeure malgré tout une compagnie boudée par les professionnels de la danse montréalaise, car ses pièces s'inscrivent consciemment, et encore aujourd'hui, à contre-courant des tendances nettement plus dominantes dans la métropole provinciale.

Un courant chorégraphique plus traditionnel parcourt également le Québec. Côté anglophone, il existe à Montréal une activité chorégraphique soutenue à partir des années 30. Un des noyaux de rassemblement est le département d'éducation physique de l'Université McGill qui offre des cours de danse dans son cursus d'étude.

Parmi les figures importantes de cette période, on retrouve Elsie Salomons, pionnière de la danse créative. De son côté, Eleanor Moore-Ashton met sur pied un système d'apprentissage par le mouvement, alors que Birouté Nagys, une néo-Canadienne d'origine lituanienne, donne des cours de danse expressive à son studio situé sur l'avenue du Parc. Un Mexicain d'origine, Hugo Romero, est un autre adepte d'un style chorégraphique qui s'inspire de la danse primitive et des techniques connues en danse moderne. Enfin, Linda Rabin sera fort respectée en tant que pédagogue et chorégraphe moderne. D'autre part, des petites troupes telles Axis Danse et Danse Partout désirent démystifier la danse moderne alors que Pointépiénu recherche un mariage du classique et du moderne.

Chapitre 7

L'essor des indépendants

Démystification de la danse

L'Art du mouvement

La Place des Arts est la première à inaugurer officiellement, dès 1975, le mouvement de démystification de l'art de la danse. Dans le cadre informel de la mezzanine de la salle Wilfrid-Pelletier, la série l'Art du mouvement présente des spectacles-ateliers sans éclairages scéniques ni décors. Les représentations de ballet classique, de danse contemporaine ou de ballet-jazz sont commentées par Henri Barras, animateur de la série. Les travailleurs et les gens d'affaires du centre-ville de Montréal peuvent ainsi se familiariser avec les secrets de la danse durant l'heure du dîner, une fois par semaine, et cela pour un prix d'entrée minime.

Un nouveau public de fonctionnaires et d'employés de bureau est attiré par ces manifestations qui deviennent vite populaires. Un léger repas peut même être acheté sur place, les spectateurs pouvant ainsi déguster simultanément culture et collation. Il ne fait aucun doute que c'est grâce à une telle initiative, qui a permis de rejoindre un public élargi, inconnu et possiblement non sensibilisé à la danse, que l'image de cet art s'est améliorée et mieux insérée dans le portrait culturel global de Montréal.

Après des débuts modestes où seules les troupes montréalaises prenaient l'affiche, l'Art du mouvement s'est développé pour inclure des compagnies canadiennes et internationales. Aujourd'hui, la formule a été modifiée : les spectacles se déroulent toujours le midi, mais sur la scène du théâtre Maisonneuve avec un simple éclairage général. D'autres initiatives du genre n'ont pas tardé à naître à Montréal par la suite, précisément grâce à l'intervention de certaines compagnies qui avaient déjà participé à la série l'Art du mouvement.

Choréchanges

Le désir de désacraliser la danse en la rendant accessible inspire également, vers 1975-1976, la création informelle des Choréchanges animés par Le Groupe Nouvelle Aire. Ce groupe n'est d'ailleurs pas le seul à ressentir le besoin urgent d'une plus large diffusion de la danse contemporaine, le plus souvent encore mal comprise et généralement restreinte à un auditoire d'amateurs plus ou moins sensibilisés. Les rencontres au studio Nouvelle Aire favorisent un rapprochement entre les intervenants du milieu de la danse sous forme d'échanges chorégraphiques, de communications et de présentation d'œuvres en élaboration. Ces mini-spectacles présentés à un petit public réussissent à vulgariser la démarche créatrice en chorégraphie. En retour, ils ont un effet rétroactif immédiat, car des discussions publiques suivent la présentation de l'œuvre.

Très novatrice, la formule des Choréchanges a permis aux membres des diverses compagnies professionnelles de Montréal et du Canada de se côtoyer et de mettre fin à leur attitude de chasse-gardée si prédominante jusque là. C'est d'ailleurs un élan similaire qui pousse Jacqueline Lemieux-Lopez, administratrice d'Entre-Six, à organiser le Festival Octobre en Danse en 1978.

C'est à l'intérieur d'un Choréchange que s'inscrit un premier hommage aux pionniers de l'art chorégraphique de Montréal. Elsie Salomons, Séda Zaré, Ludmilla Chiriaeff, Fernand Nault, Françoise Riopelle, Françoise Sullivan et Jeanne Renaud participent à une table ronde pour partager des souvenirs de leurs expériences passées en danse. Les jeunes professionnels de la danse présents à ce Choréchange découvrent les sources de l'héritage chorégraphique du Québec. Par suite de ce débat-rencontre, Sullivan et Riopelle auront chacune l'occasion de remonter leurs anciennes œuvres avec des danseurs du Groupe Nouvelle Aire. L'autre moment vedette dans l'histoire des Choréchanges est tout naturellement la venue de Merce Cunningham en 1978. Il a non seule-

Daniel Héon

Table ronde des pionniers de la danse montréalaise; *Choréchanges* (1976) *Groupe Nouvelle Aire*
De gauche à droite: Séda Zaré, Fernand Nault, Elsie Salomons, Gilles Hénault et Ludmilla Chiriaeff

ment dirigé des ateliers de maître, mais aussi animé une conférence-démonstration tout en dansant lui-même une de ses pièces.

Les Choréchanges se sont étalés sur cinq années. Ces événements mensuels ont grandement contribué à conquérir un nouveau public et à resserrer les liens entre les artistes de la danse à travers tout le Canada.

Qui Danse?

Collectif aux membres variables, Qui Danse? est le fruit d'une idée conjointe de Françoise Riopelle et de Dena Davida. Cette dernière, une néo-Canadienne venant du Minnesota, se spécialisait en improvisation contact. Une fois de plus, le besoin de communiquer et d'échanger explique la formation de ce groupe. Comme son nom l'indique, Qui Danse? réunit les chorégraphes indépendants de Montréal qui en sont à leurs débuts en création. Le contenu des spectacles est bien diversifié et le changement des intervenants de spectacle en spectacle écarte toute possibilité d'attentes déçues et d'idées préconçues de la part des spectateurs, lesquels assistent à ces manifestations avec une grande ouverture d'esprit.

C'est Qui Danse? qui offre la possibilité à Marie Chouinard d'explorer son premier thème chorégraphique, ainsi qu'à Sylvie Saint-Laurent et à beaucoup d'autres. Ce rassemblement, très informel à son origine, devient en 1980 Qui Danse inc., sous la direction de Monique Giard, une ancienne danseuse du Groupe Nouvelle Aire. En consolidant sa structure organisationnelle, la nouvelle corporation réussit à obtenir certaines subventions gouvernementales pendant un an ou deux.

Avec le recul historique, peut-on parler d'impact social dans le cas de Qui Danse? Ce regroupement a effectivement donné un coup de pouce à quelques très jeunes chorégraphes, mais le public qui assistait à ces spectacles demeurait bien restreint et l'image de la danse en général restait encore à améliorer. Françoise Graham a tenté de ressusciter la formule Qui Danse? dans le cadre des événements Bézébodé au début des années 80 intitulés « Portiques », mais cette initiative eut peu de suites.

Tangente

La naissance de Tangente, autour de 1981, coïncide pour ainsi dire avec le départ de Dena Davida du groupe Qui Danse? Ce nouveau collectif est créé par Davida avec la collaboration de Silvy Panet-Raymond, de

Howard Abrams et de Louis Guillemette. Visant à promouvoir la nouvelle danse et la danse-contact, Davida développe, tout au long de sa carrière montréalaise, plusieurs centres de rencontre destinés aux chorégraphes indépendants. Espace parallèle mais propice à la présentation d'œuvres expérimentales, Tangente a eu une influence séminale dans la promotion de la démarche postmoderne et actuelle auprès du public montréalais.

Grâce aux contacts que Dena possédait dans le milieu de la danse postmoderne américaine, plusieurs de ces artistes se produisent à Montréal sous le parrainage de Tangente. N'ayant au départ aucun référentiel en danse contemporaine, les spectateurs montréalais se voient ainsi propulsés dans un univers de connaissances assez poussées sur les mouvements actuels dans lequel se meut l'avant-garde américaine. Toutefois cet auditoire, ne disposant pas d'un référentiel global, demeure quasiment analphabète en ce qui a trait aux autres époques majeures de l'histoire de la danse contemporaine internationale.

Tangente a été un véhicule de présentation et un tremplin chorégraphique pour plusieurs bacheliers et anciens étudiants des programmes universitaires en danse, notamment pour Hélène Blackburn, Catherine Tardif et Bruno Verdi. Une deuxième corporation voit le jour autour de 1984, remplaçant ainsi le premier groupe. Tangente Danse Actuelle vise dorénavant plus gros : un réseau d'échanges continus avec d'autres villes est institué : Montréal-Toronto, Montréal-New York, Montréal-Paris, Montréal-Bruxelles. Ainsi naissent les Danséchanges suivis rapidement par des séries abordant une thématique spécifique : « Le Corps politique » (danse engagée), « Sa Geste » (la danse vue sous l'angle féministe), « Moment'homme » (la danse postmoderne pour et par des danseurs masculins) et enfin « Mue-Danse » (nouvelles tendances chorégraphiques).

La contribution majeure des différentes initiatives de Dena Davida a été l'établissement de réseaux de communication et de diffusion de la nouvelle danse à l'échelle provinciale, canadienne et internationale. Elle a aussi favorisé la création d'un centre de documentation et de ressources sur la danse actuelle et postmoderne dans les locaux mêmes de Tangente.

La relève chorégraphique d'aujourd'hui, qui n'est pas issue de la génération des chorégraphes indépendants qui s'étaient dissociés des institutions mères (les groupes Nouvelle Aire et Place Royale), a été alimentée au sein de ces diverses manifestations et spectacles informels de Qui Danse? ou de Tangente.

Mais les années 80 sont bel et bien les témoins d'une plus grande sensibilisation de la part des artistes-créateurs eux-mêmes à l'importance d'une action concertée et à l'avantage d'établir plusieurs réseaux de communication. Les concepts de mise en marché, d'industries culturelles et de relations publiques sont rapidement intégrés. L'esprit d'*entrepreneurship* commençant à s'affirmer, les artistes sont de ce fait contraints à sortir de leur tour d'ivoire et à s'intégrer non seulement à la société dans laquelle ils vivent, mais aussi à utiliser le même langage et à véhiculer les mêmes valeurs de performance et de visibilité.

La concertation adopte différentes stratégies. La formation du Regroupement des professionnels de la danse du Québec, en 1984, consacre cette volonté d'avoir une voix commune et de créer un organisme officiel pouvant négocier tant avec les instances ministérielles et le grand public qu'avec les divers milieux artistiques. Dégager une meilleure image de la danse en général et rendre le métier du professionnel de la danse non seulement légitime mais crédible figurent sur la liste des principes directeurs de cet organisme.

La diffusion internationale des chorégraphes-créateurs québécois est une autre préoccupation majeure des années 80. À cette fin, le Festival international de nouvelle danse (FIND), institué en 1985, souhaite placer Montréal sur la carte mondiale de la danse, cette ville étant considérée comme un noyau stimulant de fermentation en pleine émergence. La métropole elle-même accédait à cette reconnaissance cosmopolite en matière de danse et ses intervenants ont conçu une vitrine sur mesure pour y présenter leurs créations à d'éventuels acheteurs.

L'Association Danse au Canada

En 1973, Grant Strate, directeur du département de danse de l'Université York et ancien danseur et chorégraphe du Ballet National du Canada, organise la première rencontre des professionnels de la danse du Canada. Une centaine de délégués se retrouvent à l'Université York pour trois jours de discussions intensives et d'ateliers de maître. Cela aboutira à la création de l'Association Danse au Canada, premier organisme de ce type et dont le mandat artistique vise à réunir les adeptes de la danse moderne et du ballet classique, ainsi que les professeurs universitaires et les enseignants professionnels.

C'est par des conférences annuelles et la création de la revue trimestrielle spécialisée *Dance in Canada* que cet organisme culturel entend à la fois rejoindre ses membres et s'en faire le porte-parole. Le programme des conférences est toujours chargé : chaque soir on assiste ou on participe à des spectacles variés regroupant une multitude d'artistes canadiens, jeunes ou aguerris, venant de la côte est ou de la côte ouest. Durant le jour, il y a des conférenciers invités et des classes techniques en classique, en moderne et en jazz, ainsi que des ateliers sur les pratiques corporelles holistiques et alternatives. Ces rencontres sont des occasions de faire connaissance avec le milieu pancanadien de la danse et d'établir des contacts et des réseaux de communication interprovinciaux.

Grâce à ces rencontres annuelles, le monde chorégraphique professionnel du Canada peut évaluer l'habileté technique de la relève, l'ampleur de la créativité des chorégraphes et les différentes caractéristiques artistiques provinciales. Pour les créateurs venant du Québec, cela représente un pas de plus vers un rayonnement élargi et une façon de publiciser leur produit qui se veut avant tout bien personnalisé. C'est également une occasion fréquente pour les chorégraphes montréalais de récolter le prix chorégraphique Chalmers décerné lors de ces rencontres annuelles.

L'attrait des conférences pancanadiennes diminue durant les années 80, du moins aux yeux des artisans québécois. Le Regroupement des professionnels de la danse du Québec est fondé autour de 1984, l'année précédant la première édition du Festival international de nouvelle danse. Ces deux événements contribuent à désintéresser les adeptes québécois de Terpsichore de l'Association canadienne et leur présence aux conférences se fait plus rare. Plus tard, une nouvelle formule de festival canadien est adoptée. Le Canada Dance Festival a lieu annuellement à Ottawa durant une semaine l'été entre la fête de la Saint-Jean-Baptiste et la fête du Canada. On ressent dorénavant un certain glissement dans le mandat de Danse au Canada. D'organisme impartial de communication pour tout professionnel de la danse œuvrant au Canada, voilà que cette association se pose maintenant en promoteur : elle devient l'imprésario de certains groupes privilégiés. Les compagnies et individus qui participent au Festival d'Ottawa le font sur invitation. Mais ce glissement d'intention, doublé d'un déficit monétaire grandissant, force l'organisme Danse au Canada à se retirer du parrainage de ce *showcase* national (vitrine chorégraphique).

De son côté, Grant Strate contribue de manière soutenue à promouvoir et à améliorer le sort et l'image de la danse à travers le pays. Il sera le maître d'œuvre d'autres événements importants, entre autres la tenue de séminaires chorégraphiques nationaux. Ceux-ci visent à parfaire le travail créatif des jeunes chorégraphes canadiens. Des stages intensifs d'un mois sont organisés pour favoriser un *brainstorming* d'activités et d'idées chorégraphiques. Parallèlement, il organisera aussi des séminaires de critique en danse pour pallier le manque de documentation critique face à l'art chorégraphique du Canada. Tous ces événements ont facilité l'évolution et le resserrement de la danse canadienne et l'acquisition d'habiletés variées reliées aux divers métiers entourant cet art. Les artisans montréalais ont eux aussi bénéficié de ces échanges nationaux.

Démystification, désacralisation, diffusion et promotion de la danse actuelle, tels sont les mots clefs qui ont servi de guide à Montréal durant cette dernière décennie. Autant de facteurs qui ont modelé le produit chorégraphique et permis de conquérir un nouveau public.

Vers un nouveau bouger

Paul-André Fortier

Paul-André Fortier enseigne la littérature et le théâtre au cégep de Granby quand il découvre la danse moderne lors d'un stage d'été de l'école Nouvelle Aire. Invité à devenir membre de cette troupe, il dansera pour la compagnie de 1973 à 1979. Poussé par le désir de chorégraphier, il signe ses premières œuvres au sein de cette compagnie : *Derrière la porte un mur* et *Rêve I*. Celles-ci reflètent déjà le type de préoccupation visuelle et la théâtralité qu'il mettra beaucoup plus en évidence par la suite.

Fortier quitte la compagnie en 1979 pour travailler comme indépendant et la première pièce qu'il met en scène dure une soirée entière. *Parlez-moi donc du cul de mon enfance* a non seulement un titre provocateur, mais s'inscrit comme la pierre angulaire d'un cheminement en danse-théâtre que Fortier poursuivra désormais, ce qui fera de lui une figure dominante dans la nouvelle expression théâtrale en danse québécoise. Cette pièce marque les débuts d'un renversement d'attitude de sa part. Les deux autres pièces qu'il avait créées pour Le Groupe Nouvelle Aire se rapprochaient d'une esthétique fin de siècle. Les nouvelles esquisses créatrices sont par contre déjà plus crues, à en juger par le choix du titre; cette pièce chevauche une forme hybride en se réclamant à la fois de la danse et du théâtre. À partir de ce moment, Fortier percevra la danse à travers une lentille littéraire et théâtrale, renouant avec le travail qu'il exerçait avant d'apprivoiser le monde de la danse.

Cependant le titre provocateur ainsi que l'affiche qui présente une danseuse aux seins nus près d'un homme vêtu en habit de ville ne traduisent pas du tout l'esprit dans lequel la pièce avait mûri. *Parlez-moi...* est en fin de compte une pièce dont le traitement est tout en

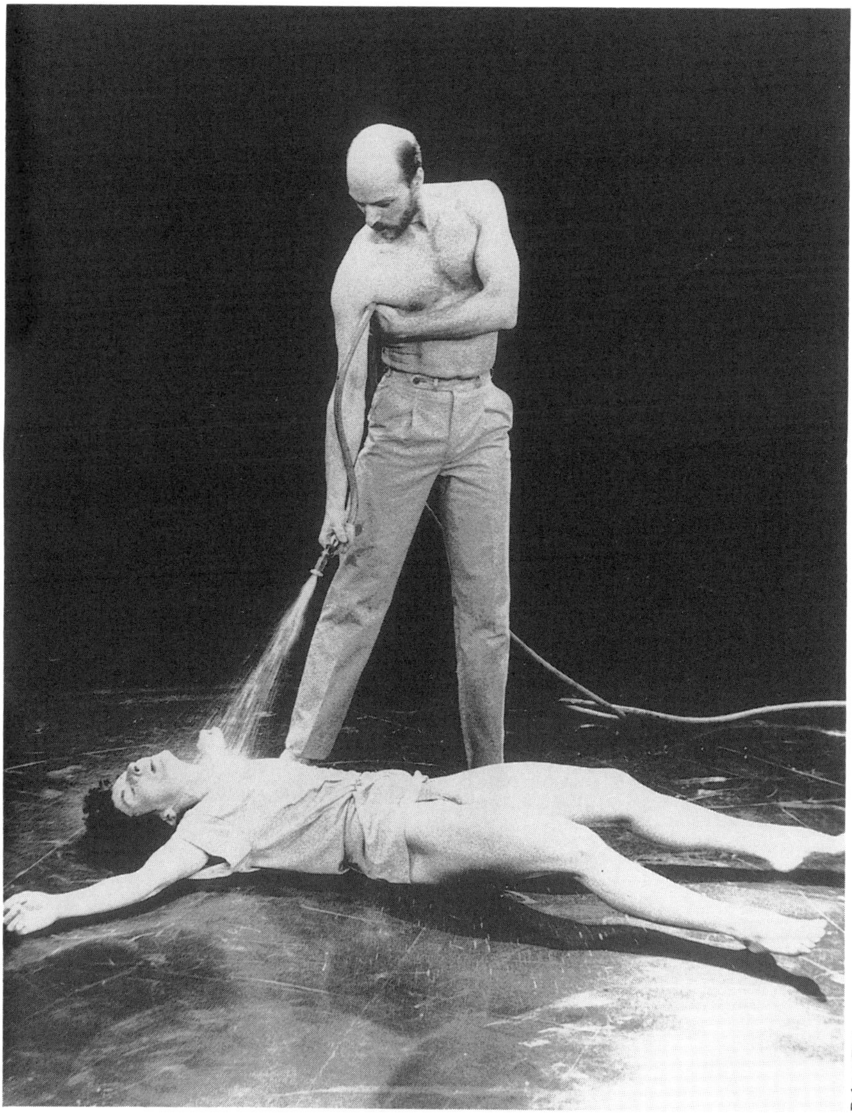

Robert Etcheverry

Fortier Danse Création; ***Violence***
Chorégraphie: Paul-André Fortier
Danseurs: Michèle Febvre et Paul-André Fortier

Ormsby Ford

Chaleurs
Chorégraphie: Paul-André Fortier
Danseurs: Christina Coleman et Vincent Warren

Cylla von Tiedemann

Tell
Chorégraphie: Paul-André Fortier
Danseurs: Denis Lavoie, Gary Kurtz et Raymond Brisson

Robert Etcheverry

Non coupable (1982)
Chorégraphie: Paul-André Fortier
Danseuse: Michèle Febvre

douceur et dont le message, par conséquent, reste confus. Un comédien y livre en aparté un long monologue sur la répression sexuelle d'un adolescent québécois. Le texte est profondément subjectif et également représentatif du malaise de toute une génération d'étudiants issue du cours classique. Le texte s'accompagne d'une gestuelle qui épouse le thème de la sexualité dans une danse sublimée et esthétisée. Les trois danseurs et danseuses, à l'exception du comédien qui reste vêtu tout le long de la pièce, se dénudent au fur et à mesure que la pièce avance. L'impact de l'œuvre, toutefois, se situe plus près de la démarche photographique de David Hamilton que de celle de Fellini. Quant au texte lui-même, il renvoit à la cruauté artaudienne dans son traitement, bien que son contenu s'habille d'un décor virginal comprenant une toile de fond blanche, semi-circulaire et matelassée qui évoque un cocon.

Le public, déjà à proximité de l'action scénique, est séparé des interprètes par des panneaux de plexiglas, ce qui relance l'idée d'un auditoire voyeur observant malgré lui des scènes troublantes dans un semblant de sérénité et d'esthétisme évidents. Malgré les contrastes aigus autour desquels la pièce est bâtie, il existe quand même un trop grand écart entre le contenu à fleur de peau véhiculé par le texte et la beauté plastique que traduit la danse elle-même pour que cette œuvre dégage une véritable force de frappe.

Violence, décadence et indécence est créée peu de temps après et témoigne d'une véritable volte-face. Si la précédente œuvre se voulait blanche et éthérée, celle qui lui succède se révèle sombre et implacable. Les différentes étapes de la vie d'un couple étaient clairement, parfois même trop clairement, illustrées à l'aide d'un expressionnisme flagrant. L'enchaînement d'images à la fois réalistes et symboliques vise la provocation par choc. Le danseur, le torse nu, entre en scène en faisant gicler l'eau d'un boyau d'arrosage rouge sur le mur arrière du plateau. Dès l'ouverture, les allusions phalliques sont donc explicites et l'œuvre progresse avec de pareilles surenchères. Des relations sadomasochistes entre hommes et femmes sont évoquées. Le boyau, symbole de la virilité par excellence, simule la pénétration, l'éjaculation en aspergeant la danseuse qui gît par terre. Œuvre crue, et qui se veut telle, *Violence...* dévoile un besoin pressant de parler de l'« imparlable », et de transgresser les conventions tant théâtrales que sociales.

Toujours aussi iconoclaste, Fortier crée *Fin* en 1981. Le public y découvre un univers dantesque à l'humour noir, où des vagabonds traînent leur passé et leur mode de vie représentés par une vraie pierre attachée à leur cou. Image qui trahit facilement une allusion à Sisyphe et à la futilité des actions humaines. Il y a aussi des bruits de baisers et des fesses nues que l'on peut entrevoir sous les imperméables, uniques costumes portés par les danseurs et danseuses. L'ambiance évoque une horde de Priapes qui s'acharnent à se déclarer mais ne peuvent se débarrasser de leurs lourdes pierres, alors qu'une musique de fanfare tonitruante constitue la toile de fond sonore de l'œuvre. Le début d'une étude prolongée du grotesque marque ici le travail chorégraphique de Fortier, qui cultive désormais le ridicule en éliminant toute concession à une esthétique reconnue.

Les pierres et le thème de la sexualité sont les leitmotivs prédominants de l'œuvre de Fortier. Dans *Non Coupable*, une soliste danse les yeux bandés tout en étant accrochée à deux cordes au bout desquelles se trouvent de grandes pierres. Prisonnière de sa propre sexualité, elle succombe finalement à l'acte jugé criminel par d'autres, celui de se masturber avec ces mêmes pierres. Une approche aussi irrévérencieuse dévoile une révolte contre l'étiquette sociale et témoigne sans doute des effets secondaires d'une éducation catholique trop strictement puritaine.

Chef de file parmi les agents provocateurs de la scène artistique montréalaise, Fortier dérange. Les images qu'il sélectionne cherchent consciemment à provoquer des réactions parmi son auditoire sous forme de protestation sociale. Il s'explique :

> Je place mes danseurs dans une situation où ils sont obligés de découvrir pour eux-mêmes, les zones grises et inexplorées, le non-dit de mon œuvre... Je me confronte à des images dures et provocantes et je me défends de les taire ou de les ignorer... je veux que ces images me conduisent à un nouveau questionnement. Si je n'y arrive pas, je panique[1]...

Les spectacles de Fortier se prêtent à plusieurs lectures, et la polysémie des images, à une pluralité d'interprétations. *Chaleur*, œuvre créée en 1985 et rebaptisée plus tard *Mirage*, cerne le thème du vieillissement chez les danseurs. Le rideau s'ouvre sur l'univers de Degas, revu et corrigé. Les danseuses portent des crinolines-tutus en papier de soie et un bruit de froissement accompagne chacun de leurs gestes. Fébrile et immatériel, le monde qu'il nous propose est totalement fabriqué et habité d'une lourde symbolique. Comme dans le romantisme classique duquel s'inspire cette danse, *Chaleur* parle de l'éphémère et de l'autodestruction. À mesure que l'œuvre progresse, les costumes aussi s'anéantissent. Devant une société de consommation et de prêt-à-jeter, un tel constat

1. Citation tirée du Programme souvenir du spectacle des Grands Ballets Canadiens qui eut lieu sous le titre *Les Jeunes Montréalais*, Montréal, Place des Arts, 12 mars 1987.

social traduit le regard incisif de l'auteur, malgré la splendeur plastique et l'installation visuelle de l'œuvre qui nous ramènent au malaise de cette fin de siècle.

Disséminées sur toute la scène, les roches en papier constituent une véritable course à obstacles pour les danseurs. Œuvre-métaphore de la parure et du travesti, le constat qui s'en dégage est que tout est assujetti au phénomène du Temps. Ce thème de la non-permanence traduit scénographiquement et gestuellement englobe à la fois la danse comme art, la société de consommation dans laquelle nous vivons et le danseur lui-même. Tout se désagrège et s'autodétruit. Tout est aussi futile que le travail d'un autre anti-héros de notre culture que les Anciens nommaient Sisyphe. Offrant une installation visuelle inoubliable au lever du rideau, *Chaleur-Mirage* déçoit à mesure que la pièce progresse. L'effet se veut en *diminuendo*, le *crescendo* étant atteint au tout début avec une spectaculaire scénographie qui résume admirablement dans les premières cinq minutes tout l'argument de l'œuvre, laquelle se prolonge néanmoins pendant quarante minutes.

Une approche semblable transparaît dans une œuvre toute récente de Fortier. *Désert* (1989) est une fresque écologique centrée sur une scénographie prenante dès le lever du rideau et illustrant un désert bordé et balisé par des débris de verre et autres déchets de la civilisation. Hommes et femmes sont habillés de jupes-pantalons gris sombre. Ils évoluent tels les personnages d'une frise archaïque. Dans cet univers plus pictural que chorégraphique, l'espace est maître, chargé de symbolisme. Le spectacle s'apparente davantage à une murale ou à une pictographie qu'à une pièce dansée, car aucun souci rythmique ou gestuel ne transparaît. On pourrait même avancer qu'il s'agit ici d'installation chorégraphique. Comme dans le cas de Perreault, certaines œuvres de Fortier dégagent des images lourdes de symboles et pourraient facilement être interprétées comme une série de tableaux ou de fresques. Le message chargé de *Désert* est sans équivoque : nous cultivons un monde stérile dans lequel les forces de la nature sont anéanties. Le rappel aux temps immémoriaux par les costumes et le caractère bidimensionnel des gestes sont non seulement un anachronisme voulu, mais renvoient au message ultime que tout n'est que poussière.

Le sombre constat social que nous propose Fortier à travers l'ensemble de ses œuvres a été véhiculé de façon constante par les compagnies Fortier Danse Création et plus récemment par Montréal Danse. Après plusieurs années de direction artistique au sein de sa propre troupe, Fortier adopte une nouvelle formule en créant un modèle équivoque de compagnie. La structure de Montréal Danse est effectivement fort originale et se veut un nouveau tremplin pour les chorégraphes montréalais et de l'étranger. Cofondée par Fortier et Daniel Jackson, anciennement codirecteur artistique des Grands Ballets Canadiens, Montréal Danse dégage une image de compagnie de répertoire de nouvelle danse, une définition qui de prime abord pourrait paraître contradictoire. Souvent, sinon presque toujours, la danse postmoderne cherche à privilégier consciemment l'idée d'un objet d'art périssable, soulignant ainsi la non-permanence de l'œuvre artistique plutôt que son immortalité. Le choix d'un répertoire de création devient ainsi ambigu, d'autant plus qu'il s'agit de pièces originales et non pas de reconstructions d'œuvres.

Montréal Danse adopte donc une formule de compromis axée sur l'idée d'une coalition artistique afin de pallier le morcellement des subventions gouvernementales accordées aux indépendants. La compagnie se veut une fusion économique et commerciale de différents intervenants en danse actuelle, lesquels vont redistribuer annuellement les subsides gouvernementaux en fonction du répertoire choisi. Ainsi, cette nouvelle compagnie donne la chance à tous les créateurs québécois et ensuite canadiens de se produire dans une vitrine chorégraphique annuelle regroupant les divers intervenants de l'avant-garde en danse au pays.

L'œuvre chorégraphique *Tell* a été présentée durant la saison inaugurale de Montréal Danse. L'allusion à Guillaume Tell, le héros de l'indépendance suisse, est voulue. Chorégraphiquement parlant, la pièce est une épopée bouffe, un sujet tragique déguisé en comédie. Le rideau se lève découvrant un homme, une pomme sur la tête, qui se tient debout sur une grande table. Le renvoi parodique au ballet classique est flagrant dès les premières notes de l'ouverture de *Guillaume Tell*. Construite à partir de collages chorégraphiques habilement rassemblés, *Tell* est un clin d'œil lancé à l'ensemble de la communauté de la danse montréalaise. Elle reprend une à une toutes les tendances chorégraphiques à la mode. Le haut risque physique que nous proposent Ginette Laurin et Édouard Lock est cette fois remanié de manière plus humoristique. Les piétinements collectifs, empruntés à l'univers de Perreault, sont aussi présents, alors que la préoccupation pour le rituel se veut une référence indirecte au travail de Sullivan, de Rabin et de Léveillé, bref à tous les chorégraphes qui figurent à l'affiche de la saison de Montréal Danse!

Réunissant du matériel insolite dans une série *non sequitur*, Fortier crée un sous-texte d'ironie et de parodie. Il délaisse ici le culte du grotesque plus apparent dans ses œuvres antérieures pour un humour plus léger, sans pour autant perdre de vue le commentaire social. Irrévérencieux et pince-sans-rire, Fortier expose toutes les tendances chorégraphiques postmodernes actuellement utilisées à Montréal sous forme d'emprunts chorégraphiques consciemment peu dissimulés. Il se fait l'avocat du diable, celui qui dégurgite les nouvelles conventions chorégraphiques autant que les anciennes avec la même facilité que ses danseurs dégurgitent sur scène les morceaux de pomme qu'ils n'ont pas complètement réussi à avaler. Optant pour une couleur satirique, Fortier nous démontre dans cette pièce une nouvelle facette de son caractère iconoclaste, cette fois subtilisé.

Le Mythe décisif était une commande chorégraphique des Grands Ballets Canadiens. Le soir de la première, le public de la Place des Arts ne s'attendait pas, au lever du rideau, à un traitement chorégraphique si franchement expérimental et non conformiste. Dansée dans le silence, *Le Mythe décisif* est une œuvre écologique. La pièce vise le mythe ultime, celui qui achèvera tout désir de mythe ultérieur devenant le *nec plus ultra* de l'idéologie, mais c'est également Sisyphe revu et recorrigé, une fois de plus. Cette pièce nous fait redécouvrir Fortier l'iconoclaste intransigeant qui se pose en agent provocateur, advienne que pourra.

Côté cour, on trouve un arbre déraciné avec des grelots attachés à ses branches mortes. L'arbre sonne le glas chaque fois qu'un danseur, en le frôlant, agite les grelots. D'autres danseurs percent le silence lourd et trop chargé de la Place des Arts avec des cloches d'école qu'ils font résonner pendant qu'ils se livrent à une course effrénée en parcourant la scène dans toutes les directions. À d'autres moments, deux clans de personnages s'affrontent, jouant comme des écoliers au souque à la corde. En fin de compte, les danseurs s'apostrophent en se lançant des invectives inintelligibles, ce qui nourrit les situations absurdes. En guise d'image finale, un homme accroupi sur un échafaudage ressemble à un oiseau de proie qui guette ou qui attend avec résignation on ne sait quoi. L'absurdité de la condition humaine est encore une fois évoquée dans cette œuvre qui lance un cri d'alarme face à l'environnement dénudé sur le point de périr.

Le Mythe décisif ne s'inscrit certainement pas parmi les créations les plus provocatrices de Fortier. Mais elle choisit d'ignorer son public néophyte dans le domaine du postmodernisme, un public qui, par conséquent, n'a rien compris au message. La pièce, trop librement structurée et qui aurait gagné à être resserrée, fut une mauvaise programmation de départ. Ne voulant pas ajuster son tir en fonction de la clientèle visée ni respecter la compagnie qui lui commandait une œuvre, Fortier a présenté une pièce qui fut fort mal accueillie par le public. La campagne d'abonnement des Grands Ballets Canadiens en a grandement souffert d'ailleurs, ce qui plongea la compagnie dans un plus grand désarroi financier encore et bloqua toute possibilité d'ouverture vers un nouveau public pour la danse actuelle véhiculée par une compagnie de l'*establishment*.

Daniel Léveillé

Après un court passage au Groupe Nouvelle Aire à titre de danseur de la troisième génération, Daniel Léveillé s'intéresse à la chorégraphie. Dès le début, il avoue avoir été influencé par Françoise Sullivan. Il situe son point de départ dans l'émotion brute, une approche qui particularise de plus en plus ses pièces, lesquelles atteignent parfois une théâtralité frisant le mélodrame ou le psychodrame.

Ses premières esquisses chorégraphiques révèlent une thématique axée sur la sexualité. Déjà orientée vers un traitement sublimé de ce thème, *Voyeurisme*, œuvre créée en 1979, attaque courageusement des sujets quasi tabous. L'interprète évolue dans le silence entre deux rangées de chaises formant un corridor allant du centre arrière de la scène à l'avant-scène. Les spectateurs doivent voir ce solo dans un espace étriqué créant une perspective similaire à celle que l'on obtient derrière un judas. L'interprète et chorégraphe décrit la découverte de son corps par des effleurements qui, bien que traités avec subtilité, communiquent quand même à l'auditoire l'impression d'être voyeur.

Créée la même année, *Fleurs de peau* présente quatre hommes qui illustrent subtilement des rapports sadomasochistes. L'allusion aux *Fleurs du mal* de Baudelaire ne passe pas inaperçue, sans compter que les étranglements suggérés, voire les étouffements, se confondent avec des mouvements lents de tendresse poussée. Un des danseurs brandit même une véritable épée, mais ce geste d'agression est immédiatement suivi d'une caresse qui correspond beaucoup mieux à la musique de Paul Horn en sourdine. Un monde inhabituel est évoqué sur scène, un monde qui toutefois demeure plus proche d'Oscar Wilde que de Ken Russell.

Dans *L'Inceste* (1980), Léveillé aborde le tabou de l'inceste fraternel. En finale, la pièce dépeint l'union de la sœur et du frère, union qui porte fruit dans une scène où les deux simulent un accouchement. Le fait que la danseuse soit elle-même enceinte ajoute une autre dimension au sujet qui reste néanmoins esthétisé et sublimé.

La musique de Mahler et un texte d'Yves Navarre accompagnent la partie dansée de *L'Étreinte* (1981). Le thème de l'homophilie est encore une fois abordé par Léveillé, bien qu'il soit l'un des seuls à le faire à ce moment-là, à Montréal. Malgré le non-conformisme de la thématique, le traitement très romantique du duo masculin, dansé dans la nudité, expose la qualité de tendresse. Des flashes réalistes entrecoupent cette approche néoromantique : un vrai chat se lave sur le dos d'un danseur alors qu'un autre danseur lacère la poitrine de son partenaire avec un

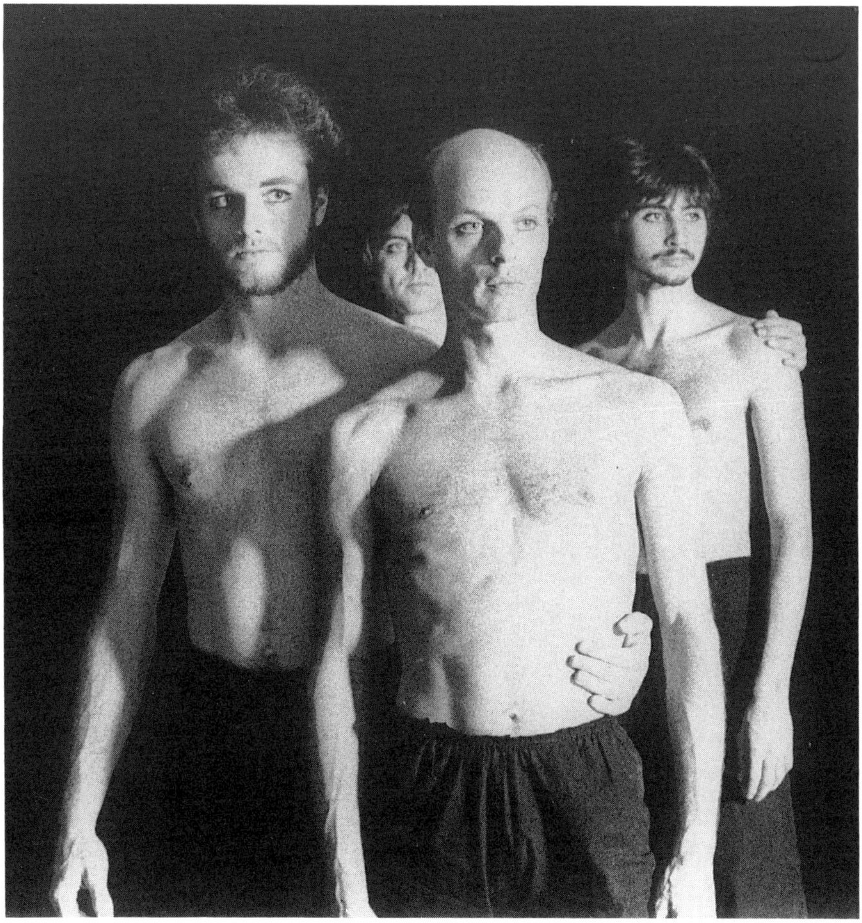

Robert Etcheverry

Fleurs de Peau

Chorégraphie: Daniel Léveillé

Danseurs: Stéphane Comtois, Gilles Simard, Paul-André Fortier et Édouard Lock

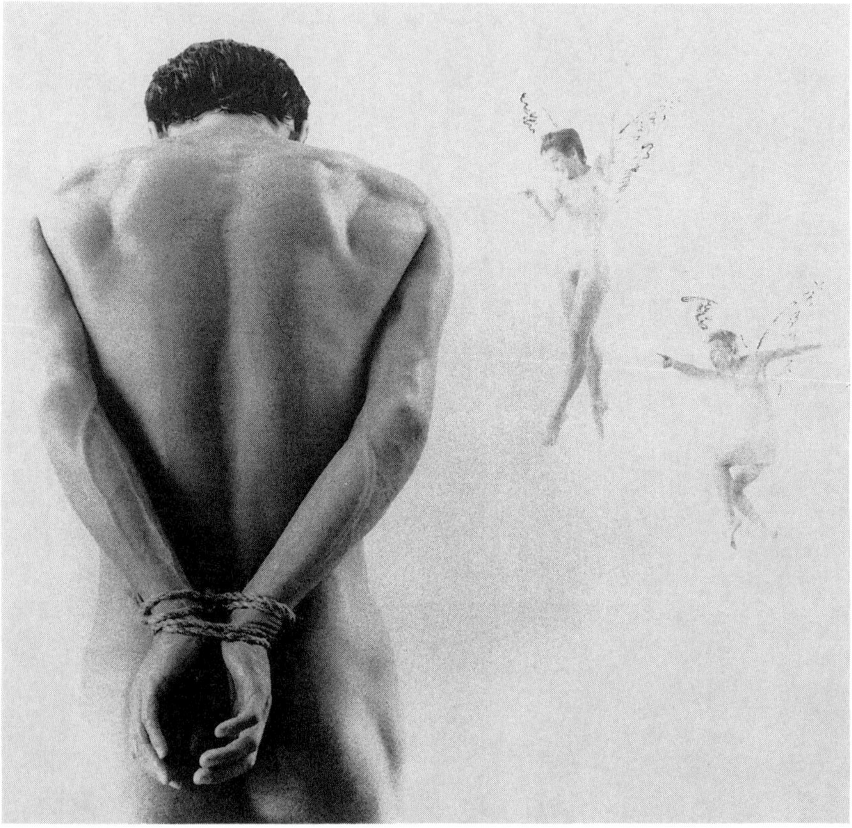

Robert Etcheverry

Photo pour l'affiche d'un spectacle de Léveillé (1983)
Danseurs: Daniel Léveillé, Ginette Laurin et Jacques Lussier

Voyeurisme
Chorégraphe et danseur: Daniel Léveillé

bouquet de roses rouges. Ces œuvres se comparent à certaines créations de Fortier dans leur désir de parler de la sexualité. Ce leitmotiv chorégraphique, si présent dans les œuvres des chorégraphes de la fin des années 70, s'explique d'ailleurs par l'histoire passée d'un Québec trop longtemps soumis à la répression sexuelle. Mais ce sujet, naguère tabou, continue de recevoir un traitement poétique comme si on l'observait à travers une lentille enduite de vaseline.

Le travail néoromantique de Léveillé entre par la suite dans une période de plus en plus théâtrale. Léveillé collabore fréquemment avec des gens de théâtre. Sa contribution consiste à devenir un émetteur-récepteur à partir des improvisations des comédiens. Les thèmes récurrents qu'il illustre s'inscrivent dans la lignée chère à la danse-théâtre, de style Pina Bausch : la solitude de l'individu, l'amour inassouvi, la difficulté de communiquer entre humains. *Jericho,* produit en 1986 par Montréal Danse, est un exemple type de cette tendance à l'exagération histrionique favorisée par Léveillé.

Dans *Mémoires d'un temps ravagé,* créée en 1988 pour le département de danse de l'UQAM, Léveillé retourne au minimalisme et à une absence d'émotion apparente. Les quarante-cinq minutes du spectacle martèlent assidûment la métaphore du titre. Une vingtaine d'interprètes, placés en quinconce autour de la scène dénudée de ses pendillons, se trouvent dans une position accroupie. Ils exécutent un geste répétitif, celui d'épousseter le plancher du plateau, lequel a été spécialement couvert d'une fine poussière.

À mesure que l'œuvre progresse, le nuage de poussière atteint la salle, l'auditoire se sentant asphyxié par moments. L'évocation du côté poussiéreux du grenier de notre mémoire individuelle ou collective est renforcée par des fragments de musique classique interprétés au piano par une danseuse hors-scène. Quand les interprètes n'époussettent pas, ils tournent le dos au public, faisant face au mur du fond pour sautiller inlassablement ou piétiner avec acharnement. Un sentiment de futilité et d'immense solitude se dégage de cette pièce visuellement minimaliste et émotionellement vidante. À la limite de la non-danse et de l'art conceptuel qui favorise le carré blanc sur une toile blanche, *Mémoires ...* nous ravage par sa métaphore grossie de la futilité de tout exploit humain.

Les chorégraphes-créateurs Fortier et Léveillé dérangent consciemment. Ils agissent comme agents provocateurs et enfants terribles, offrant un traitement choc à leur auditoire que ce soit au niveau du contenu ou de la forme que leurs pièces adoptent. Artistes engagés, ils se servent de la danse comme véhicule de protestation sociale et de liberté artistique absolue.

Édouard Lock

Édouard Lock attire l'attention du public dès sa première œuvre, *Tempsvolé*, créée en 1976 au sein du Groupe Nouvelle Aire. Bien que cela puisse nous paraître étrange aujourd'hui, cette pièce initiale de Lock était de facture lyrique et émotive, et elle fut grandement appréciée par l'auditoire qui découvrait un nouveau créateur. *Tempsvolé* brossait un portrait habile et humain de la situation bien commune d'un triangle amoureux. *La Maison de ma mère* (qui fut créée l'année suivante pour le Groupe Nouvelle Aire) par contre, était sombre et néoexpressionniste dans sa surcharge symbolique. Un voyage intérieur, probablement celui du créateur qui évoquait son propre passé, soulevait en même temps les thèmes de l'aliénation et de la mélancolie. *La Maison*... doit certainement être vue comme le précurseur du courant néoexpressionniste en danse-théâtre si répandu parmi les chorégraphes québécois durant les années qui ont suivi. Le leitmotiv des relations humaines était abordé pour la première fois dans ces deux œuvres de Lock; la charge émotive très intense était comparable au cinéma-vérité. Dans cette « danse-vérité », l'hyperréalisme des situations incommodait le spectateur qui ne s'attendait pas à un pareil accueil.

Deux autres pièces de Lock s'inscrivent dans le répertoire du Groupe Nouvelle Aire : *Remous* et *Le Nageur*. Elles faisaient découvrir une nouvelle esthétique exagérée qui évoquait, dans son style, la décadence de la fin du siècle dernier. Mais ce n'est qu'avec *Lily Marlène dans la Jungle* (1979) que Lock, travaillant pour la première fois comme indépendant, nous livre des signes avant-coureurs de ce qui deviendra sa future marque de commerce. *Lily Marlène*... lance la mode qu'il adopte rapidement par la suite : ne présenter qu'une seule œuvre par soirée. L'outil chorégraphique qu'il exploite est celui du montage cinématographique : tous les éléments, séquences et clichés, sont minutieusement assemblés pour former l'œuvre finale. C'est une technique de montage qu'il connaissait déjà pour l'avoir étudiée dans des cours de cinéma à l'Université Concordia. On retrouve aussi dans cette œuvre des traitements thématiques allégés en plus d'une approche dadaïste et des séquences raboutées qui passent du coq à l'âne. Empruntant librement des pas à la danse à claquettes et des mouvements de mains aux mudras hindoues, Lock présente des images caricaturales en exigeant qu'elles soient interprétées avec frénésie. Il introduit dans *Lily Marlène*... le principe d'une série de numéros ou d'attractions comme dans un spectacle de variétés, principe qu'il endosse toujours aujourd'hui. Des costumes différents sont mis puis rejetés afin de séparer chaque séquence. Le costume de base est aussi progressivement modifié en écrivant un gros X sur le devant du t-shirt ou en l'aspergeant de peinture.

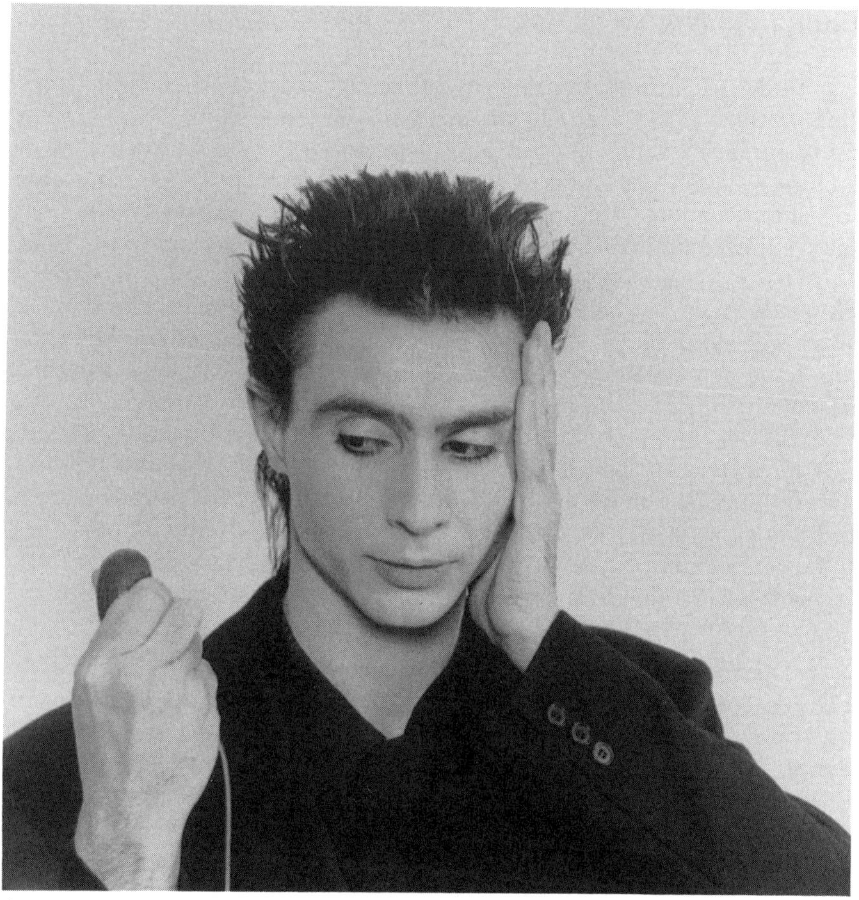

Édouard Lock

New Demons
Chorégraphie: Édouard Lock
Danseurs: Louise Lecavalier et Marc Béland

Édouard Lock

Human Sex
Chorégraphie : Édouard Lock
Danseurs : Louise Lecavalier, Francine Liboiron et Donald Weikert

La même approche dadaïste se retrouve dans *Oranges ou la recherche du paradis* (1981). Bâtie autour d'une série de tableaux reflétant une ville en papier mâché dont les murs, également en papier, sont ornés de graffiti, *Oranges* marque une percée chorégraphique pour Lock. C'est dans cette pièce de style photo-roman qu'il explore pour la première fois la nature du risque physique. Les danseurs maintiennent leur équilibre tout en marchant sur de vieilles bouteilles de lait. Une différente névrose sociale se dessine ici. Une civilisation de prêt-à-jeter et la vie que nous menons nous forcent tous à s'adapter à un rythme de plus en plus accéléré. La gestuelle cumulative est donc dansée à la limite de la rapidité possible, rapidité qui défie les normes d'exécution habituelles. La musique, créée sur scène par le jeune Michel Lemieux, électrifie l'auditoire et des messages énigmatiques sont gribouillés sur les murs en papier. Il y a une danse pour des mains gantées, une autre à base de spasmes et de tics, une troisième constituée uniquement de chutes. Lock puise déjà dans un lexique inconnu du registre des mouvements humains qu'il théâtralise par la suite. L'approche se précise de plus en plus et s'apparente ouvertement à une esthétique punk et nouvelle vague.

Le spectacle suivant, *Businessman in the Process of Becoming an Angel* (1983-1984) prolonge l'exploration entamée. Des mouvements quotidiens et utilitaires se greffent à une musique électronique, le côté anodin de ce mélange étant bien inhabituel. Les phrases sont accélérées ou hachurées. On fracture les séquences de danse afin de les assembler de nouveau dans une variété infinie de combinaisons. La marque de commerce du style Édouard Lock est née. Mathématique et précise, loufoque et d'un humour pince-sans-rire, cette nouvelle danse lockienne intègre les principes de cadrage et de montage de films. Répétitives mais avec des variantes multiples, progressives mais se voulant sans finalité aucune, les œuvres de Lock peuvent durer une dizaine de minutes comme elle peuvent s'étaler sur deux heures.

Lock se sert également d'une production technique avancée, exploitant ce virage technologique dans sa scénarisation qui prend l'allure d'un spectacle multidisciplinaire qu'il avoue être proche du théâtre musical. Un tournant majeur se produit quand il décide de changer le nom de sa compagnie : LockDanseurs devient La La La Human Steps, un nouveau nom qui signifie qu'il choisit de s'inscrire dans le courant rock-nouvelle vague afin de s'insérer dans le circuit des tournées musicales. Il délaisse ainsi le message plus flagrant de ses plus anciennes pièces et la critique sociale expressionniste, en faveur d'un produit plus populaire et accessible à une clientèle plus vaste, tout en étant un fidèle reflet des temps contemporains.

Si l'effet vidéoclip est maintenu dans *Human Sex* (1985), le sous-texte devient plus apparent. À l'heure où Montréal succombe à la mode de l'androgyne, Lock nous propose de mettre de côté toute notion de masculin ou de féminin. Désormais, nous ne sommes que des agents neutres dont le sexe n'est qu'humain sans autre qualificatif. Pour ce faire, les rôles habituels sont inversés. La soliste, Louise Lecavalier, porte une moustache postiche et son partenaire, Marc Béland, est outrageusement maquillé à la Boy George. L'entraînement Nautilus suivi par Lecavalier donne des résultats époustouflants et devient un préalable à la nouvelle gestuelle que Lock élabore en collaboration avec les interprètes.

Partant de la prémisse que tout geste est voué à la mort, Lock fait un éloge de la chute, refusant de nier l'attirance gravitationnelle. Plutôt que l'envol coutumier qui est la qualité sous-jacente à la danse artistique, Lock privilégie les atterrissages forcés qui, dans leurs rythmes accélérés, nous offrent une réponse intéressante à la soif d'envol véhiculée par l'esthétique du ballet classique. L'image finale de cette pièce est particulièrement remarquable : le danseur se lance d'un côté de la scène à l'autre pour se précipiter dans les bras de la danseuse qui le soulève à bout de bras avant de le relancer par terre.

Femme bionique sans l'aide de stéroïdes, Lecavalier nous livre une nouvelle image d'elle-même, l'image d'une intrépide qui ne semble s'arrêter devant rien. Le corps humain, tel qu'utilisé dans l'esthétique de Lock, devient une caisse de résonance où l'énergie primale est définitivement androgyne. On y trouve une exploration soutenue des sauts exécutés à l'horizontale dirigés vers une chute précipitée. C'est le moment de la chute qui est souligné et glorifié et non l'envol. La mode du *breakdancing* semble avoir déteint, un tant soit peu, sur l'approche de Lock qui dissimule le thème du mal de vivre punk, sous un vernis de haut risque physique et de prouesses surhumaines. Lock enveloppe sa gestuelle dans un emballage caricatural de bandes dessinées qui habille son cri du cœur aérobique et pousse le système cardiovasculaire jusqu'aux limites du possible. Il réagit ouvertement contre le minimalisme qui régnait en danse montréalaise durant l'époque précédente.

Dans *New Demons* (1987), sa toute dernière pièce, Lock fait appel à une inspiration transculturelle. Il puise dans la technique du ballet classique un nouveau registre de mouvements, mouvements qu'il s'approprie en les déformant. Il effectue ensuite une fusion de la musique traditionnelle hindoue et des rythmes plus populaires du rock occidental et il utilise des gadgets *high-tech* dans sa scénarisation. Le résultat est un mélange hybride de récupérations de formes et de tendances historiques et culturelles qui ne va pas tellement plus loin que ce qu'il avait découvert dans *Human Sex*. Dans les deux cas, Lock désarticule bras, jambes, poignets, tête du reste du corps et il exige de ses danseurs hermaphrodites l'exécution de vrilles horizontales. Le processus se fait par spasmes ou par à-coups et saccades. Ces séquences flashs sont ensuite assemblées de façon analogue au montage de cinéma. Lock véhicule un style de danse « métal hurlant » qui est *hot* et *in* et qui, bien que linéaire et répétitif, demeure à première vue spectaculaire et virtuose.

Un glissement vers un côté plus marketing semble s'être produit assez tôt dans le cheminement chorégraphique d'Édouard Lock. L'hermétisme antérieur et le symbolisme du début ont vite cédé la place à une recette plus *fast food* où le médium — la danse elle-même, survoltée et dangereuse — est devenu le message principal.

Ginette Laurin

Cette danseuse remarquable a dansé pour la presque totalité des chorégraphes indépendants de Montréal. C'est après avoir quitté Le Groupe Nouvelle Aire que Ginette Laurin se lance enfin dans la chorégraphie. Elle est la seule femme chorégraphe, parmi ces artisans de la nouvelle danse québécoise, à être issue du Groupe Nouvelle Aire. Elle recherche à son tour l'effet palpitant du mouvement accéléré qu'elle exécute sur un ton souvent coquin. Ô Vertigo, sa compagnie, fait précisément référence au vertige qu'elle courtise parfois avec désinvolture.

La sensibilité chorégraphique que Laurin nous présente est bien différente de celle des autres créateurs avec qui elle a travaillé. Laurin parsème ses œuvres de touches humoristiques et nous ramène à ses débuts de gymnaste en épousant un style athlétique dans ses phrases dansées. Celles-ci exigent une haute dépense énergétique et un grand risque physique comparable aux prouesses de funambules dans les cirques. Les stéréotypes sociaux sont caricaturés plus légèrement qu'un Fortier ou qu'un Léveillé et avec plus d'humour que Lock. Laurin lance son commentaire social avec vivacité sans exposer le côté sombre de la danse-théâtre ultra-expressionniste. De surcroît, elle s'applique à forger un nouveau langage gestuel, personnalisé et recherché satisfaisant tant le contenu que la forme.

Dans certaines de ses pièces, comme dans *Tango Accelerando* (1987), une commande chorégraphique des Grands Ballets Canadiens, elle crée une quantité de phrases gestuelles dont les pas sont liés de façon très inhabituelle. Des couples dansent les figures traditionnelles d'un tango mais cette fois-ci, leurs corps couchés à l'horizontale. Remplie d'action, cette pièce manque toutefois de progression et ne témoigne d'aucun effort pour intégrer l'aspect scénographique ou spatial dans l'acte chorégraphique. Un autre tango réussit mieux à exposer l'approche gestuelle et rythmique de Laurin : *Olé*, un duo exécuté autour d'une seule chaise, nous présente des caricatures succinctes avec un humour bien amené.

Dans une pièce plus ancienne, *Timber* (1986), Laurin aborde le phénomène de la chute et de la crainte inhérente à cette activité. Elle ajoute une dimension psychologique dans toute l'exploration des chutes et du risque physique et psychologique face au débalancement. *Timber* est une pièce de résistance qui résume toute la démarche antérieure de Laurin et qui garde l'auditoire en haleine pendant les quatre-vingt-dix minutes de la représentation. Laurin avait déjà abordé la chute en accéléré dans *Crash Landing* ainsi que le travail d'équilibre au-dessus de chaises dans *Mon cœur qui chavire*. L'action dansée de *Timber* se situe dans un espace éclaté : les danseurs évoluent et virevoltent sur des échafaudages placés à des hauteurs différentes, avant de tomber dans le vide. L'entraînement pour ce spectacle consistait à suivre des cours de cascadeurs afin de mieux maîtriser les trucs qui diminuent les risques de blessures physiques. Dans *Timber*, « l'arc entre deux morts » — principe central de la technique de chute et de récupération élaborée par Doris Humphrey et José Limon — est poussé plus loin. Des corps en suspens exécutent des séquences remplies de suspense qui font frissonner les spectateurs, à la fois fascinés et inquiets devant le risque assumé consciemment par les interprètes.

Du sujet risqué au haut risque physique

De pareils tressaillements se font sentir lors des spectacles de Lock. Si la trajectoire de la fin de la décennie 70 nous démontre qu'en matière chorégraphique, le Québec avait alors un penchant pour les sujets « risqués » ou franchement osés, la tendance se tourne après vers le grand risque physique tel que proposé dans les visions chorégraphiques de Ginette Laurin et d'Édouard Lock. Tous deux flirtent dangereusement et consciemment avec le risque à la limite des possibilités humaines, provoquant chez leurs interprètes des performances remarquables qui nous ébahissent. Tout en sortant les spectateurs de leur apathie coutumière, le type de provocation de ces deux chorégraphes est quand même bien différent de l'effet généré par les œuvres signées Fortier ou Léveillé.

Full House
Chorégraphie: Ginette Laurin
Danseurs: Jacqueline Lemieux et Alain Gaumond

Guy Palmer

Chevy Dream
Chorégraphie : Ginette Laurin
Danseurs : Ginette Laurin et Kenneth Gould

Christine Guest

Chagall
Chorégraphie: Ginette Laurin
Danseurs: Nathalie Morin et Alain Gaumond

Le danger et le risque physique ne servent pas toujours de base de création dans les pièces de Ginette Laurin. Certaines font preuve tout simplement de grande invention gestuelle et d'utilisation habile et inhabituelle d'outils chorégraphiques ou d'accessoires. *Chevy Dream* (1986) met en scène une authentique Chevrolet bleu poudre des années 50, complètement chromée et avec des ailes. L'action se déroule dans, autour et au-dessus de l'automobile, sous forme d'un clin d'œil à la génération qui a grandi avec la série télévisée *Happy Days*.

Au lever du rideau, les phares de l'auto sont braqués sur le public. La Chevrolet est mise en marche par le danseur qui ouvre ensuite le coffre pour laisser sortir Ginette Laurin en espadrilles, chaussettes courtes et petites culottes rayées. S'ensuit une variété de séquences comiques dansées autour du capot de l'auto. Un ventilateur portatif est branché au-dessus de la danseuse, perchée sur le moteur. Le vent laisse entrevoir les jambes musclées, un soupçon de culotte bleue. Pièce légère, sympathique et séduisante, d'une exécution impeccable, *Chevy Dream* n'a évidemment pas la prétention d'être de la même profondeur que *Timber*.

L'œuvre dansée *Chagall* (1989) s'inspire, par contre, de l'exposition de peinture présentée à Montréal. Une recherche poussée de l'univers onirique et fébrile de ce peintre a été admirablement reproduite sur le plan chorégraphique par Ginette Laurin. Un monde enfantin et coloré, peuplé de phantasmes timides et naïfs, aborde le spectateur. Cependant, tout comme dans les toiles qui ont servi d'inspiration à la danse, le *Chagall* de Laurin n'offre pas de progression, s'attardant beaucoup plus sur la composante de l'espace que sur celle du temps et de son évolution.

Dans sa quête de contrastes et d'inattendu, Laurin rejoint les autres créateurs montréalais de sa génération. Chez elle, la limite du déséquilibre et du départ de la norme est approchée avec désinvolture. Les petites danseuses peuvent tout aussi bien porter les grands danseurs masculins, mine de rien. Les rôles sont souvent inversés ainsi que les attentes du public.

Dotée d'une riche et forte personnalité, la chorégraphe Laurin nous propose une brochette chorégraphique aussi diversifiée que sa propre nature. Elle épouse le comique et le sérieux, le dangereux et le loufoque avec une aisance qui la place bien à part de ses confrères et consœurs montréalais. Finalement, Laurin et Lock sont les seuls qui cherchent à découvrir et à élaborer une gestuelle inventive et personnalisée que les critiques d'ici ont vite baptisée « nouveau bouger montréalais ».

Jean-Pierre Perreault

Jean-Pierre Perreault est le seul, parmi la génération actuelle de créateurs en danse québécoise, qui soit issu de la compagnie rivale : Le Groupe de la Place Royale. C'est aussi le doyen des danseurs masculins canadiens-français en danse moderne. Après avoir étudié le ballet classique et la danse contemporaine au Groupe de la Place Royale, il suivra des stages à New York avec Merce Cunningham et James Waring ainsi qu'à l'American Dance Centre de Paris. Un voyage d'études en Asie, plus particulièrement à Java et à Bali, complète sa formation.

D'abord danseur au Groupe de la Place Royale, il accède ensuite au poste de chorégraphe puis à celui de codirecteur artistique. Il épouse dès le début les principes automatistes du groupe, notamment l'idée d'une collaboration ouverte entre les arts d'interprétation et les arts visuels. L'idéologie du groupe transparaît déjà à travers sa première chorégraphie : *Les Bessons* (1972). Perreault crée son propre univers temporel et gestuel et selon sa propre logique chorégraphique. Il cherche déjà à créer un lieu théâtral approprié à chaque pièce.

S'inspirant souvent, dans son choix gestuel, de mouvements provenant des cultures extrême-orientales, Perreault utilise fréquemment les poignets cassés, les pieds fléchis et les pliés en quatrième ou deuxième position que l'on associe à la danse asiatique. Mais le style Perreault désacralise ces mouvements empruntés et leur donne une signification quotidienne et anodine.

Après avoir exploré l'intégration de la voix comme outil chorégraphique additionnel dans des chorégraphies conjointes avec Peter Boneham, Perreault accorde une importance grandissante à l'aspect visuel dans ses chorégraphies, l'invention gestuelle n'occupant plus une place prépondérante. Les pas sont simples et répétitifs, souvent des poses ou des postures stéréotypées. Dans son cheminement de chorégraphe, Perreault démontre néanmoins une complexité rythmique qui va en s'accroissant.

Après avoir incorporé la voix dans le déroulement de la danse, Perreault se penche ensuite sur le rôle de l'interprète, lequel est désormais défini comme un homme-orchestre qui n'a plus besoin de musique extérieure à l'action dansée. Cette idée n'est pas nouvelle. Mary Wigman avait déjà fait des expériences semblables dans son approche axée sur la théorie de la danse absolue. Chez Perreault pourtant, cette étape constitue l'évolution normale de quelqu'un qui a été influencé par l'idée de l'autonomie des arts prônée par Cunningham et Cage.

Ormsby Ford

Les Lieux-dits
Chorégraphie: Jean-Pierre Perreault
Danseurs: Tom Stroud, Daniel Soulières et Hélène Blackburn

Robert Etcheverry

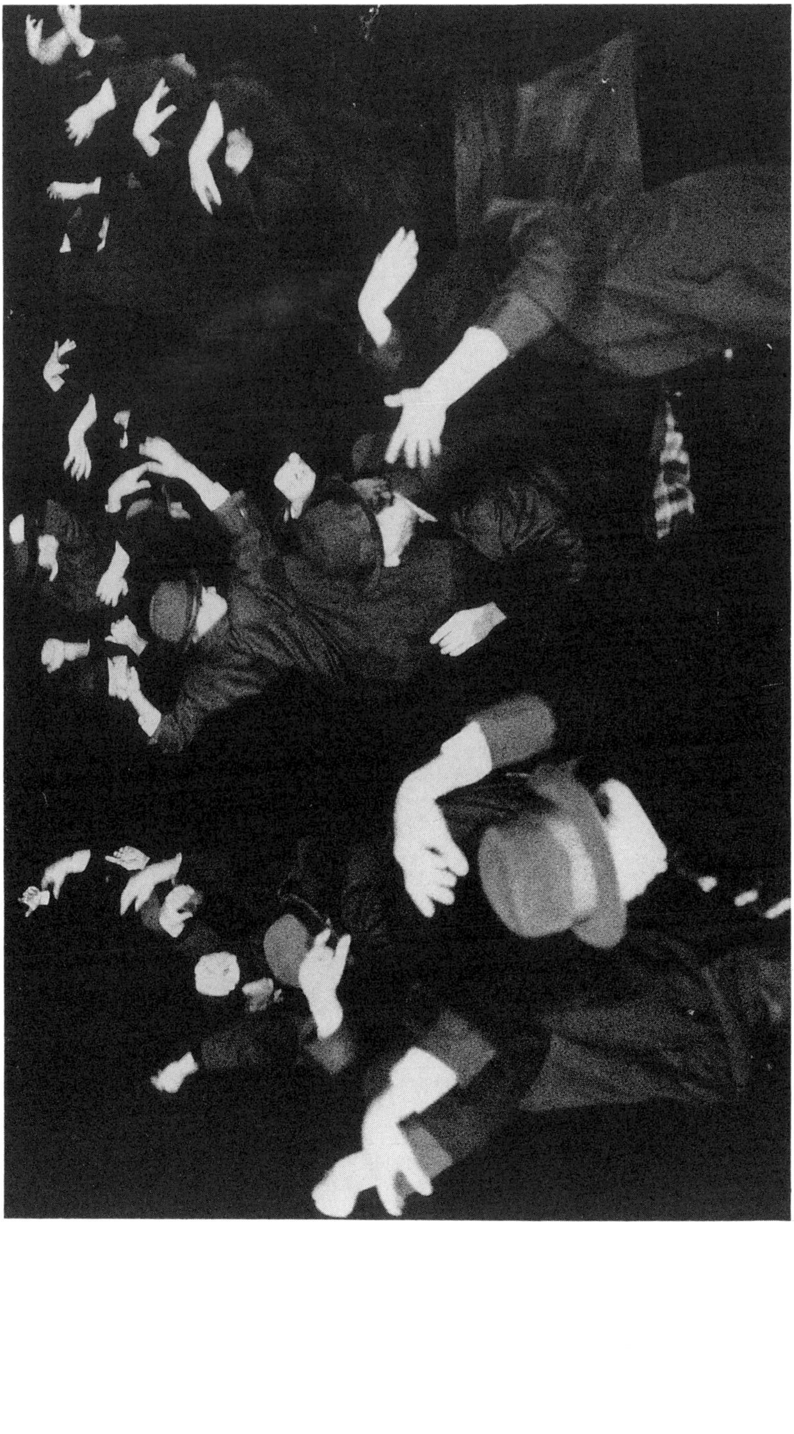

Joe (version 1989)
Chorégraphie: Jean-Pierre Perreault

Robert Etcheverry

Stella (1985)
Chorégraphie: Jean-Pierre Perreault

Une collaboration avec le compositeur David MacIntyre de Vancouver marque un jalon important dans la carrière chorégraphique de Perreault. Dans *Refrain : An Opera* (1980), d'après un scénario et une musique de MacIntyre, Perreault relève le défi de chorégraphier pour un grand nombre d'interprètes non danseurs dans un spectacle expérimental à l'Université Simon Fraser. C'est au cours de cette production que Perreault s'initie au travail chorégraphique avec un vaste groupe et qu'il utilise pour la première fois des salopettes en guise de costumes. Et pour mieux refléter la musique du compositeur, il expérimente des variations de danse exécutées par des interprètes chaussés de sabots. Enfin, toujours à la suggestion de MacIntyre, il invite les comédiens à utiliser l'harmonica, une nouveauté.

Ce dernier moyen ou outil chorégraphique sera mieux intégré dans une autre pièce de Perreault créée pour Le Groupe de la Place Royale sur une musique composée également par MacIntyre. *Calliope* (1981) présente des danseurs et danseuses habillés d'un smoking noir assumant à tour de rôle et, tout le long de la pièce, la fonction de joueur d'harmonica et de danseur. *Calliope* demeure une belle intégration du double rôle de musicien et de danseur que Perreault explore avec ses interprètes. Si *Refrain : An Opera* marque la germination d'une nouvelle tendance chorégraphique pour Perreault, celle-ci atteindra sa maturité dans *Joe*, spectacle synthèse des quatre années précédentes. En outre, *Dernière Paille*, créée en collaboration avec Sandra Neels, consacre le début de l'utilisation de combinaisons unisexes en guise de costumes. En effaçant la personnalité et le sexe des danseurs, Perreault souligne la forme pure et anéantit l'émotion. *Dernière Paille* est aussi l'installation de rampes, lesquelles font maintenant partie intégrante de sa scénographie.

Le travail rythmique, amorcé dans *Refrain* et continué dans *Calliope*, se précise d'œuvre en œuvre. À partir de cet instant, Perreault découvre également la richesse du mouvement non esthétique. Il délaisse la plastique linéaire en faveur de lignes et de gestes qui se simplifient. Quant à la musique, elle devient contexte. Le rythme progressivement martelé amplifie et colore le geste lui donnant sa véritable dimension connotative. À la limite de la démesure et créant une danse d'un expressionnisme excessif, Jean-Pierre Perreault scande jusqu'à l'obsession ses leitmotivs visuels, gestuels et rythmiques, dans un *ostinato* surprolongé.

S'il faut danser dans le silence sans aucune béquille musicale extérieure, c'est donc dans la phrase chorégraphique elle-même que se trouve la complexité rythmique. Les pas sont nécessairement amplifiés par le silence; ils sont martelés afin de mieux les articuler. Des bottes sont ajoutées. Plus tard, le tapis de danse cédera sa place à un plancher « préparé » de feuilles de bois préfabriquées avec des microphones placés en dessous pour amplifier les bruits des déplacements. Ce plancher devient une caisse de résonance et un énorme tambour sur lequel les danseurs scandent leurs rythmes. Ce type d'expérimentation atteint son point culminant avec *Joe* (1984) que Perreault crée après s'être dissocié du Groupe de la Place Royale. Vingt-quatre danseurs et danseuses évoluent sur la scène vêtus d'un habit de ville et d'un pardessus; ils sont chaussés de bottes et portent tous des chapeaux melon.

Dans cette œuvre charnière, Perreault exploite le mouvement de masse, inspiré par la lutte des classes et le mouvement ouvrier. Il se concentre sur des formes abstraites et répétitives faisant le procès de l'anonymat. *Joe,* comme l'indique le titre, représente Monsieur Tout-le-Monde qui est envahi par le système. Les personnalités individuelles sont abordées par la collectivité; même les danseurs sont méconnaissables sous leurs chapeaux melon.

Utilisant un procédé de cadrage photographique, Perreault fait appel à des images successives et empilées de la suppression de l'individualité. Une marée humaine, constituée de personnages uniformisés, se déplace comme des moutons de Panurge, tantôt affolée par une panique qui rappelle la grande crise de 1929, tantôt évoquant tout simplement des épouvantails et un attroupement de corbeaux. Les martèlements de pieds marquent implacablement l'isolement de chacun au milieu de ce rouleau compresseur de la majorité. Quelques moments d'accalmie sont ponctués par un joueur d'harmonica solitaire. *Joe* est une première incursion dans l'univers oppressif et dépersonnalisé de Perreault qui porte un regard incisif sur la société en général. *Joe* devient de la danse-théâtre où Orwell et Kafka surgissent facilement dans l'esprit du spectateur.

Ce spectacle de quatre-vingt-dix minutes dépasse les attentes de son créateur qui s'intéresse, au début, aux concepts abstraits. Il en résulte toutefois une critique sociale indéniable et riche d'un message d'une ironie cinglante : toute personne ne peut que demeurer anonyme.

Joe est suivi de *Stella* (1985), son homologue féminin. En tant qu'œuvre de danse-théâtre, *Stella* reçoit un accueil mitigé du public qui s'était déjà familiarisé avec le mouvement de masse exploité dans *Joe.* Hormis le fait que *Stella* ne présente pas un univers féminin particulièrement recherché, l'innovation de la pièce se situe surtout dans l'aspect scénographique. L'impact visuel de *Stella* est frappant. Des pyramides aux angles de 45 degrés et ayant des hauteurs différentes remplissent la scène. Un rapprochement avec les films d'Eisenstein de l'époque de la révolution bolchevique et de l'approche constructiviste se fait facilement lorsqu'on regarde cette œuvre qui évoque aussi un monde fasciste.

Le portrait de la femme dépeint dans *Stella* est celui d'un pion ou d'une marionnette bafouée par la société. Mais l'intention de la pièce n'est ni anti-féministe, ni féministe. En tant qu'étude de la condition féminine, *Stella* n'est pas une réussite, car elle trahit certains relents machistes et fascistes. Quant à la gestuelle et à la rythmique, la pièce n'innove en rien après *Joe*.

La richesse de l'installation visuelle et de la mise en perspective de *Stella*, au propre et au figuré, distingue cette pièce des autres. Le cadrage esthétique de l'espace semble avoir tellement préoccupé le créateur que celui-ci s'est transformé en scéno-chorégraphe, délaissant momentanément l'aspect dynamique, rythmique ou thématique de l'œuvre. *Eldorado* (1987) suit les mêmes traces, reprenant l'idée des rampes et des petites pyramides mais cette fois-ci à une échelle réduite : 8 danseurs au lieu de 24, dimensions réduites du décor et durée plus courte de l'œuvre, soit 20 minutes au lieu d'une heure et demie. Une mutation dans la signification s'est opérée dans *Eldorado*. L'effet méditatif produit par le décor, ici horizontal, supplante l'aspect monumental des pièces antérieures. De plus, toute tendance théâtrale ou émotive s'y trouve anéantie, ce qui en fait une illustration parfaite des possibilités de manipulation des variations autour d'un même thème. Les pièces que signe Perreault se terminent presque toutes de manière abrupte, ne débouchant sur aucune conclusion, leur fin ne ponctuant qu'un arrêt dans l'élaboration des variables possibles.

Dans *Nuit* (1986), le caractère tridimensionnel et la perspective du cadre de scène sont étirés. Un concept global sous-tend l'ensemble de la démarche créatrice de *Nuit*. Perreault se pose maintenant en architecte de l'espace chorégraphique, transformant le manteau d'Arlequin en une scène en perspective malgré la frontalité retenue. Défiant la coutume, la scène est inclinée dans la direction opposée. Autrement dit, le côté le plus proche des spectateurs est celui qui est le plus élevé. La perspective usuelle de la danse est ainsi déformée. Malgré la vision frontale, la perception est altérée et les spectateurs assistent au spectacle comme s'ils étaient assis par terre. Ce cadre de distorsion voulue rehausse le sens de la perspective comme dans une peinture bidimensionnelle.

Le vocabulaire de pas emprunte les piétinements du flamenco et les rythmes de la danse à claquettes. Un monde clair-obscur se dessine, soulignant d'autant les leitmotivs de l'isolement ressenti par les huit individus et le manque de communication réelle entre eux. *Nuit* est née du besoin de son créateur d'humaniser ses personnages scéniques. Malgré la présence d'une intimité, *Nuit* illustre l'anonymat et la futilité de la vie comme Beckett l'aurait décrite. L'austérité du thème et du traitement chorégraphique et visuel persiste cependant.

Autoroute 86 fut un événement chorégraphique monté par Perreault sur le site de l'Exposition universelle de Vancouver. Perreault avait déjà démontré son intérêt pour la chorégraphie de danses interprétées en plein air, notamment dans *Les Dames aux vaches* créée durant son association avec Le Groupe de la Place Royale. Dans cette nouvelle œuvre-événement, une autoroute à pentes, qui revêt l'allure de montagnes russes, sert de lieu théâtral. L'autoroute grise est jonchée de véhicules tels que des camions, des jeeps et des motocyclettes qui sont tous peints en gris et se confondent avec l'autoroute. Le public longe les deux côtés du lieu théâtral choisi.

Une cinquantaine de danseurs, portant les mêmes costumes que ceux de *Joe,* parcourent le terrain de l'autoroute qui fait partie de l'exposition. Comme l'œuvre prototype qui l'avait précédée, *Autoroute 86* recherche la perspective architecturale. Cependant, l'espace éclaté dans lequel se déroule la chorégraphie, la proximité directe avec le public des visiteurs de l'exposition et les déplacements constants du monorail aérien au-dessus de la tête des spectateurs ne peuvent offrir le même effet qu'un théâtre conventionnel. Trop de distractions nuisent à la concentration nécessaire à l'écoute visuelle de cette chorégraphie. L'autoroute elle-même est remplie de différents véhicules, autant d'obstacles pour les interprètes qui doivent les contourner afin d'exécuter leurs enchaînements.

Les images lentes et successives, telle une série de photographies arrêtées, n'ont plus le même impact que dans les autres œuvres similaires de Perreault. L'économie gestuelle et spatiale se perd dans ce vaste environnement urbain. Par ailleurs, le public de vacanciers n'étant pas sensibilisé à ce genre d'expérience chorégraphique, ne peut en apprécier ni l'approche minimaliste ni la préoccupation pour le volume architectural.

En adoptant de telles approches scéno-chorégraphiques, Perreault se pose en maître d'œuvre, réglant le concept global d'une production. En puisant son inspiration dans les arts visuels, le chorégraphe marque un retour au travail initial du Groupe de la Place Royale. Si Perreault semble parfois cultiver l'autoréférence de pièce en pièce, il témoigne néanmoins d'une recherche visuelle continue et d'un souci d'installlation visuelle bien défini. Son cheminement représente l'exemple frappant d'une application bien faite du principe des variations sur un même thème qui fait souvent appel, par surcroît, aux mêmes outils ou ingrédients. Alors que l'impact d'un Fortier réside surtout dans le message social communiqué à coups de couteau, celui de Perreault consiste à peindre véritablement l'image abstraite d'un état d'âme appuyé par une scénographie de type expressionniste. Ses pièces dansées sont essentiellement une vision urbaine de la société et elles véhiculent ce concept à l'état brut.

Durant les années 70, plusieurs compagnies et intervenants cherchent à démystifier la danse. C'est ainsi que la Place des Arts inaugure sa série annuelle intitulée l'Art du mouvement en 1975. Le Groupe Nouvelle Aire présente les Choréchanges, petits spectacles intimes présentés dans leur studio et suivis d'une discussion avec le public. Peu après, Dena Davida et Françoise Riopelle forment un collectif de jeunes chorégraphes débutants connu sous le nom de Qui Danse? La même Dena Davida fonde Tangente en 1981, un organisme qui se voue à présenter la nouvelle danse et la danse-contact. Le Regroupement des professionnels de la danse du Québec, organisme porte-parole des intérêts de la communauté de danse, a été créé en 1984.

Dès la fin des années 70, Édouard Lock et un peu plus tard Ginette Laurin expérimentent une nouvelle forme de gestuelle qui sera éventuellement baptisée « le nouveau bouger montréalais ». Ce style repose sur une gestuelle inventive, à haut risque et très personnalisée.

Les créateurs Paul-André Fortier et Jean-Pierre Perreault ont, par contre, un cheminement qui leur est propre. Les œuvres du premier dévoilent une critique sociale certaine tandis que celles du second pourraient davantage être décrites comme faisant partie d'une architecture scénique poussée. Un autre chorégraphe du nom de Daniel Léveillé construit ses œuvres à partir de thématiques où l'émotion est à l'état brut.

Chapitre 8

Une nouvelle garde mieux épaulée

La génération montante de jeunes chorégraphes n'a pas vécu les tribulations des créateurs précédents, la colonie de la danse, marginale ou de l'*establishment* étant mieux organisée qu'autrefois. Des centres névralgiques comme Tangente Danse Actuelle, Danse Cité et Danséchanges ont été créés afin d'épauler la relève dans son exploration d'une nouvelle et jeune écriture chorégraphique.

La mise en marché de la nouvelle danse en herbe a pu enfin être envisagée. Penser cependant que cet art a réussi à obtenir droit de cité serait avoir une vision trop optimiste de la situation actuelle, le grand public attendant toujours d'être conquis. Face à la prolifération de jeunes créateurs et à la fragmentation soutenue du paysage chorégraphique, chaque chorégraphe a cultivé son propre petit public d'adeptes, contribuant au morcellement de cet art mais sans toutefois chercher à faire école. Les vols solitaires semblent être de rigueur même aujourd'hui.

Les trois chorégraphes dont il sera question dans ce chapitre ne pourraient être perçus comme des figures de proue d'une jeune relève, mais leurs percées toutefois se sont effectuées plus tard que celle de Lock, de Perreault, de Fortier et de Léveillé. Chacun d'eux dégage une image personnalisée et bien unique dans le portrait montréalais de la danse expérimentale.

Michael Montanaro

Originaire des États-Unis, Michael Montanaro réapparaît aujourd'hui sur la scène montréalaise après une dizaine d'années passées au sein du Groupe de la Place Royale, d'abord à Montréal et ensuite à Ottawa. Auparavant, Montanaro avait participé à la dernière saison des Compagnons de la Danse, petite compagnie affiliée aux Grands Ballets Canadiens.

En 1985, il opte pour la formule des indépendants et quitte la compagnie qui l'avait initié au langage contemporain après de nombreuses années de formation classique. Les quatre dernières années de sa vie montréalaise constituent déjà une solide feuille de route. Dès 1985, il participe à la série Moment'homme de Tangente qui sera vite suivie des Danséchanges Montréal-Paris. Vient ensuite une participation à la première édition du FIND (Festival international de nouvelle danse). Enfin, son équipe est sélectionnée par les promoteurs de la culture québécoise au Canada et à l'étranger, le RIDEAU (Réseau indépendants d'événements artistiques unis) ainsi que le CINARS (Comité international des arts de la scène). Des tournées à l'échelle du pays figurent sur l'agenda de la petite compagnie qu'il a formée et qu'il nomme, naturellement, Montanaro Danse. La prochaine étape, qui se dessine dans un futur immédiat, est celle du circuit international de tournées.

Montanaro se place à la périphérie des courants majeurs en danse québécoise. Mais ceci ne l'a pas empêché de bénéficier, dès le tout début, d'une structure de soutien et d'ouverture pour se produire dans des espaces alternatifs. Ce type de circuit existait déjà et les échanges culturels entre villes et pays devinrent de plus en plus accessibles aux jeunes créateurs qui pouvaient aussi bénéficier de subventions de projet des divers paliers de gouvernement.

Malgré ces atouts de départ, la trajectoire professionnelle de Montanaro demeure bien singulière. Formé en théâtre musical et en ballet classique à Boston avant de découvrir la danse moderne par l'entremise du Groupe de la Place Royale, Montanaro offre un produit chorégraphique à la fois musical, visuel, théâtral et gestuel. Ses spectacles démontrent qu'il est tout aussi à l'aise dans la composition musicale que dans la gestuelle traditionnelle ou innovatrice et que sa théâtralité se traduit dans ses pièces dans un emballage médiatique poussé qui exploite la vidéo et le film. L'idéologie de départ du Groupe de la Place Royale, celle de faire appel aux plasticiens autant qu'aux artistes en arts d'interprétation, se voit remaniée dans cette nouvelle vision. Montanaro vise une production homogène qui fusionne les différents médias utilisés, lesquels sont parfois le fruit des recherches combinées du chorégraphe lui-même.

Fidèle à l'esthétique du Groupe de la Place Royale, Montanaro, tout comme Perreault, privilégie le concept global. C'est d'ailleurs Montanaro qui expérimente en premier, au Groupe de la Place Royale, un travail gestuel basé sur des rythmes de piétinements. Ce genre d'expérimentation est en fait une version altérée de la danse à claquettes qu'il avait déjà étudiée. Tel un homme de la Renaissance qui déploie ses talents multiples, Montanaro signe des scénarios de films, dessine certaines maquettes de ses décors et compose même la musique de certaines de ses pièces.

Les œuvres de Montanaro Danse présentent certaines affinités avec celles de La La La Human Steps dans leur approche dadaïste et surréaliste et dans le traitement chorégraphique qui est ensuite replacé dans la perspective actuelle des années 80. Il reste que l'impact des créations Montanaro s'écarte tout de même des caractéristiques principales de la danse québécoise d'aujourd'hui.

Dans son désir d'approfondir l'aspect théâtral de ses pièces, Montanaro se tourne vers l'humour afin de s'éloigner de l'*angst* expressionniste et plus austère des autres chorégraphes montréalais. Les œuvres multidisciplinaires qu'il signe sont le résultat de deux années d'incubation. Elles ne sont présentées qu'une fois que le produit est prêt. Pour Montanaro, il n'est pas question de montrer des œuvres inachevées. L'expérimentation se fait au préalable et à huis clos. La gestuelle complexe et remplie d'humour est quand même innovatrice; elle est bien illustrée dans *La Théorie des théories* (1987) dont le résultat est accessible et non pas hermétique. Le créneau d'un produit artistique accessible, transdisciplinaire et à technique de pointe dans lequel œuvre Montanaro est en fait une arme à double tranchant. Les producteurs québécois et canadiens voient en lui un créateur innovateur et à la portée du public; ils peuvent donc le promouvoir à l'étranger et localement. Ces mêmes qualités sont par contre perçues comme une tendance plus commerciale aux yeux de certains de ses pairs.

La toute dernière œuvre synthèse de Montanaro, *Un temps perdu de Zman Doe* (1989), réussit à intégrer les médias électroniques à une recherche gestuelle intéressante dans cette fresque parachorégraphique urbaine. Utilisant le procédé des vidéoclips-images flashs, Montanaro construit un kaléidoscope sensoriel et audiovisuel.

Dès le début, le public est interpellé par Superman, poupée de chiffon assise, le bras droit manquant et la tête emmaillotée dans les bandelettes de l'Homme invisible. Le héros de la B.D. semble en vol

Paul Ahad

East of Egypt (1986)
Chorégraphie: Michael Montanaro

Chris Randle

Un temps perdu de Zman Doe
Chorégraphie: Michael Montanaro
Danseurs: Mireille Demerse, Simon Alarie et Maryse Carrier

suspendu. Suit un pseudo-documentaire diaporama où la succession de clips ponctue les événements passés et présents du village global. Un message nous avertit que l'on n'assiste pas à une pièce à message mais à un conte de fée. Ainsi débute le voyage fascinant de l'imagination fertile et futuriste que Montanaro nous propose au moyen d'une scénographie qui repousse le caractère frontal usuel de l'art chorégraphique depuis des siècles.

Les danseurs évoluent dans un espace éclaté en trompe-l'œil architectural fait de carton-pâte, et la perspective ne fait que se déformer. C'est une pièce environnementale exécutée dans un hangar du Vieux-Port de Montréal et utilisant des fondus enchaînés entre les rêves et la réalité. Le minutage est précis. La gestuelle désarticule des segments corporels, empruntant son langage à celui des sourds-muets et des agents de circulation. On y explore les permutations et les combinaisons corporelles ludiques avec partenaires, les mouvements étant à la fois lyriques et physiques.

Si la mise en garde du début porte à croire qu'il n'y a pas de message, le sous-texte, par contre, est chargé. L'étagement du discours transparaît dans le choix de la scénographie architecturale et les fragments exposés de notre culture actuelle. Les sens sont assaillis de partout. La danse, elle aussi, réussit à séduire. Œuvre accessible? Oui, mais aussi fort poussée. Elle érige un monument à l'histoire passée et aux tendances futuristes.

Ainsi, le travail de Michael Montanaro met-il en évidence l'autre versant du portrait de la danse dans notre métropole, un versant multidisciplinaire et visuel qui nous renvoie à l'esthétique du Groupe de la Place Royale, l'institution mère qui fut la première à privilégier une interaction entre les arts plastiques et les arts d'interprétation. Mais aujourd'hui cette esthétique est actualisée dans une vision unifiée et intégrée qui est l'apanage d'une seule et même personne, laquelle demeure toutefois dans un créneau spécialement conçu pour et par le même individu.

Marie Chouinard

Dès ses débuts professionnels, Marie Chouinard véhicule l'image d'enfant terrible de la danse montréalaise. Elle réunit dans ses pièces plusieurs tendances chorégraphiques d'ici. Autodidacte malgré une certaine formation initiale auprès de Michel Conte et de Tom Scott au Studio d'expression corporelle, Chouinard se pose en artiste anarchique du corps, utilisant le terme « danse » dans son sens le plus large. De nos jours, elle est acceptée par le public malgré l'aspect provocateur et iconoclaste qui marque souvent ses pièces. Une pareille acceptation fait preuve d'un changement de mentalité au Québec, voire même au Canada, et témoigne du fait que les artistes marginaux peuvent progresser plus facilement dans leur carrière anticonformiste que les générations pionnières.

La réputation canadienne de Marie Chouinard fut rapidement établie à l'occasion d'un spectacle controversé qu'elle a présenté à l'Ontario Art Gallery. Dans *La petite danse sans nom* (1980), la danseuse-chorégraphe arpente la scène habillée d'une robe de ville de style paysan en tenant à la main une chaudière. Après une longue attente silencieuse, elle s'accroupit enfin pour uriner dans sa chaudière. Fin de la pièce. Une pareille incursion dans l'art conceptuel nous montre une danse perçue comme un médium de maîtrise corporelle dans lequel la vessie a, elle aussi, un muscle contrôlable. Comme l'explique Angèle Dagenais dans *Le Devoir* :

> À Toronto, Marie Chouinard a scandalisé son auditoire en transformant la scène en salle d'aisance. À Montréal, le public a souri de sa candeur naïve et provocatrice sans qu'il soit davantage nécessaire d'insister. Marie Chouinard se fait pardonner ses « enfantillages » avec son joli minois et son joli corps[1].

Cette description fait foi des différentes attitudes adoptées par les publics ontariens et québécois et de la persistance d'une dissociation de sensibilité culturelle. La publicité, qui a entouré le geste de cette artiste, lui a valu une notoriété presque instantanée.

Une autre action-performance signée Marie Chouinard prend l'affiche du Café Campus en 1981. *Danseuse cherche amoureux ou amoureuse pour la nuit du 1er juin* est une danse d'appel amoureux qui nécessite l'intervention active des spectateurs. Chouinard danse les yeux bandés en braquant une lampe de poche sur les spectateurs pendant qu'elle tournoie. Elle laisse le hasard décider qui partagera sa nuit. Le sort tombera sur celui ou celle sur qui les rayons de lumière de la lampe de poche se poseront une fois que la danseuse s'immobilisera. Les règles de ce jeu empiètent sur celles du monde réel. Ici encore, on valorise l'art conceptuel. Remontant aux origines de la danse, particulièrement dans

1. Angèle DAGENAIS, « Printemps et danse à Montréal », *Le Devoir*, 24 mars 1980.

Louise Oligny

STAB (Space Time and Beyond)
Chorégraphe et danseuse: Marie Chouinard

L'après-midi d'un fauve
Chorégraphe et danseuse: Marie Chouinard

les pantomimes de séduction et d'accouplement, Chouinard nous propose un événement-performance où l'art et la réalité se confondent volontairement.

Contrairement à ceux de Margie Gillis, cette autre adepte du *one woman show*, les spectacles de Chouinard agressent le public avec une provocation qui n'est pourtant pas dénonciatrice comme dans le cas de Fortier. En fait, Chouinard pourrait être vue comme une primitive des temps modernes qui met en scène des œuvres privées, même si elles impliquent l'exécution d'actions intimes telles qu'uriner et se masturber. La performance qu'elle nous livre est charnelle, mais il est plutôt question d'une initiation aux plaisirs sensuels. L'éveil des sens se traduit dans des images simples : Chouinard lave sa longue chevelure blonde sur scène, décide de croquer une pomme ou un poivron vert ou encore s'enduit de boue (actions respectivement illustrées dans *Marie chien noir, Mimas lune de Saturne* et *Crue*).

Marie Chouinard trouve son inspiration dans des sources aussi diversifiées que le butô japonais, les installations visuelles de l'art de la performance ou bien la danse africaine. Elle incorpore texte, voix, son, mouvement corporel et érotisme sensoriel. Témoins du caractère iconoclaste qui est devenu sa marque de commerce, ses œuvres récentes contiennent naturellement certains éléments-chocs.

Dans *STAB* qui signifie *Space Time and Beyond* (1987), son seul costume est un support athlétique sur un corps badigeonné de peinture rouge vif alors que des cothurnes de métal chaussent ses pieds. En guise de coiffe, elle porte une antenne sous forme de corne unique aux proportions démesurées. Des sons gutturaux accompagnent une gestuelle volontairement fauve. Centaures, minotaures, licornes, le dieu Pan de l'Antiquité, les guerriers des temps primitifs; voilà quelques images qu'elle évoque à travers cette chorégraphie, véritable corne d'abondance en ce qui a trait aux créatures mythiques.

STAB est en fait une étude préliminaire ou un prélude à son *Après-midi d'un faune*, œuvre créée en 1987. Elle puise son inspiration dans les photographies de Nijinsky, autre artiste controversé du début du siècle, qui non seulement dansa le rôle-titre mais signa la chorégraphie. La nouvelle version de Chouinard est une relecture de ce succès de scandale, qui fait preuve d'un souci de rappel historique actualisé toutefois à partir d'une mentalité très postmoderne. Elle demeure fidèle au travail de torse en profil « à l'égyptienne », motif qu'avait d'ailleurs introduit Nijinsky lui-même. Elle respecte également le caractère bidimensionnel des traversées qui restent exclusivement latérales.

Chouinard confère cependant une dimension androgyne supplémentaire et tout à fait contemporaine à cet exercice de style, rajeunissant la controverse autour du thème de la sexualité et de l'objet initial du désir. Les nymphes, figurant dans la version Nijinsky, sont remplacées par des faisceaux de lumière incandescente qu'elle s'efforce, en tant qu'incarnation du faune, de pénétrer à plusieurs reprises. La langueur de la pose allongée de Nijinsky lors de l'ouverture du rideau est remplacée par l'image d'une amazone debout, habillée de manière asymétrique. Des cornes de bouc entourent sa tête et elle a remodelé son nez afin de rendre l'image d'un profil grec. Une cuisse et le mollet opposé sont rembourrés en rappel de la musculature puissante de Nijinsky. Elle porte un seul sabot, offrant ainsi un pendant aux amazones qui, elles, n'ont qu'un sein. Une multitude de petites aiguilles jaillissent du tissu rattaché à une de ses épaules, aiguilles que l'on retrouve également sur une de ses cuisses. Les connotations de sexualité et de plaisir se veulent définitivement contemporaines.

Cassant une des cornes, elle la place en guise de phallus sur son propre sexe, tel un satyre de l'Antiquité. Elle l'enveloppera ensuite d'un prophylactique rouge télescopant par ce geste, à travers Temps et Histoire, la sexualité des années 80 et l'angoisse sidéenne omniprésente. Les aiguilles qui jaillissent de son costume piquent et pénètrent sa chair, rappelant les injections d'héroïne administrées aux personnes à la recherche de nouveaux paliers de sensations et de plaisirs instantanés. Telle une bête en rut, elle offre son dernier spasme — sans l'écharpe fétiche de la version Nijinsky — alors que le puits de lumière au milieu duquel elle gît prostrée éjacule une pluie de paillettes argentées.

STAB et *Faune* de Marie Chouinard dévoilent une iconographie franchement postmoderne mais terriblement près de l'esprit de controverse dans lequel baignait l'œuvre lors de sa création par Nijinsky en 1912. Relecture avec licence poétique certes, mais relecture qui ose refracter le sujet initial plutôt que le refléter tout simplement.

L'univers de Chouinard est iconoclaste et sensuel. Le public, passif et voyeur, assiste à des œuvres intimes exécutées avec une candeur naïve mêlée d'audace. Là où d'autres iconoclastes de la scène montréalaise ont dû attendre pour être reconnue ou pour jouir d'une certaine notoriété, le sensationnalisme et la séduction que dégagent les spectacles de cette femme-orchestre l'ont vite propulsée sur la scène canadienne et internationale. Ce fait témoigne qu'un vent nouveau existe et que le public est plus réceptif à la provocation lorsque celle-ci revêt l'allure d'une danse essentiellement primitive.

Howard Richard

Le Montréalais Howard Richard découvre l'acte chorégraphique alors qu'il s'adonne encore à la danse classique. L'intérêt qu'il porte au détail gestuel et au métier de chorégraphe, à travers son travail de création, le démarque des autres chorégraphes œuvrant dans la métropole.

Après avoir dansé, enseigné et occasionnellement chorégraphié pour les compagnies d'Eddy Toussaint et Pointépiénu, Howard se lance dans le premier récital de ses œuvres en 1985. Ayant acquis une formation diversifiée en classique, en moderne et en danse à claquettes, il avoue avoir été particulièrement fasciné et influencé par la démarche créatrice de Twyla Tharp qui lui sert de modèle stylistique. Comme celle-ci, il mélange les styles dans ses pièces qui sont le fruit d'une réflexion poussée et d'un métier qui se raffine bien que le produit final, loin d'être outrageusement intellectuel, soit au contraire volontairement accessible.

À partir d'inspirations variées (musique classique autant que rock et nouvel âge), Howard élabore un langage individuel qui lui est propre et qui le démarque radicalement des tenants de la danse-théâtre québécoise. Plus jeune que Fortier et Perreault et n'ayant que tout récemment incorporé sa compagnie, Howard Richard Danse, il considère qu'il incarne une autre génération de chorégraphes. Un noyau de danseurs professionnels gravitent autour de lui; d'autres se greffent ponctuellement à la troupe pour certains spectacles quand leurs horaires chargés le leur permettent, car ils sont des membres actifs des compagnies montréalaises comme Les Ballets Jazz, Les Grands Ballets Canadiens et Fortier Danse Création.

C'est précisément parce que les œuvres de Richard réunissent plusieurs tendances chorégraphiques qu'elles attirent certains professionnels et en éloignent d'autres. Loin d'être un puriste ou un radical engagé, Howard préfère développer une esthétique particulière et exigeante sur les plans rythmiques et gestuels ce qui nécessite une solide formation technique. En s'attardant sur les composantes fondamentales de la danse dans ses pièces, à savoir le temps, l'espace et l'énergie, il effectue un aller-retour entre l'ordre et le désordre dans le déroulement de ses danses. Contrairement à d'autres chorégraphes franco-québécois, il revendique une danse-théâtre dépouillée de tout éclat scénographique, possiblement par manque de ressources financières. Ceci le force à se concentrer sur les éléments de base d'un spectacle chorégraphique et à pousser plus loin son imagination déjà fertile en matière de gestuelles et de rythmes. En plus de raffiner son métier d'œuvre en œuvre, il développe parallèlement le volet affectif, cherchant à intégrer l'émotion

(Collection personnelle Louise Latreille)

Howard Richard en répétition

Les Baigneurs
Chorégraphie: Howard Richard
Danseurs: Marc Lalonde et Kathie Renaud

dans ses pièces, chose que peu de ses contemporains sont prêts à envisager à Montréal. C'est aussi un artisan du geste.

Howard Richard crée des œuvres accessibles mais émouvantes. *La Femme aux talons hauts* (1985) est un solo provocant, un morceau de voyeurisme exécuté par une danseuse dévoilant sa vulnérabilité devant un homme qui fume tout le long de la pièce assis à l'avant-scène et le dos tourné au public. Ce solo a d'ailleurs été inclus dans le répertoire des Ballets Jazz de Montréal lors de ses tournées mondiales. Howard choisira souvent de fignoler des camées chorégraphiques qu'il baptise de titres qui pourraient facilement évoquer des toiles de peintre : *Woman Reclining on a Chair* (solo intime autour d'une chaise), *Les Baigneurs* (1987), un duo athlétique et rétro des années folles, ou encore *Colors* (1988), pièce de facture apollinienne bâtie autour d'un langage plastique lyrique et formaliste. Une autre pièce, *Several Stories*, représente une soirée mondaine sur une musique de fond de Rachmaninoff. Des tranches de vie sont présentées simultanément autour d'un sofa, seul élément de décor. En illustrant différentes situations sociales exécutées simultanément par les interprètes, cette pièce contribue à donner l'atmosphère d'un 5 à 7. L'exercice chorégraphique y est à la fois brillant et subtil.

Son œuvre maîtresse demeure, cependant, *Dissonance* (1988) qui traite des relations hommes-femmes dans un emballage hautement contrasté. Isolés sous leurs puits de lumière respectifs, un homme et une femme dialoguent par gestes, ou plutôt se livrent à des monologues simultanés. La pièce augmente en intensité et en surcharge émotive pour culminer dans un crescendo, celui d'une émouvante scène de viol sur l'*Ave Maria* de Schubert qui, dans ce jeu de contrastes, fait grincer l'ultime corde de dissonance.

La sensibilité chorégraphique de Howard Richard occupe un espace particulier dans la fresque de l'art de la danse à Montréal. Comme Montanaro, Richard évolue en solitaire et à contre-courant. Il met en scène des portraits intimistes ou des pièces de groupe qui ont des thématiques plus théâtrales. Tel est le cas de *Borderline* qui dénonce les méfaits de la guerre ou encore de *Italian Suite*, un mélodrame dansé. Richard a son propre public bien qu'il ne s'inscrive aucunement dans les démarches plus représentatives de la nouvelle danse. Moins reconnu que Montanaro ou Chouinard, il n'est pas encore en mesure d'envisager le circuit des tournées internationales et doit encore travailler sur une petite échelle. Son talent est évident et des circonstances favorables ainsi que des ressources accrues faciliteraient certainement sa mise en marché.

Trois chorégraphes œuvrent actuellement à Montréal à l'écart des autres courants chorégraphiques. Enfant terrible de la scène québécoise, Marie Chouinard présente des œuvres qui illustrent un éveil sensuel. Son travail incorpore texte, voix, son et mouvement corporel.

Pour leur part Michael Montanaro et Howard Richard sont deux autres artistes qui inventent leurs propres créneaux chorégraphiques. Les œuvres de Richard sont plutôt intimistes et subtiles, celles de Montanaro sont multidisciplinaires et ont un contenu médiatique bien intégré.

Chapitre 9

Ambassadeurs culturels et apprivoiseurs du grand public

Deux courants de pensée contradictoires traversent la danse québécoise. Le premier, la tendance dominante, valorise principalement la création et l'innovation; l'autre, plus traditionnel, se situe à contre-courant en promouvant une écoute publique plus grande de la danse artistique. Il serait incorrect de brosser le portrait de la danse professionnelle à Montréal en ne se limitant qu'aux créateurs innovateurs. Les individus et les institutions qui ont servi, et servent encore, d'ambassadeurs culturels à l'échelle internationale ne sauraient être laissés dans l'ombre. Ils ont réussi à apprivoiser le grand public à une forme d'art qui ne voulait plus demeurer élitiste.

Bien que de pareilles initiatives soient moins novatrices que d'autres, on ne peut sous-estimer leurs apports continus. Nier leur présence sur la scène montréalaise équivaudrait à nier l'existence de ceux et celles qui ont contribué, grâce à leur travail, à populariser la danse artistique en brisant son image hermétique. Ces derniers ont ainsi ouvert la voie à l'acceptation des démarches plus radicales et engagées de certains chorégraphes québécois. En rendant la danse artistique plus accessible, ils ont gagné un nouveau public auquel ils ont fourni un référentiel de base, un référentiel jusque là inexistant. Le paysage chorégraphique de Montréal aurait été sans doute bien différent sans la contribution des « vulgarisateurs » de Terpsichore.

Entre-Six ou le classique format de « poche »

Le souvenir que nous gardons de Jacqueline Lemieux-Lopez (1939-1979) est certainement celui d'une personnalité forte et courageuse. Ancienne élève de Gérald Crevier et d'Elizabeth Leese et encore jeune, Jacqueline souffre une première fois d'un cancer. La maladie ayant été rapidement détectée, l'opération qu'elle subit lui donne un sursis qui durera plus d'une douzaine d'années. Heureuse d'avoir momentanément échappé à une mort prématurée, Jacqueline se voue désormais à la promotion de la danse au Québec et au Canada et vise à assurer à cette forme artistique la respectabilité et l'accessibilité qui lui sont dues.

Elle sera tour à tour pédagogue remarquable du ballet classique, assistante de Ludmilla Chiriaeff à l'École supérieure de danse du Québec et à l'Académie des Grands Ballets Canadiens, directrice de l'Académie de ballet du Saguenay et cofondatrice et administratrice d'Entre-Six. Elle assume toutes ces fonctions en offrant généreusement son temps et son savoir-faire. Son sens de l'*entrepreneurship* et sa vigilance coutumière s'accompagnent d'un sentiment d'urgence au travail, travail qu'elle accomplit avec rapidité et efficacité, car elle est trop consciente que le temps est son ennemi.

Jacqueline Lemieux se consacre tout d'abord à une tâche d'exploration pour se tourner ensuite vers l'établissement d'une nouvelle approche dans l'enseignement technique de la danse classique. Pour ce faire, elle suit des stages en Europe et aux États-Unis afin d'assimiler les diverses méthodes de travail des enseignants de ballet, retenant de chacune de ces méthodes les nouvelles connaissances de la physiologie du corps humain et les techniques les plus efficaces. Elle ouvre par la suite des centres de formation professionnelle au Québec. Le stage estival de Québec Été Danse, inauguré en 1976, survivra quelques années après sa mort. Situé à Lennoxville sur le campus de l'Université Bishop, ce stage devient l'équivalent des camps musicaux du Québec et se veut le pendant québécois, quoique plus modeste, de l'American Dance Festival et de Jacob's Pillow. Des professeurs de réputation internationale y enseignent le ballet classique, la danse moderne et le jazz ainsi que le processus créatif. Ils offrent aussi un cours destiné aux enseignants. Se greffent à ce stage plusieurs spectacles qui mettent les étudiants en contact avec diverses troupes professionnelles nord-américaines ainsi qu'avec les étoiles de la danse canadienne, telles que Karen Kain et Frank Augustyn.

Lemieux-Lopez prend ensuite la direction de l'Académie de ballet du Saguenay afin de décentraliser la formation des professionnels de la

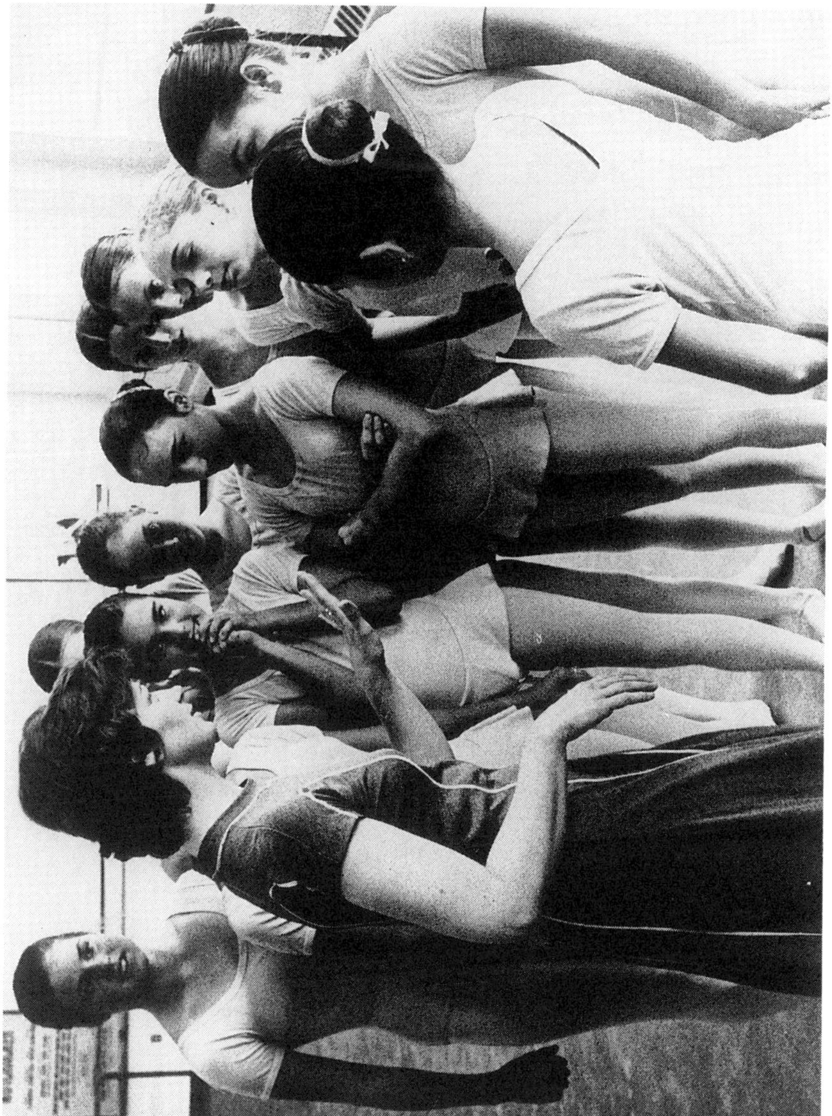

Jacqueline Lemieux-Lopez donnant un cours de ballet à l'École supérieure de danse du Québec

Variations de la reine
Chorégraphie: Lawrence Gradus
Danseurs: Jacques Drapeau, Shelley Osher et Christine Clair

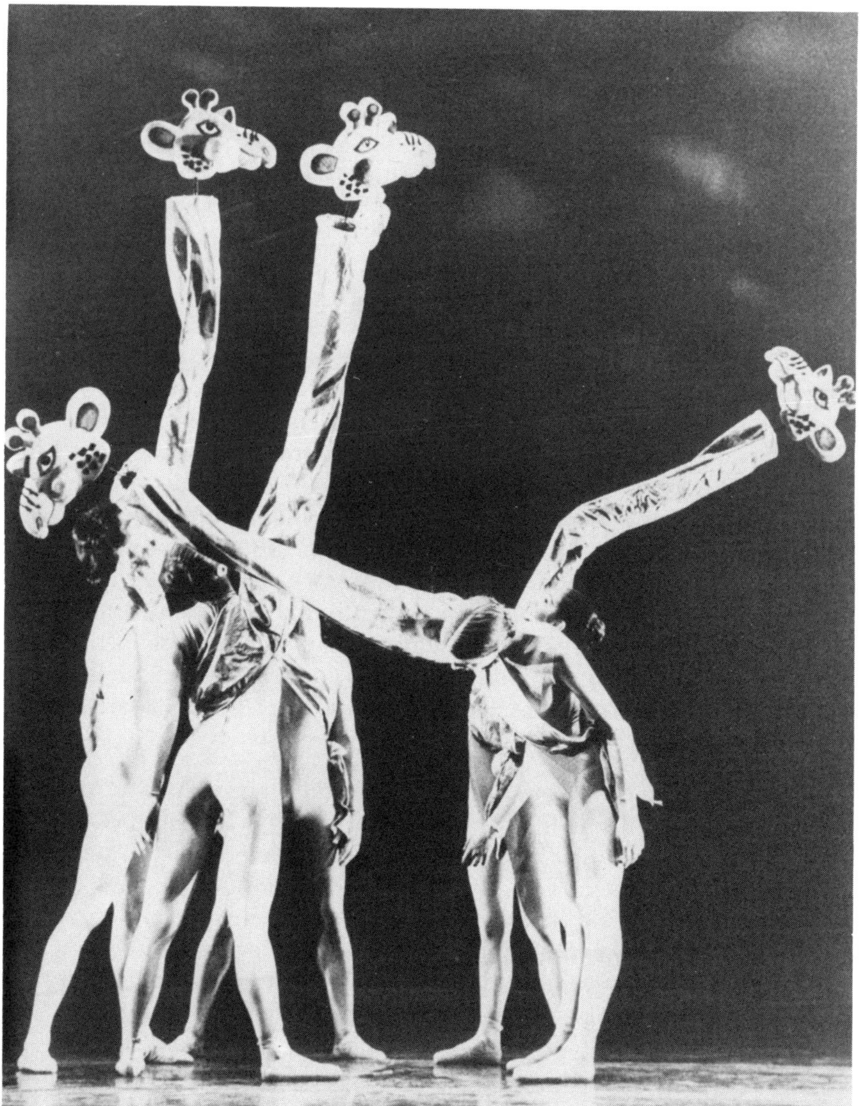

Des éléphants et...
Chorégraphie: Lawrence Gradus

danse hors de la métropole. La solide formation que les élèves du Saguenay reçoivent s'appuie sur les méthodes RAD et Cecchetti et s'autorise quelques incursions dans le moderne et le jazz. Ayant comme objectif d'atténuer l'esprit de clocher qui règne dans le milieu de la danse québécoise, Jacqueline organise également le Festival Octobre en Danse en 1978, qui vise à accroître les échanges culturels à travers le pays et surtout à mettre le public québécois en contact avec ce qui se fait en danse ailleurs au Canada. Durant ce festival, le public du Québec aura l'occasion de découvrir Margie Gillis et Judith Marcuse, deux artistes d'origine montréalaise, et de redécouvrir Sullivan et Riopelle, les pionnières.

C'est durant la période où Jacqueline enseigne aux membres de la compagnie des Grands Ballets Canadiens qu'elle rencontre Lawrence Gradus, alors soliste dans la troupe mais également chorégraphe. C'est le début d'une longue association pour ce couple tant sur le plan professionnel que privé. Ensemble ils créent, en 1974, la compagnie Entre-Six, une micro-troupe de ballet moderne constituée uniquement de danseurs québécois. S'inscrivant dans la tradition des Compagnons de la Danse fondée et malheureusement abandonnée par Chiriaeff quelques années plus tôt, faute de financement, Entre-Six effectue des tournées collégiales et universitaires tout en se produisant dans des petits théâtres de poche. La mini-troupe cherche à rendre le classique accessible et ses chorégraphies sont presque toutes l'œuvre du directeur artistique, Lawrence Gradus.

Originaire de New York, Gradus avait dansé pour l'American Ballet Theater, le Ballet USA de Jerome Robbins et le Louisville Kentucky Ballet avant de se joindre aux Grands Ballets Canadiens. Le style de danse qu'il développe à Entre-Six s'inspire, en ce qui a trait au langage chorégraphique, du travail d'Antony Tudor mais sans inclure la dimension psychologique si caractéristique des œuvres du maître. Les ballets de Gradus sont majoritairement des pièces abstraites et la compagnie va rayonner à travers le Canada, les États-Unis et l'Europe presque aussitôt à raison d'une centaine de représentations par année. Avec *Émergence*, Gradus illustre une de ses seules incursions dans le style danse-théâtre. Dans cette œuvre, un drame intime semble se dérouler sans toutefois que la narration soit poussée jusqu'au degré du récit flagrant. *Nonetto* par contre est incontestablement une de ses œuvres maîtresses démontrant les points forts du chorégraphe, soit le lyrisme apollinien et la musicalité soutenue. Dans *Toccata*, Gradus construit habilement un pas de quatre acrobatique léger mais démontrant beaucoup de métier, alors que *En Mouvement* est une ébauche abstraite s'inspirant de la musique électro-acoustique commandée au compositeur Vincent Dionne. La compagnie Entre-Six inaugure aussi une série de spectacles de ballet pour enfants qui mettent en valeur l'humour et le côté insolite des pièces de Gradus. *Pierre et le loup* et *Des Éléphants et...* sont les pièces les plus représentatives de cette tendance peu commune dans le paysage chorégraphique du Québec.

Dès le début, la philosophie particulière de la troupe donne la priorité aux artistes, les danseurs eux-mêmes. La réputation d'Entre-Six dépasse rapidement nos frontières. Facile à déplacer et offrant un répertoire nouveau et sans prétention, cette mini-troupe est invitée à se produire partout. Quant à son administratrice, Jacqueline Lemieux, elle navigue avec habileté aux différents paliers gouvernementaux. Fort respectée par le milieu, elle sera appelée à siéger au conseil d'administration de Danse au Canada et à faire partie du Conseil des arts du Canada, lequel l'honorera après sa mort en créant un prix annuel à son nom. Missionnaire éclairée de son art, elle organise un colloque sur la danse en 1977 et signe un mémoire en réponse au Livre vert du ministre Jean-Paul L'Allier, mémoire qui revendique une formation professionnelle diversifiée en danse ainsi que l'inclusion de l'aspect créatif.

En 1979, son cancer récidive, cette fois sans rémission possible. Au moment de la mort de Jacqueline Lemieux, la compagnie Entre-Six est en plein désastre financier. Quelques mois plus tard, plus précisément au début de 1980, Entre-Six cesse ses activités, laissant un vide que nulle autre compagnie n'a réussi à combler depuis lors à Montréal. Première troupe de ballet à avoir survécu près de six ans avec succès en offrant une saine compétition au géant représenté par Les Grands Ballets Canadiens, Entre-Six a aussi ouvert le chemin à l'appréciation populaire du classique et a élargi son horizon auprès du jeune public. Après la mort de son épouse et la disparition de sa compagnie, Lawrence Gradus ira vivre à Ottawa où il fondera peu après le Ballet Théâtre du Canada, adoptant à nouveau la formule de son ancienne compagnie montréalaise.

Le culte Margie Gillis

Margie Gillis, cette danseuse montréalaise à la grande expressivité, est certes l'une des figures les plus connues du grand public. Issue d'une famille d'athlètes illustres, elle s'est initiée à la danse dès l'âge de trois ans. En effet, ses parents Gene Gillis et Rhona Wurtele sont d'anciens champions olympiques de ski. Et si un de ses frères est un joueur de hockey professionnel, l'autre, Christopher Gillis, danse pour les compagnies réputées de José Limon et de Paul Taylor. De son côté, Margie fait tout autant honneur à sa famille, car elle est devenue elle-même l'objet d'un culte qui s'étend bien au-delà de la simple communauté de la danse.

C'est en 1976 que s'amorce sa carrière en danse du moins pour ce qui est de la visibilité professionnelle. Elle accepte de travailler intensément auprès de Linda Rabin dans l'élaboration de ce qui deviendra *La Déesse blanche*. Encouragée par cette expérience marquante et la popularité qu'elle semble s'être acquise par son interprétation, Margie va étudier pendant un an à New York. À son retour, elle est invitée à présenter un récital solo en matinée à l'intérieur du Festival Octobre en Danse. À cette occasion, le public montréalais découvre le plein registre de son expressivité. La consécration populaire ne tarde pas. Le charisme et l'émotion qu'elle dégage avec une si grande générosité ouvrent au grand public l'univers de sa danse libre et spontanée.

Dès lors, Gillis jouera presque exclusivement à guichets fermés. Elle danse avec immédiateté des thèmes universels qu'elle personnalise en s'inspirant de musiques populaires connues. Artiste généreuse, Gillis nous livre une performance qui se situe à l'écart du mouvement de la nouvelle danse montréalaise, mais, comme tous les créateurs québécois, elle continue aussi à privilégier une démarche hautement personnelle. Elle s'appuie sur son propre vécu pour créer ou interpréter une pièce. Ses œuvres, à la fois intimes et universelles, ouvrent la voie à l'acceptation de la danse en général et d'une gamme d'expressions qui ne se limitent pas aux conventions du classique. À mi-chemin entre l'abstraction linéaire que préconise le ballet et l'engagement social de l'avant-garde chorégraphique, les pièces de Gillis créent un pont entre ces deux tendances extrémistes. Dès le départ, elle entreprend des tournées d'abord dans des cégeps puis à l'échelle canadienne, pour enfin se joindre au circuit international.

En 1979, Margie prend la route de la soie pour se rendre en Chine en voyage organisé. En visitant les jardins de Pékin, elle se met à danser ses propres chorégraphies au son de son magnétophone. Un attroupement se produit immédiatement. Ce récital impromptu est si apprécié qu'elle est invitée à danser à l'Opéra de Pékin et à y donner des cours de danse moderne quelques jours plus tard. Les Chinois sont émerveillés par son style de danse moderne qui leur est inconnu. Le double rôle d'ambassadrice culturelle du Canada et de son art semble lui incomber. Elle fera désormais de nombreuses tournées mondiales incluant l'Extrême-Orient et la Nouvelle-Zélande. Partout, elle sera comparée à Isadora qu'elle semble réincarner à travers sa spontanéité et son charisme.

Margie Gillis véhicule une danse libre, expressive et fluide qui rejoint les émotions des spectateurs qui s'identifient facilement à ce

Jack Udashkin

Margie Gillis dans une conférence-démonstration à Pékin

Jack Udashkin

Margie Gillis dansant sur le Mont-Royal

Michael Slobodian

Duet
Chorégraphie: Paul Taylor
Danseurs: Margie Gillis et Christopher Gillis

qu'elle traduit. Son visage et sa longue chevelure évoquent tous deux une beauté préraphaélite. La danse de Margie occupe une place bien précise dans le paysage chorégraphique de Montréal, tout comme une Janis Joplin ou une Joan Baez s'en sont taillée une de porte-parole des courants majeurs des années 70. Étant également une artiste engagée, Margie danse souvent gratuitement pour des causes humanitaires, notamment pour le désarmement et Amnistie internationale. Danseuse solitaire, elle interprète ses *one woman shows* avec une égale intensité, puisant sa force uniquement dans son vécu, vivant éternellement sa danse, dansant sa vie. Tel un peintre naïf, elle fait preuve d'une grande simplicité et d'une grande sensibilité qui sont précisément les qualités qui attirent son auditoire.

Bien que Gillis préfère surtout danser ses propres œuvres, elle collabore parfois avec d'autres chorégraphes et compagnies. Mais elle veille toujours à s'approprier chaque rôle en le dotant de la touche personnelle et de la surcharge émotive qui la distinguent des autres intervenants de la danse montréalaise. Acclamée comme ambassadrice culturelle de son pays natal pour son travail de « popularisation » et ses fréquentes tournées mondiales, elle vient récemment de recevoir la médaille de l'Ordre du Canada, la trentaine à peine passée.

En rendant accessible la danse moderne, jadis si hermétique, elle fascine la foule et sert de modèle à une grande majorité de jeunes. Les pièces qui illustrent le plus typiquement sa démarche personnelle sont parmi ses premières qu'elle interprète encore aujourd'hui sous forme de rappels à la fin de ses récitals solos. *Waltzing Mathilda* et *Mercy*, la dernière sur une musique de Leonard Cohen, sont les exemples types de la gamme émotive et de la simplicité de sa danse libre et libératrice.

L'engouement pour le ballet-jazz

La création de la compagnie Les Ballets Jazz de Montréal en 1972 donne droit de cité à un courant populaire dominant en danse québécoise. L'engouement collectif pour ce nouveau style de danse s'est surtout propagé durant la décennie 70 provoquant un véritable raz-de-marée. Aujourd'hui encore, bien que cet emballement semble s'être calmé, la compagnie Les Ballets Jazz continue d'être la plus itinérante du Québec, voire peut-être du Canada entier.

Extrêmement populaire dans la majorité des villes qu'elle visite, la troupe réalise plusieurs tours du monde, s'arrêtant régulièrement en Amérique latine et passant aussi par l'Extrême-Orient. Le répertoire qu'elle présente, quoique moins typiquement québécois dans son contenu et sa forme d'inspiration américaine, reflète quand même le mélange stylistique particulier propre au Québec.

Les Ballets Jazz sont nés dans le studio/sous-sol de Séda Zaré. Cette compagnie est le fruit du travail collectif d'Eva von Genczy, ancienne ballerine du Ballet Royal de Winnipeg et des Grands Ballets Canadiens et aussi créatrice du style montréalais de ballet-jazz, et de son étudiant d'origine haïtienne, Eddy Toussaint. Une troisième personne, Geneviève Salbaing, se joint aux deux directeurs artistiques à titre d'administratrice de la compagnie. L'association de Toussaint avec Les Ballets Jazz est de courte durée: des malentendus et des conflits financiers entraînent son départ un an plus tard pour former sa propre compagnie. Toussaint avait découvert ce nouveau style hybride en danse avec Von Genczy, qui l'avait rendu populaire à travers tout le Québec par le biais de spectacles télévisés. La troupe est née d'une fusion des danseurs professionnels qui interprétaient les chorégraphies de Von Genczy à la télévision et du groupe de danse Rétros, formé de danseurs amateurs cégépiens et de leur professeur Toussaint.

Le mandat de la nouvelle compagnie est de promouvoir le ballet-jazz bien que le nom d'origine de la troupe se lise comme suit : Les Ballets Jazz Contemporains. Cette appellation fourre-tout est ensuite délaissée pour Les Ballets Jazz de Montréal afin, surtout, d'identifier la troupe durant ses nombreuses tournées internationales. Le charisme de Von Genczy et son énorme popularité ont constitué le fer de lance de la compagnie. La chorégraphe a quitté la troupe bien après le départ de Toussaint, et la direction artistique est assumée depuis lors par Geneviève Salbaing qui, par contre, n'a jamais signé de chorégraphie.

Malgré leur grande popularité initiale, Les Ballets Jazz ont connu beaucoup de tribulations et leur histoire en fait foi. Le Conseil des arts du Canada a toujours refusé de soutenir cet organisme, mis à part les quelques subventions de projet accordées au tout début. La politique du Conseil des arts précise que les subsides sont accordés aux compagnies classiques ou expérimentales, le style ballet-jazz ne constituant aucunement un critère d'admissibilité. À ce facteur déterminant s'ajoute l'opinion des membres du Conseil, opinion qui perdure même actuellement, à l'effet que le produit artistique de la compagnie tend vers un travail plutôt commercial et accessible, sans innovations évidentes. Ainsi le *statu quo* en matière de subvention fédérale de fonctionnement se maintient-il toujours.

La compagnie réussit toutefois à survivre, offrant même une année complète de salaire à ses danseurs, une responsabilité que peu de troupes professionnelles sont capables d'assumer aujourd'hui à Montréal.

Eva von Genczy, fondatrice des Ballets Jazz

Les Ballets Jazz Contemporains (1973)
De gauche à droite: Eva von Genczy, Lee Gagnon, Eddy Toussaint, Geneviève Salbaing et Marcel Dubé

Ian Westbury

Danseurs des Ballets Jazz dans une pose de *Escargot*
Chorégraphie: Louis Falco

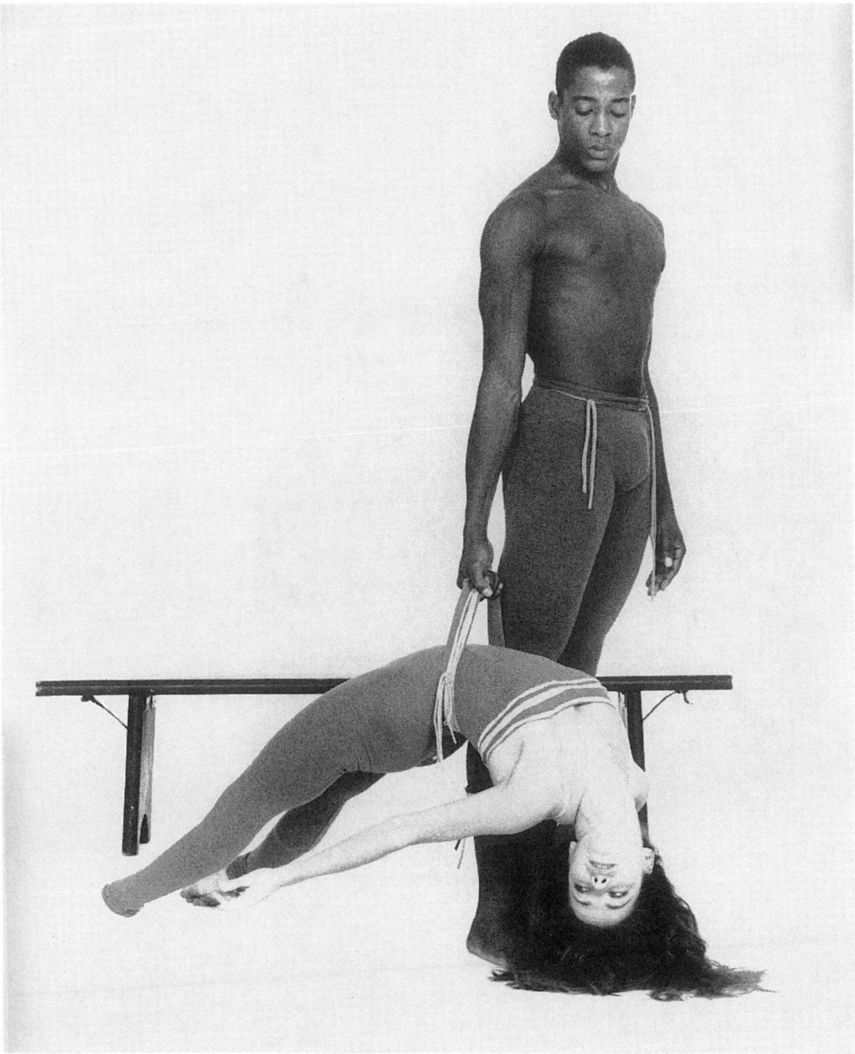

Ian Westbury

Bad Blood (1984)
Chorégraphie: Ulysses Dove
Danseurs: Hans Vancol et Odette Lalonde

Ian Westbury

Germinal **(1984)**
Chorégraphie: Iro Tembeck
Danseurs: Hans Vancol et Odette Lalonde

Le financement de la compagnie provient des recettes des multiples tournées internationales et canadiennes, des subventions provinciales et municipales, et enfin, jusqu'à tout récemment des revenus des diverses écoles qui lui ont été affiliées. Aujourd'hui, le creux de la vague qui s'est fait sentir dès le début de cette décennie a contribué à la baisse de popularité de ce style, entraînant la fermeture de toutes les succursales de l'école des Ballets-Jazz ainsi que de l'école principale elle-même.

Les fluctuations financières de la troupe découlent en partie du style qu'elle privilégie. Le terme « ballet-jazz » a été inventé au Québec bien que le jazz pur soit typiquement américain. Les pas classiques auxquels s'ajoutent des déhanchements, exécutés avec séduction et désinvolture, créent ce style métissé. Par surcroît, la communauté montréalaise de la danse considère ce style hybride comme relevant du divertissement populaire, lequel est loin de se situer à la fine pointe de l'expérimentation innovatrice. L'autre difficulté est que le langage gestuel n'est pas vraiment québécois et qu'il est mieux servi quand il bénéficie des atouts d'une scénarisation d'envergure comme dans le cas des productions de Broadway. Leur survie dépendant principalement des tournées, Les Ballets Jazz ne peuvent se permettre de gros décors et des effets scéniques. Les spectacles sont conséquemment réduits à leur plus simple expression côté scénographie. En outre, peu de danseurs canadiens faisaient partie de la troupe probablement à cause de l'aspect divertissement qui les attirait moins et aussi des nombreuses tournées qui déstabilisent le rythme de la vie quotidienne.

Toujours est-il que le style ballet-jazz a effectivement suscité un tel engouement à l'échelle provinciale qu'il a entraîné l'écriture d'une nouvelle page dans l'histoire chorégraphique du Québec. Situé entre le classique, qui maintenait une image d'élitisme, et la danse contemporaine, qui prônait une approche intellectuelle et hermétique donc également élitiste, le style ballet-jazz répondait facilement à la soif d'expression physique plus en accord avec notre temps. En ajoutant la théâtralité à l'expression corporelle, ce genre de danse réunissait toutes les préoccupations de l'époque : les retrouvailles d'un corps perdu, l'expressivité sensuelle, la participAction, le style vestimentaire Jane Fonda et la « cardiovascularité » de la danse aérobique.

Le succès instantané et commercial de la formule ballet-jazz est donc facile à comprendre. Pourtant, ce sont les mêmes raisons qui ont contribué, à partir de la présente décennie, au ressac de cette vague. Le style de danse contemporaine de l'Américain Louis Falco a remplacé la vogue du ballet-jazz. Les Ballets Jazz ont d'ailleurs été très perspicaces en inscrivant *Escargot,* une des œuvres de Falco à leur répertoire. La gestuelle Falco actualise le lyrisme de la technique moderne de Humphrey-Limon en lui insufflant une énergie plus spectaculaire. La virtuosité technique, poussée à la limite du principe de la chute et de la récupération, est la prémisse sur laquelle ce style de mouvement est bâti. Le public montréalais a été vite conquis, et Jennifer Mueller et Louis Falco ont eu de nombreux disciples parmi la colonie montréalaise de la danse. Les exercices de conditionnement requis pour exécuter la technique Falco rejoignaient l'aspect physique et aérobique du ballet-jazz tout en se voulant plus accessibles que la danse moderne expressionniste. Les goûts du public montréalais ont donc évolué. Des traces de ce style sont d'ailleurs visibles aujourd'hui dans la gestuelle énergétique de Ginette Laurin et, à la rigueur, même chez Édouard Lock, dans la façon d'exécuter les pas en accéléré et avec une grande virtuosité doublée de désinvolture.

Ainsi la mode Falco a-t-elle servi d'agent de transition. De populaire qu'il était, le style ballet-jazz s'est orienté vers un genre de danse de facture plus contemporaine. Les jeunes chorégraphes modernes ont eux-mêmes assimilé les facettes de cette technique, voulant troquer le minimalisme des dernières années contre une image moins sombre et plus dynamique. Cette soif de « physicalité » traduisait d'ailleurs un comportement assez répandu si l'on se fie à la mode du *breakdancing* qui s'est répandue au début des années 80.

Après que le ballet-jazz eut réussi à proposer une solution de rechange dynamique et populaire au ballet classique et à la danse moderne et à créer un nouveau référentiel populaire, les goûts artistiques du public se sont modifiés et ce changement n'est pas seulement lié à l'attrait de la technique Falco. Les centres sportifs de conditionnement physique ont commencé à offrir des cours de danse aérobique, coupant ainsi l'herbe sous les pieds des professionnels embauchés par l'école des Ballets Jazz. Le *breakdancing*, par contre, n'était pas un genre de danse facile à enseigner dans les studios de danse et se limitait à des personnalités casse-cou. L'école des Ballets Jazz a donc eu à faire face à une baisse significative de sa clientèle. Or, la compagnie elle-même se portait bien, étant encore ovationnée au Canada et ailleurs avec des spectacles qui, plus souvent qu'autrement, étaient le produit de chorégraphes étrangers.

Aujourd'hui, la vision artistique de la troupe semble être moins claire qu'à l'origine. Les œuvres tendent parfois vers une approche franchement moderne, à d'autres moments, elles s'apparentent au ballet classique et se dansent même sur pointes. Même la musique semble avoir peu de liens avec le jazz, qui était pourtant l'inspiration première de cette troupe, dont l'image dynamique prête quand même à confusion.

Les points forts de la compagnie demeurent toutefois sa solide réputation internationale et son instinct de survie, malgré le terrain glissant sur lequel elle patine après avoir occupé une place importante dans l'histoire de la danse professionnelle au Québec voilà dix ans. Enfin, mentionnons la diligence de l'équipe de travail qui veille à assurer la continuité de la compagnie tout en offrant un salaire régulier aux artistes.

Eddy Toussaint et le vedettariat

Après sa brusque rupture avec Les Ballets Jazz, Eddy Toussaint fonde sa propre compagnie en 1974, à laquelle il rattache une école. Le mandat artistique de la nouvelle troupe est de populariser l'art de la danse au Québec. Pour ce faire, Toussaint crée des œuvres sur des musiques de groupes populaires québécois. Bien que la troupe ne s'inscrive pas dans le courant du jazz ou de la danse contemporaine, elle est encore bien loin d'atteindre le néoclassicisme qui la caractérisera dans le futur.

D'année en année, la compagnie gagne du terrain auprès du grand public. Elle traduit une préoccupation constante pour une danse linéaire, parfois même acrobatique dans les prouesses techniques avec partenaire. Souvent abstraits et sans décor, les ballets sont dansés sur des musiques populaires connues. Au terme de sa cinquième saison, la troupe fait subitement volte-face, un revirement artistique qui surprend son public : les spectacles se classicisent de plus en plus. Les chaussons souples ont subtilement cédé leur place aux pointes et les déhanchements, aux arabesques pures. Cette métamorphose est sans doute le résultat de cinq années de formation intensive en ballet classique, sous l'œil vigilant de Camila Malashenko qui enseigne le ballet selon la méthode russe. La compagnie ne se présente d'ailleurs plus comme une troupe de danse contemporaine, mais plutôt comme une compagnie de ballet néoclassique.

La formule Toussaint se distingue de celle adoptée par la doyenne des institutions de ballet à Montréal. Les Grands Ballets Canadiens ne produisent pas d'étoiles internationales; Toussaint cultive, par contre, le vedettariat depuis le tout début. Son danseur vedette, Louis Robitaille, danse pendant une saison avec Les Grands Ballets Canadiens à titre d'artiste invité. Il participe ensuite à des représentations de compagnies de ballet d'outre-mer. Robitaille, tout comme Anik Bissonnette, sa partenaire et future épouse, a été formé à l'école Toussaint. Ce couple professionnel est rapidement très acclamé et récolte des critiques élogieuses. Un grand mythe entoure ce tandem, mythe que Toussaint lui-même semble encourager. Ces jeunes étoiles, d'un calibre international

Cantates
Chorégraphie: Eddy Toussaint
Danseur: Mario Thibodeau

(Collection personnelle Mario Thibodeau)

Eddy Toussaint dans une pose à son studio

Mélodie Garbish

Souvenance
Chorégraphie: Eddy Toussaint
Danseurs: Sophie Bissonnette, Louis Robitaille et Denis Dulude

Ormsby Ford

Cool Heure Blues
Chorégraphie: Iro Tembeck
Danseurs: Anik Bissonnette et Louis Robitaille

incontestable, sont consacrées par le monde de la danse lorsqu'elles gagnent un prix au Concours international de ballet de Helsinki en 1984.

Toussaint mise sur la force technique et la personnalité de scène de ses danseurs. En plus du couple vedette, Mario Thibodeau, Denis Dulude, Jean-Marc Lebeau et Sophie Bissonnette attirent tout un auditoire diversifié d'admirateurs. Ils sont, eux aussi, appelés à danser pour des compagnies étrangères à titre d'artistes invités.

La vision artistique de Toussaint, populariser le classique d'une part et créer des vedettes d'autre part, nuit à l'image que dégage la compagnie, comme en témoigne particulièrement l'attitude de la communauté de la danse et des membres du Conseil des arts du Canada. Nonobstant le fait que le gouvernement québécois et la Ville de Montréal encouragent financièrement la compagnie, celle-ci ne reçoit aucun subside de l'organisme subventionnaire fédéral. La troupe doit solliciter l'aide du secteur privé pour pallier la menace constante de son extinction. Pour se sortir de son impasse financière et désirant s'appuyer sur le monde des affaires pour assurer sa survie, la compagnie Eddy Toussaint refait donc surface en 1985 sous un nouveau nom : Le Ballet de Montréal. La stratégie se révèle insuffisante et un nouveau *modus vivendi* original sera trouvé. Le Ballet de Montréal est aussi invité à effectuer une résidence de trois mois dans le sud des États-Unis, tous frais payés par l'État de la Floride. Précurseur de possibilités de libre-échange sur le continent nord-américain, la formule adoptée par la compagnie de Toussaint nous démontre que ce type de fusion peut se réaliser quand on utilise un langage aussi universel et conventionnel que le ballet classique.

Le rayonnement international de la troupe ne se limite pas à ce côté-ci de l'Atlantique. Les danseurs étoiles dansent *Le Lac des cygnes* en URSS alors que des solistes de la compagnie d'Odessa s'intègrent en 1988 au Ballet de Montréal pour une série de spectacles à la Place des Arts. De plus, des troupes américaines et françaises incorporent des chorégraphies signées Toussaint dans leur propre répertoire.

Malgré une telle notoriété, Toussaint demeure un artiste et une personnalité très controversés. Le répertoire de ses œuvres est très éclectique et les pièces sont abordées avec un éclat manifeste, récoltant en chemin des critiques louangeuses autant que dénonciatrices. Toutes sont presque unanimes cependant à louer la maîtrise technique des danseurs qu'il a formés. Le travail chorégraphique de Toussaint rejoint un grand public qui ne recherche pas nécessairement l'innovation en danse mais qui sait reconnaître les prouesses techniques. *Dam Ballah* (1976) explore ses racines haïtiennes, *Façades* succombe à la vogue du tango et *Cantates* vise à égaler les chorégraphies pour danseurs masculins de Béjart. Dans son désir de démystifier la danse, Toussaint signe aussi des chorégraphies inspirées des légendes de son pays d'adoption : *Alexis le Trotteur* (1978) et *Rose LaTulippe* (1979). Pour sa part, *Un Simple moment* (1980) devient un véhicule parfait pour faire valoir la technique et l'expressivité du couple Robitaille-Bissonnette. Mais ce n'est qu'avec *Symphonie du Nouveau Monde* (1986), créée dans sa résidence secondaire temporaire de la Floride et reprise par la suite pour le public montréalais, que Toussaint fait preuve d'une évolution en matière chorégraphique. Sa vision se raffine et met en valeur les atouts de la compagnie que sont la puissance physique et technique des danseurs et danseuses pour la plupart formés à son école.

Au début, la compagnie dirigée par Toussaint était axée sur l'idée d'accessibilité, visant à populariser l'art de la danse. Puis les ambitions ont changé. Toussaint ne se contente plus d'une image néoclassique ou de ballet moderne mais il désire défier les critiques sévères que le milieu professionnel de la danse lui adresse quant au contenu de ses pièces. Le produit dorénavant visé est purement classique. Autrement dit, il s'apprête à remanier les pièces de musée, ce qu'il a déjà commencé à faire avec sa version de *Casse-Noisette*, créée en 1987.

Ce glissement d'intention artistique soulève une question fondamentale. Montréal a-t-elle besoin actuellement d'une seconde compagnie complètement et formellement classique qui rivaliserait avec l'institution doyenne? De plus, le Canada est-il en mesure d'accueillir et de soutenir financièrement une quatrième compagnie classique d'envergure? Dans une province comme le Québec, où la danse en tant qu'art a été si ouvertement et consciemment innovatrice, allant même jusqu'au rejet de toute tradition, le retour à un formalisme désuet, classique et romantique s'inscrit sans conteste à contre-courant de toute l'évolution de l'histoire chorégraphique du Canada français.

Tout récemment, des coups de théâtre successifs ont secoué la compagnie. Criblée de dettes, mal gérée et acculée à une faillite imminente, celle-ci n'a pu payer ses danseurs pendant une période de six mois. Ce bénévolat à provoqué une véritable hémorragie dans ses rangs et il y a deux ans les danseurs étoiles Bissonnette et Robitaille ont préféré se joindre aux Grands Ballets Canadiens. Sans la carte maîtresse de ses vedettes, la compagnie Toussaint ne put s'empêcher de voguer vers une disparition certaine. La dissolution de la troupe fut annoncée *sotto voce* durant une conférence de presse en février 1990.

Pour sa part, la direction des Grands Ballets Canadiens semble enfin prête à exploiter les étoiles montréalaises récupérées, après un hiatus d'inaction qui a duré un an. Période d'essai sans doute de part et d'autre, durant laquelle le couple vedette ainsi que ses nouveaux employeurs ont pu évaluer si cette nouvelle association serait satisfaisante. Les Grands Ballets Canadiens pourront maintenant faire face aux critiques sévères qui leur ont reproché de ne pas favoriser le vedettariat comme leurs homologues de Winnipeg et de Toronto.

La danse québécoise est traversée par deux courants de pensée. L'un favorise l'innovation et la création, l'autre, moins connu, vise une plus grande écoute publique. Dans cette dernière tendance, Jacqueline Lemieux-Lopez a laissé ses marques. Personne efficace, elle raffine l'enseignement du ballet classique, organise des stages d'enseignement dont Québec Été Danse. Elle fonde également la compagnie Entre-Six avec Lawrence Gradus, compagnie de chambre qui se produit dans des petits théâtres de poche et accède rapidement à une réputation internationale.

Une autre danseuse, Margie Gillis, s'est attirée une foule de fidèles par la spontanéité, le charisme et la grande sensibilité dont elle fait preuve.

Le style ballet-jazz crée tout un engouement au Québec depuis les années 70. Eva von Genczy, Eddy Toussaint et Geneviève Salbaing s'associent pour donner naissance aux Ballets Jazz de Montréal. Plus tard, Eddy Toussaint se dissocie de ce groupe pour créer sa propre troupe à tendance de plus en plus classique mais en veillant toutefois à populariser l'art chorégraphique.

Chapitre 10

Post-scriptum : à l'aube d'un nouveau millénaire

Bref, coincés entre la psychothérapie collective et une élite dansante anglophone, les Québécois ne savent plus dans quelle direction lever la patte. On peut se demander aussi si le ballet aristocratique coïncide beaucoup avec leurs aspirations. Les ballets russes sont un héritage des tsars, l'Opéra de Paris s'adresse à une élite financière comme tous les autres temples de ballet d'Europe où les entractes, à ce qu'en disent les partisans des danses modernes, évidemment attirent autant que les spectacles une foule parfumée et bijoutée. Il n'y avait peut-être pas seulement un héritage religieux derrière la difficulté qu'éprouvaient les élèves de Madame Chiriaeff à étendre le bras d'un air altier. Il faut passer par les bases de la danse classique pour acquérir une technique solide, le fait est certain, mais par la suite il est possible d'en sortir et de faire quelque chose de valable.

On n'en arrivera sans doute pas à inventer une danse québécoise comme le promettent d'une façon saugrenue les dépliants de certaines écoles ou compagnies quand on sait qu'il n'y a pas de danse russe, ou belge ou

> française mais des chorégraphes individuels et parfois des traditions nationales. Il serait beau d'établir chez nous une tradition avec le temps, à travers les derniers blocages qui ne viennent plus de l'intérieur[1].

La vague du futur : récupérations nostalgiques, mutations et retours

Au fil des ans, la danse professionnelle au Québec a survécu par à-coups, surmontant depuis plus d'un demi-siècle les vagues successives de vindictes ecclésiastiques et de préjugés sociaux. Encore aujourd'hui, elle continue d'être généralement méconnue du grand public, bien qu'à un degré moindre.

Affranchie de la tutelle cléricale, la danse théâtrale amorce actuellement et enfin une percée non seulement au niveau national mais à l'échelle internationale. En conclure pour autant qu'elle a droit de cité serait faire preuve d'un trop grand optimisme. Tout au long de son cheminement, la danse théâtrale a surpris par sa ténacité à survivre et par la singularité de ses nombreux propos à la fois intimes et engagés, propres à une culture particulière et visant la recherche d'une abstraction complète. Vers où vogue-t-elle aujourd'hui?

En cette fin de millénaire, le pendule de l'histoire semble osciller paradoxalement vers une récupération du passé, un passé toutefois renouvelé. Après l'époque de la quête d'identité et du besoin de conquérir le territoire culturel, un vent de changement souffle dans le milieu artistique du Québec. La période présente est marquée par une incertitude et une fatigue culturelles. Parmi les nouveaux enjeux : le libre-échange, la non-ratification de l'Accord du lac Meech, l'avenir constitutionnel du Québec et un comportement démographique changeant qui se traduit par l'ouverture inévitable sur d'autres ethnies. Autant de facteurs qui contribuent à remettre en question l'essence même de l'identité québécoise et le rôle qu'assument ou que pourront assumer ses artistes.

À la veille de la reconnaissance possible du Québec comme société distincte et avec l'instauration du libre-échange entre les États-Unis et

1. Yves TASCHEREAU, « Danse Québec Danse », *Maclean*, décembre 1975, p. 36.

le Canada, la culture québécoise et par prolongement la culture chorégraphique québécoise, est-elle un héritage à conserver ou à rendre perméable? Face à un tel dilemme et considérant le fait que l'on représente de plus en plus notre planète comme l'espace culturel d'un village global, les artistes à travers le monde ont opté pour l'éclatement culturel. Les créateurs québécois s'inscrivent aussi dans un courant similaire. La perspective d'éclatement culturel qu'ils partagent englobe la notion de transculturalisme dans toutes ses dimensions multiethniques, mais aussi transdisciplinaires et interdisciplinaires.

Au cours du cheminement relativement bref de l'histoire chorégraphique de Montréal, il est surtout question de révolutions et non pas d'évolution. Le danger qui en découle c'est que l'œuvre est souvent mise au monde à l'état brut. Inachevée, elle est en élaboration constante et semble parfois souffrir d'une naissance prématurée. L'histoire chorégraphique du Québec est une histoire éclatée, ramifiée, divisée en nombreuses trajectoires individuelles et indépendantes. Si l'absence de modèles a pu parfois favoriser la créativité des artistes en danse, elle a, à maintes reprises, engendré des îlots de création, qui ont souvent foisonné dans des milieux clos, volontairement à l'abri d'influences extérieures à cause d'une amnésie culturelle.

L'heure est à la réappropriation des fragments de l'histoire que l'on semble désormais courtiser, bien qu'indirectement. Une reprise en mineur de certaines idées qui ont traversé le passé s'annonce, mais cette fois-ci les idées sont déstructurées, sorties de leur contexte et semblent suspendues dans le vide. Une pluralité de courants se dessine et l'hybridation devient le mot de passe au Québec comme partout ailleurs. Les emprunts conscients d'Édouard Lock à la musique hindoue et au vocabulaire technique de la danse classique fournissent l'exemple d'un métissage stylistique. De nouveaux effets de style, fabriqués à partir de l'approche « métal hurlant », s'allient par la suite à une certaine virtuosité véhiculée par le ballet.

Les images chorégraphiques ou autres s'empilent, créant un tout qui n'en est pas un et dont le principe directeur demeure l'impureté pour reprendre le sens du terme utilisé par Guy Scarpeta[2]. On nous présente des dérives sous forme d'images composées plutôt que d'icônes oniriques. Les pièces se veulent surcodées, à plusieurs couches de lectures. Lira qui peut dans cet étagement touffu, parfois confus, du discours chorégraphique du nouveau bouger montréalais. Les possibilités

2. Guy SCARPETA, *L'Impureté*, Paris, Grasset, 1985.

d'interprétations et d'avenues à explorer sont innombrables. Le virage technologique est certainement présent chez un Montanaro, mais complètement absent chez un Léveillé et un Perreault qui préfèrent aborder la création par le biais du design architectural.

Si la peur de s'associer au passé semble de prime abord révolue, si l'on ne ressent plus le besoin de devoir se libérer du poids de toute tradition, il n'en demeure pas moins qu'aucun désir de permanence ne se manifeste. La continuité est une tentative de faire école. Le flambeau artistique représenté par des démarches créatrices codifiées est passé des aînés aux jeunes qui vont, à leur tour, constituer la prochaine relève. À Montréal, cela ne semble pas être le cas. Les chorégraphes actuels ne témoignent d'aucun sens historique et ne font pas référence à une mémoire collective. Ils récupèrent des parcelles du passé avec désinvolture et de façon farfelue. Ils et elles continuent de travailler sans filet ni cadre. Aucune école de formation de futurs danseurs n'est rattachée aux compagnies de danse actuelle, ce qui entérine ainsi la démarche de non-permanence. Cependant, les chorégraphes actuels exigent de recourir aux services des danseurs polyvalents qui maîtrisent l'aspect technique.

Quelques tendances plus globales se perçoivent néanmoins. Un courant écologique traverse le paysage montréalais, Fortier étant en tête de ligne. *Le Mythe décisif* traite de l'anéantissement de l'environnement naturel à des fins mercantiles. Une plus récente pièce, *Désert* (1989), dénonce une société de consommation à outrance. Cernée, emprisonnée dans des débris industriels, cette société n'accuse qu'une indifférence marquée pour le recyclage des matériaux. Ces chorégraphies visent plus loin que l'engagement sociopolitique des œuvres que signait, il n'y a pas si longtemps, ce même chorégraphe. Elles s'attaquent enfin à des préoccupations universelles et actuelles.

Du côté stylistique, l'expérimentation se traduit par un retour au minimalisme poussé. Une fois que l'installation visuelle initiale a été fabriquée et ensuite présentée à l'auditoire, le reste de l'œuvre ne nous livre qu'une chorégraphie quasi inexistante, à la limite de la non-danse. *Mémoires d'un temps ravagé* de Daniel Léveillé propose trois instantanés-images dans un espace-temps de 45 minutes. Bien que les tableaux soient esthétiquement prenants, ils baignent néanmoins dans un vide gestuel voulu. Reculant les frontières de cet art du mouvement pour en faire une contemplation avoisinant le zen, *Mémoires...* propose une mini-galerie de portraits chorégraphiques à peine animés. *À force d'y penser, on y pense de moins en moins*, créée récemment par Léveillé en 1989, reprend ce traitement. Le tableau visuel, une fois installé, est répété à

Cylla von Tiedemann

Désert
Chorégraphie: Paul-André Fortier
Danseurs de Montréal Danse

À force d'y penser, on y pense de moins en moins
Chorégraphie: Daniel Léveillé
Danseuses du département de danse de l'UQAM

l'infini dans toutes ses permutations possibles. Démarche qui caractérise d'ailleurs toute l'expérimentation chorégraphique de Perreault depuis les six dernières années. Son projet cyclique consiste en de multiples variations sur un même thème et est construit à partir de ces mêmes matériaux, lesquels sont constamment remaniés à l'aide d'auto-renvois abondants.

La frénésie gestuelle inhérente au travail chorégraphique d'une Laurin et d'un Lock s'oppose diamétralement à un pareil minimalisme. Enfants du *fast-food*, du *vidéoclip* et du *breakdancing*, ces deux chorégraphes sont résolument nord-américains dans leur sensibilité créatrice.

Perspectives d'avenir

Face à des constats aussi contradictoires et à la cohabitation non hiérarchique de tous les emprunts culturels et stylistiques, l'historien ne peut que prendre le pouls. Le besoin d'individualiser le discours est toujours présent. Si le romantisme est né il y a plus d'un siècle de la peur d'être homogénéisé, nous vivons aujourd'hui un retour au romantisme. Dans ce néoromantisme, l'individu triomphe et tout scénario de création est possible alors que le symbolisme ressurgit au même titre que l'art figuratif.

Baliser ou esquisser le paysage du futur proche de la danse montréalaise, c'est se limiter au constat qu'une meilleure structure de soutien artistique est effectivement en voie de s'établir. Le monde de l'entreprise privée perçoit l'industrie culturelle comme baignant dans un climat favorable. La danse a resserré ses liens avec le milieu des affaires, pour sa mise en marché et son fonctionnement journalier. Mais avec une récession déjà amorcée la part des deniers publics allouée aux arts sera la première sans doute à diminuer. De son côté, le mécénat d'État est conscient que l'émiettement des fonds en d'innombrables subventions aux petites compagnies et aux chorégraphes indépendants n'améliore ni le sort de la danse ni son image publique, toujours marginale. À cet égard, le projet de la création d'un théâtre connu sous le nom de L'Agora de la danse vient à peine de se réaliser. Ce théâtre réservé exclusivement à la danse est hautement subventionné par le ministère des Affaires culturelles du Québec et par l'UQAM. L'Agora de la danse offre, en priorité aux chorégraphes indépendants de Montréal, un lieu de création et de représentation à longueur d'année. L'espace est là, certes, mais pourra-t-on faire en sorte que la création y soit également féconde et de longue haleine? Les signes avant-coureurs de l'essoufflement de la génération actuelle apparaissent déjà.

Quant à la jeune relève, formée dans des conditions bien meilleures que ses aînés, les chorégraphes actuels, elle se révèle plus gourmande. Elle a des attentes plus poussées et ne se contentera pas de continuer à faire partie de la bohème montréalaise. La relève arrivera-t-elle à surmonter le fardeau de l'innovation constante et à se démarquer du travail de la génération qui l'a précédée? Seul l'avenir nous le dira.

La danse à Montréal se définit-elle comme une culture alternative, une culture populaire ou une culture savante? Il existe un public pour le ballet et pour le jazz, mais celui de la danse expérimentale est tout autre. Le premier public se rattache à l'*establishment* : ce sont les gens d'affaires et les membres de la bourgeoisie qui fréquentent la Place des Arts durant les diverses saisons de ballet classique et de danse-jazz. La nouvelle danse, elle, attire l'intelligentsia, les étudiants et les artistes d'avant-garde. Mais le grand public, malgré l'essor chorégraphique du Québec, demeure encore analphabète et sans véritable culture chorégraphique. La majorité de cet auditoire trouve la danse gênante et intimidante, voire même incompréhensible et exotique.

Grande métropole québécoise, Montréal est l'hôte de plusieurs festivals artistiques internationaux. Si la ville a fait des pas de géant pour s'insérer dans le paysage culturel mondial, la danse, elle, n'a pas encore atteint sa légitimité culturelle dans un contexte vraiment élargi. En outre, elle n'offre pas encore un référentiel populaire et diversifié. Les intervenants mêmes se boudent; restant à l'écart des autres artisans de la danse, ils se réfugient dans leur propre discipline, exception faite de quelques tentatives isolées et infructueuses de réunir le ballet et la danse expérimentale.

Si l'on se croit toujours perdus au fond du bois, nous sommes, par contre, capables de repérer la fin de la forêt à l'horizon. Une fois qu'une stratégie culturelle servant à rehausser l'image publique de la danse, quel que soit son visage, aura vu le jour, le tour sera joué.

L'histoire chorégraphique du Québec est éclatée. Elle se manifeste en de nombreuses trajectoires et l'historien ne peut que prendre le pouls face à ses diverses tendances.

Aujourd'hui, nous vivons un retour au romantisme dans lequel l'individu triomphe et où tout scénario de création est possible.

Pour le grand public, la danse demeure une activité artistique souvent gênante, intimidante et quelquefois exotique. Il n'existe pas encore de référentiel populaire face à la danse. Une des solutions à cette impasse est de développer une stratégie culturelle de promotion constante de la danse.

ANNEXES ET TABLEAUX

Tableau comparatif et chronologique du paysage culturel autour de l'époque du *Refus Global*

	Danse		Autres arts et manifestations culturelles québécoises et canadiennes
	Précédant le *Refus Global*		
		1920	Naissance de l'industrie du film et première émission radiophonique
		1922	Fondation de l'école des Beaux-Arts
			Première émission radiophonique francophone en Amérique du Nord
			Premier rapport de la Commission des monuments historiques
1926-1931	Tournée nord-américaine Lacasse-Morenoff		
1928	Premier récital Ruvenoff		

	Danse		Autres arts et manifestations culturelles québécoises et canadiennes
1930	Représentation de Mary Wigman à Montréal	1930	Création du Canadian Handicraft Guild
		1932	Émergence du parti de l'Union nationale
		1933	Ouverture du Musée de la province
		1934	Fondation de l'OSM
1936	Débuts des Variétés Lyriques (chorégraphe Maurice Morenoff)	1936-1939	Duplessis au pouvoir
1937	Récital de Mary Cussans (The New Dance Group) à McGill	1937	Fondation des Compagnons de Saint-Laurent
		1938	Fondation de l'Union des Artistes
		1939	Création de l'ONF
		1940	Création des archives de folklore de l'Université Laval
		1941	Première exposition des artistes indépendants
		1942	Création du Conservatoire d'art dramatique et de musique du Québec
1944	Ouverture du studio d'Elizabeth Leese à Montréal	1944-1959	Retour de Duplessis au pouvoir
	Début du Ruth Sorel Modern Dance Group		
		1945	Hugh MacLennan publie *Two Solitudes*
1946	Les Ballets Jooss font escale à Montréal		
		1947	Première exposition automatiste à Paris

	Danse		Autres arts et manifestations culturelles québécoises et canadiennes
	Coïncidant avec le *Refus Global*		
1948	Morenoff ajoute à son cursus l'enseignement des danses modernes et du jazz	1948	Manifeste du *Refus Global*
	Fondation des Ballets-Québec de Gérald Crevier		Duplessis crée le premier drapeau du Québec
	Publication de *La Danse et l'Espoir* de Françoise Sullivan		Création de *Ti-Coq* de Gratien Gélinas
	Plusieurs spectacles de danse expérimentale (Sullivan, Renaud *et al.*)		
	Premier festival de ballet pancanadien à Winnipeg. Ruth Sorel représente le Québec		
	Succédant le *Refus Global*		
		1949	Grève de l'amiante
1950	Formation du Quebec Dance Teachers Association (QDTA)		
		1951	*Rapport Massey-Lévesque* sur les arts et les sciences
1952	Débuts des Ballets Chiriaeff	1952	Avènement de la télévision canadienne
	Monseigneur Léger nuance l'interdit de la danse		
1953	Premier festival montréalais de la danse (parrainée par le QDTA)		
		1954	Création de la section art dramatique au Conservatoire de Montréal

Danse		Autres arts et manifestations culturelles québécoises et canadiennes	
1957-1959	Début et fin du Montreal Theater Ballet (Brian Macdonald)	1957	Création du Conseil des arts du Canada
1958	Incorporation des Grands Ballets Canadiens		
	Début du Groupe de Danse Moderne de Françoise Riopelle		

Tableaux comparatifs et chronologiques de l'évolution de la danse professionnelle au Québec et dans les autres provinces canadiennes

Québec		Canada	
	I		
	Ballet classique		
		1938	Fondation du Ballet Royal de Winnipeg par Gwenneth Lloyd et Betty Farrally
		1951	Fondation du Ballet National du Canada par Celia Franca
1948-1951	Incorporation et dissolution des Ballets-Québec par Gérald Crevier		
1952	Création des Ballets Chiriaeff par Ludmilla Chiriaeff		
1957-1959	Création et dissolution du Montreal Theater Ballet par Brian Macdonald		
1958	Fondation des Grands Ballets Canadiens par Ludmilla Chiriaeff		
	Danse moderne		
1948	Publication de « La Danse et l'Espoir » de Françoise Sullivan dans le *Refus Global*		
		1965	Fondation des Contemporary Dancers of Winnipeg par Rachel Browne
1966	Fondation du Groupe de La Place Royale par Jeanne Renaud		
1968	Fondation du Groupe Nouvelle Aire par Martine Époque, Rose-Marie Lèbe *et al.*	1968	Fondation du Toronto Dance Theater par Patricia Beatty, David Earle et Peter Rendazzo

Québec		Canada	

II

Institutions de danse subventionnées par le gouvernement

		1957	Création du Conseil des arts du Canada
1979	Ouverture de la Section Danse au ministère des Affaires culturelles du Québec		

Premières actions concertées de la communauté de danse

		194?	Formation de la Canadian Dance Teachers Association
		1948	Inauguration du 1er Festival de ballet pancanadien par David Yeddeau à Winnipeg
1950	Formation de la Quebec Dance Teachers Association		
1953	Inauguration du 1er Festival de ballet de Montréal		
		1973	Création de l'Association Dance in Canada
1984	Fondation du Regroupement des professionnels de la danse du Québec		

Premiers périodiques en danse

		1974	Première édition de la revue *Dance in Canada*, rédactrice Susan Hilary Cohen
1981-1986	*Réflex*; première revue de danse de langue française imprimée par la Fédération des loisirs-danse du Québec		

	Québec		Canada

III

Études professionnelles et académiques en danse

Écoles professionnelles

	Québec		Canada
1958	Fondation de l'Académie des Grands Ballets Canadiens parallèlement à l'incorporation de la compagnie		
		1959	Fondation de la National Ballet School à Toronto par Betty Oliphant avec subsides gouvernementaux
		1962	Fondation du programme professionnel en danse affilié au Ballet Royal de Winnipeg
1966	Fondation de l'École supérieure des Grands Ballets Canadiens par Ludmilla Chiriaeff, première école de danse professionnelle reconnue à Montréal		
1975	Inauguration du projet pilote de Concentration danse à l'école publique secondaire Pierre Laporte par Ludmilla Chiriaeff		
1979	Inauguration de la Concentration danse au cégep du Vieux-Montréal		

Universités

	Québec		Canada
1929	Plusieurs crédits en danse sont offerts au département d'éducation physique de l'Université McGill		
		1970	Ouverture d'un Baccalauréat ès Arts en danse à l'Université York

Québec		Canada	
		1972	Ouverture d'un Baccalauréat ès Sciences en danse à l'Université de Waterloo au département de Kinésiologie
1979	Ouverture de deux baccalauréats spécialisés en danse à l'Université Concordia et à l'Université du Québec à Montréal Ouverture d'un certificat en danse à l'Université de Montréal		

Lignée 1
Généalogie du ballet classique avant les Grands Ballets Canadiens

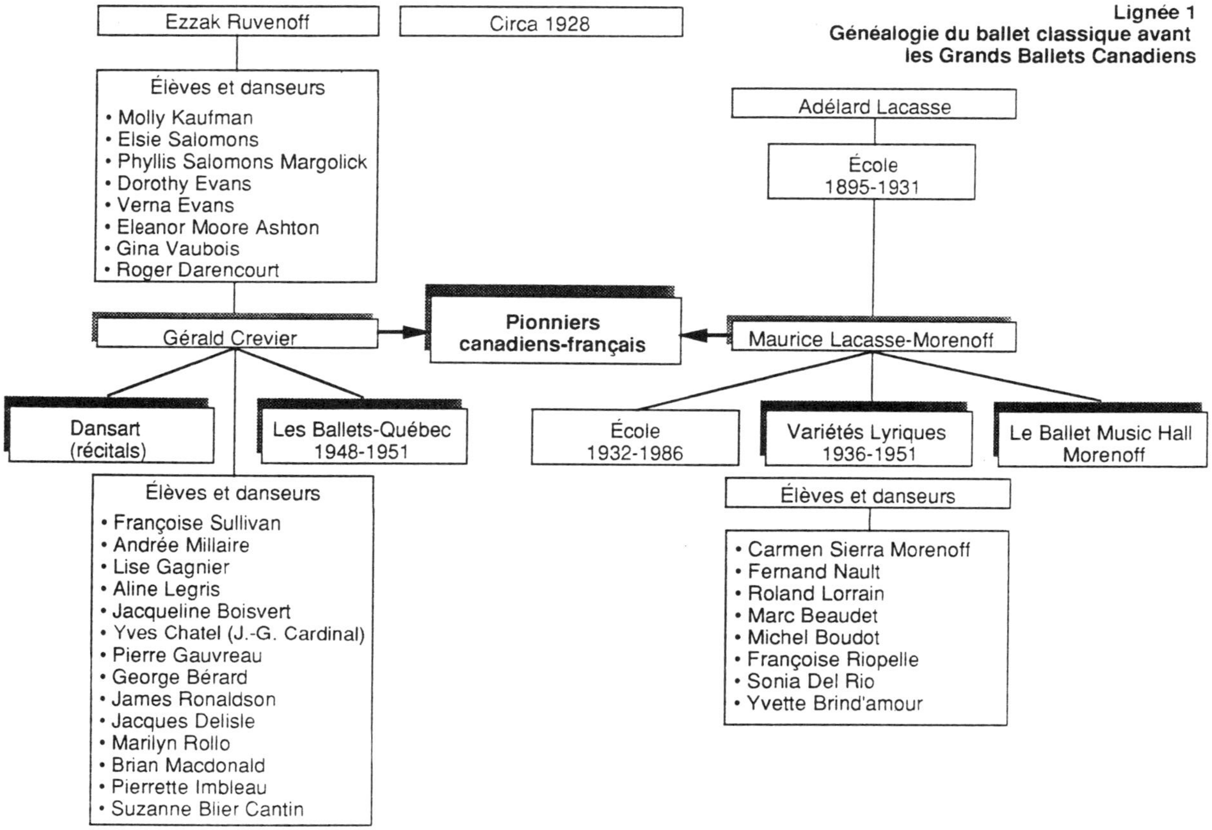

Lignée 2
Généalogie du jazz
et du ballet classique à l'exclusion des Grands Ballets Canadiens
Pionniers: Gérald Crevier & Maurice Lacasse-Morenoff

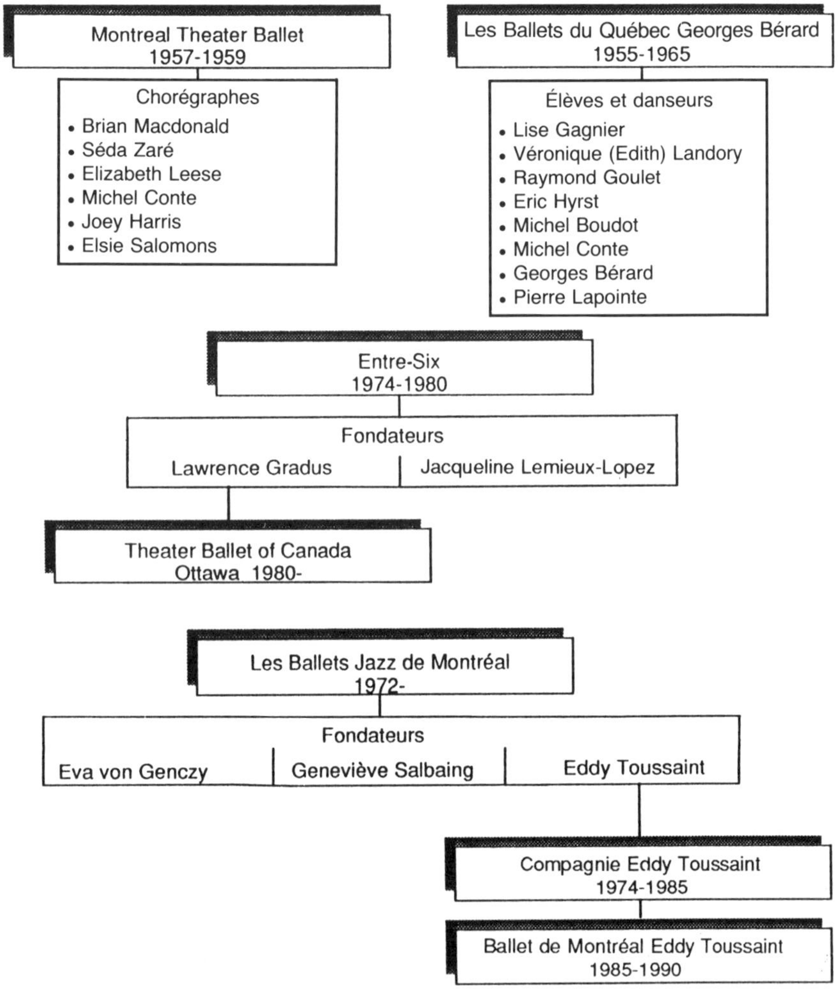

Lignée 3
Généalogie des Grands Ballets Canadiens

Les Ballets Chiriaeff
1952-1958

Fondatrice
Ludmilla Chiriaeff

Premiers membres
- Ludmilla Chiriaeff
- Eric Hyrst
- Brydon Paige
- Sheila Pearce Lawrence
- Eva von Genczy
- Geneviève Salbaing
- Christina Coleman
- Michel Martin
- Michel Boudot
- John Stanzel

Les Grands Ballets Canadiens
1958-

Fondatrice
Ludmilla Chiriaeff

Direction artistique	
Ludmilla Chiriaeff	1958-1965
Fernand Nault	1965-1973
Brian Macdonald	1973-1977
Colin McIntyre Linda Stearns Daniel Jackson	1977-1986
Linda Stearns Jeanne Renaud	1986-1988
Linda Stearns	1988-1989
Lawrence Rhodes	1989-

Filiales des Grands Ballets Canadiens	
Académie des Grands Ballets Canadiens	1958-1981
Ecole supérieure des Grands Ballets Canadiens	1966-1981
Ecole supérieure de danse du Québec	1981-
Les Compagnons de la Danse	1970-1975
Ecole Pierre Laporte (concentration danse)	1975-
Cégep du Vieux-Montréal (concentration danse)	1979-
Maison de la Danse	1981

Lignée 4
Les arrivants d'Europe
(Décennies 40, 50, 60)

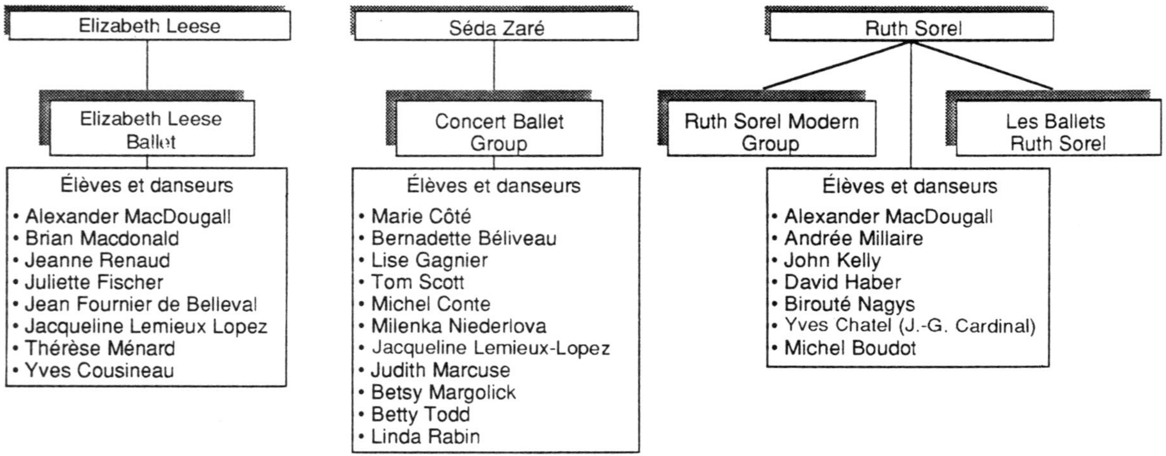

Lignée 5
Généalogie du Groupe de la Place Royale

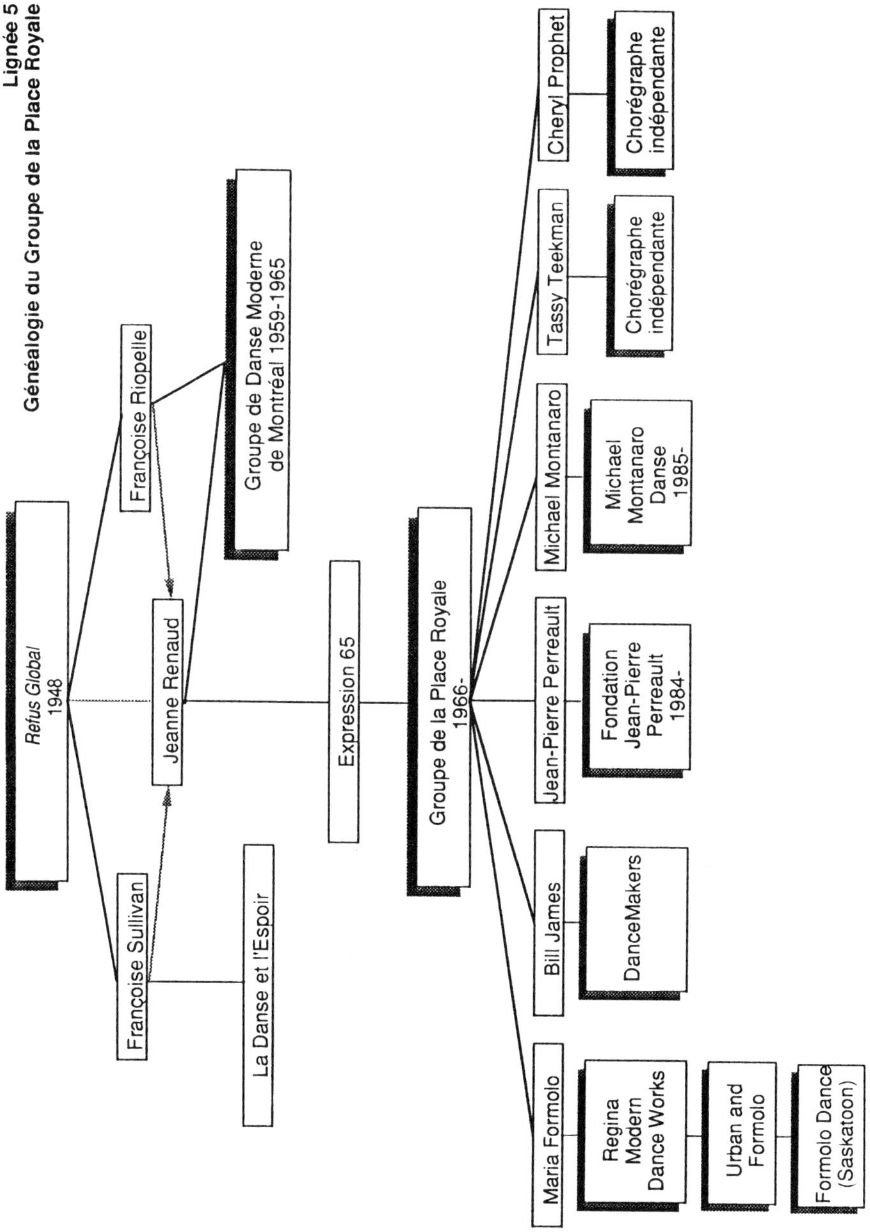

Lignée 6
Généalogie du Groupe Nouvelle Aire

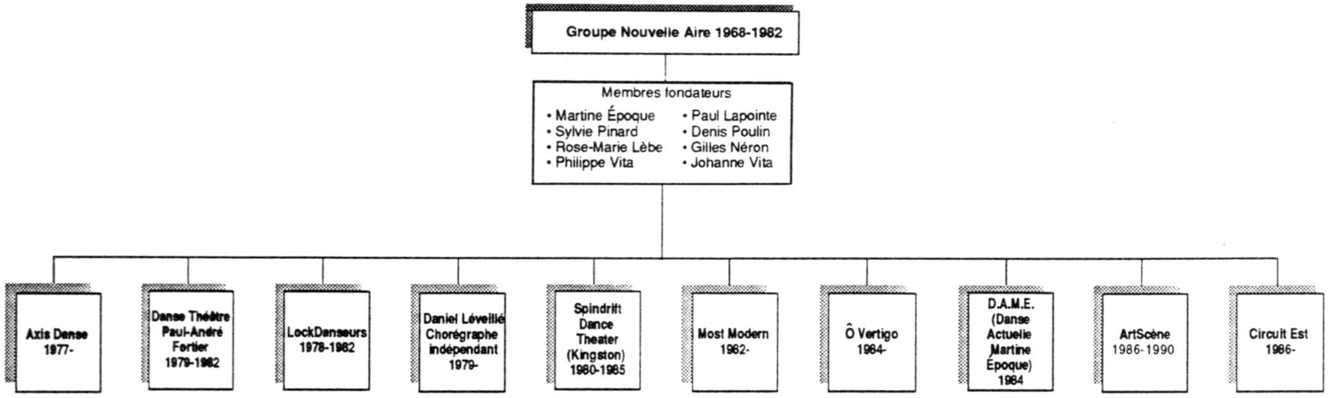

Lignée 6
Détails de la généalogie du Groupe Nouvelle Aire

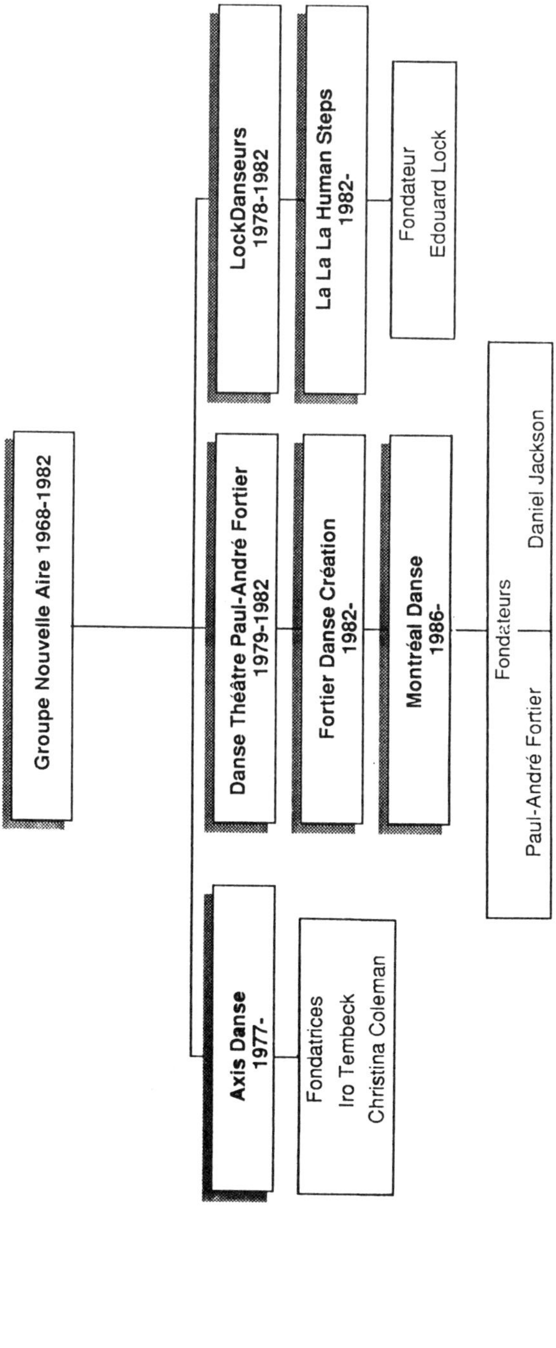

Lignée 6
Détails de la généalogie du Groupe Nouvelle Aire

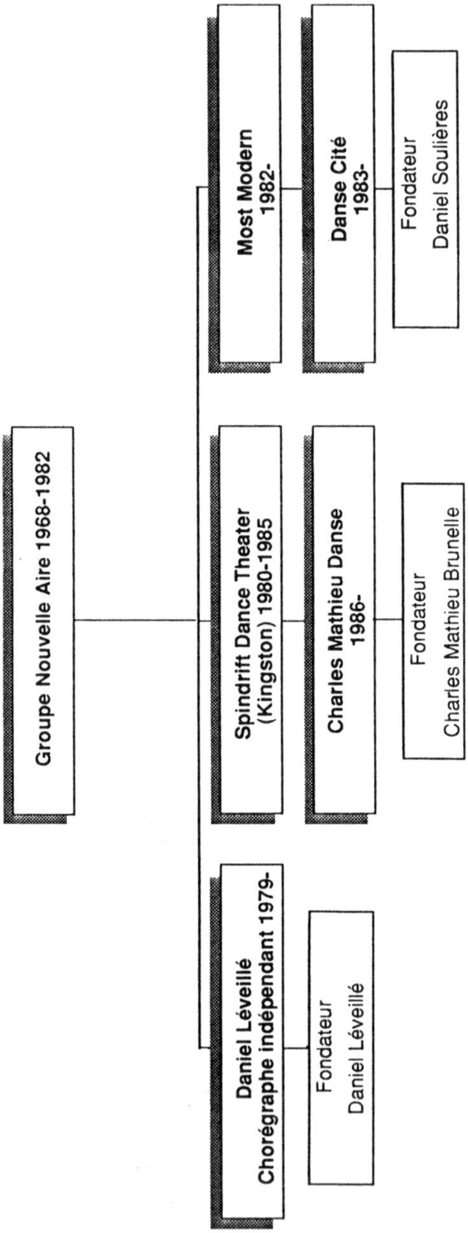

Lignée 6
Détails de la généalogie du Groupe Nouvelle Aire

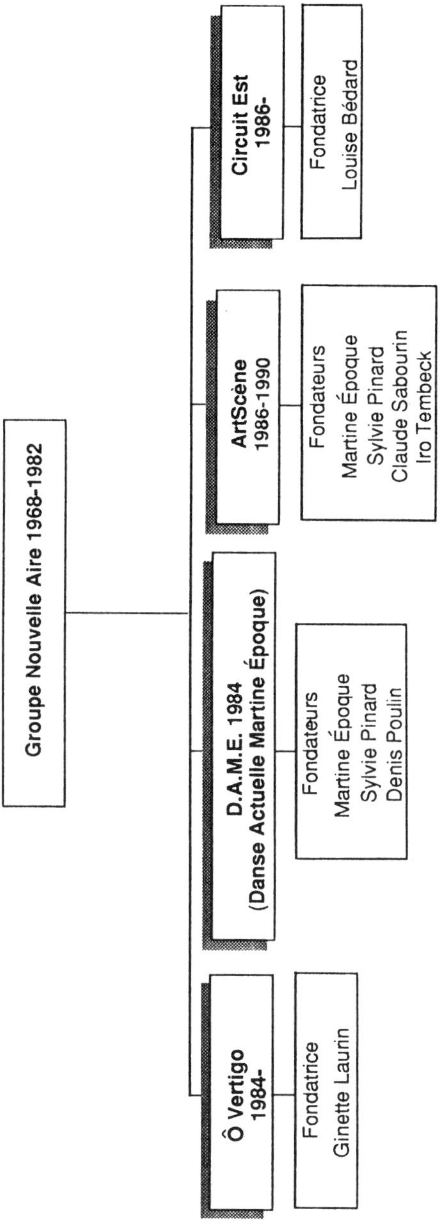

Bibliographie sélective

Monographies générales

BAILLARGEON, Jean-Paul. *Les pratiques culturelles des Québécois : une autre image de nous-mêmes*. Québec, Institut québécois de recherche sur la culture, 1986.

BISSONNETTE, Lise (Édit.). « Les créateurs : forces vives de notre société ». *Forces*, n° 84, hiver 1989, p. 1-80 (« The creators : The driving forces of our society », traduit par Amtra).

BORDUAS, Paul-Émile. *Refus global : recueil de textes*. Montréal, 1948.

BOURASSA, André G. et Gilles LAPOINTE. « Refus global et ses environs ». *L'Hexagone*, Gouvernement du Québec, ministère des Affaires culturelles, 1988.

BROWN, Craig. *The Illustrated History of Canada*. Toronto, Lester Orpen Dennys, 1987.

CARON, Louis. *La vie d'artiste*. Montréal, Boréal, 1987.

FOUCAULT, Michel. *Archéologie du savoir*. Paris, Gallimard, 1969.

LAFLAMME, Jean et Rémi TOURANGEAU. *L'Église et le théâtre au Québec*. Montréal, Fides, 1979.

LAMONDE, Yvan et Esther TRÉPANIER. *L'avènement de la modernité culturelle au Québec*. Québec, Institut québécois de recherche sur la culture, 1986.

LEGOFF, Jacques (Édit.). *La nouvelle histoire*. Paris, Encyclopédie du savoir moderne, Rezt, 1978.

LEGRIS, Renée, Jean-Marc LAVOIE, André BOURASSA et Gilbert DAVID. *Le théâtre au Québec : 1825-1980*. Montréal, VLB Éditeur, 1988.

LEVASSEUR, Roger. *Loisir et culture au Québec*. Montréal, Boréal, 1982.

LINTEAU, P. A., R. DUROCHER, J. C. ROBERT et F. PICARD. *Histoire du Québec contemporain : le Québec depuis 1930*. Montréal, Boréal, 1986.

MAILHOT, Laurent et Benoît MELANÇON. *L'État et la culture*. Québec, Institut québécois de recherche sur la culture, 1986.

MARIETTI, Angèle K. *Michel Foucault : archéologie et généalogie*. Paris, Livre de poche, 1985.

MARROU, Henri-Irénée. *De la connaissance historique*. Paris, Seuil, collection Points, 1954.

MATHEWS, Robin. *Canadian Identity : Major Forces Shaping the Life of a People*. Ottawa, Steel Rail Pub., 1988.

MASSEY, Vincent (sous la direction). Recueil de quelques études spéciales. *Commission royale d'enquête sur l'avancement des arts, des lettres et des sciences au Canada*. Ottawa, Gouvernement du Canada, 1950.

PARENT, Alphonse Marie (sous la direction). Commission royale d'enquête sur l'enseignement dans la province du Québec, Québec, Imprimerie Pierre Des Marais 1963, 5 vol.

RIOUX, Marcel (sous la direction de). Rapport de la Commission d'enquête sur l'enseignement des arts au Québec, Éditeur officiel du Québec, août 1968, 4 vol.

SCARPETTA, Guy. *L'impureté*. Paris, Bernard Grasset, 1985.

Canadian Encyclopedia. 3 volumes. Edmonton, Hurtig Pub., 1985.

Monographies sur la danse

ADSHEAD, Janet (Édit.). *Dance Analysis : Theory and Practice*. Londres, London Dance Books, 1988.

ADSHEAD, Janet et June LAYSON. *Dance History : A Methodology for Study*. London, London Dance Books, 1983.

ADSHEAD, Janet. *The Study of Dance*. Londres, London Dance Books, 1981.

BELL, Ken et Celia FRANCA. *The National Ballet of Canada*. Toronto, University of Toronto Press, 1978.

CHUJOY, Anatole et P. W. MANCHESTER. *The Dance Encyclopedia*. New York, Simon & Schuster, 1962.

COLLIER, Clifford et Pierre GUILMETTE. *Ressources sur la danse dans les bibliothèques canadiennes*. Ottawa, Bibliothèque nationale du Canada, Division de l'inventaire des ressources, Direction du développement des collections, 1982.

CONTE, Michel. *Nu comme dans un nuage*. Montréal, Éditions de la Montagne, 1980.

CRABB, Michael et Andrew OXENHAM. *Dance Today in Canada*. Toronto, Simon & Pierre Pub., 1977.

CRABB, Michael (Édit.). *Visions : Ballet and its Future*. Essays from the International Dance Conference to commemorate the 25th anniversary of The National Ballet of Canada, Toronto, Simon & Pierre, 1978.

DUBUC, Jacques. *Le langage corporel dans la liturgie*. Montréal, Fides, 1986.

FEBVRE, Michèle. *La danse au défi*. Montréal, Parachute, 1987.

FOSTER, Susan Lee. *Reading Dancing : Bodies and Subjects in Contemporary American Dance*. Berkeley, University of California Press, 1986.

GERMAIN, Victorin (abbé). *Dansera-t-on chez moi? Un cas de conscience*. Québec, Presses de l'action sociale ltée, 1930.

GUILMETTE, Pierre. *Bibliographie de la danse théâtre au Canada*. Ottawa, Bibliothèque nationale du Canada, 1970.

JACKSON, Graham. *Dance as Dance : Selected Reviews and Essays*. Dessins par Albert Forister, Ottawa, Catalyst, 1978.

KOEGLER, Horst. *The Concise Oxford Dictionary of Ballet*. Londres, Oxford University Press, 1982.

LACASSE, Adélard. *La danse apprise chez soi*. Montréal, Imprimerie Moderne, 1918.

LEBORGNE, Odette. *Un pas vers les autres*. Montréal, Éditions du Jour, 1976.

LORRAIN, Roland. *À moi ma chair, à moi mon âme : du cloître au ballet*. Montréal, VLB Éditeur, 1985.

——— . *Les Grands Ballets Canadiens ou cette femme qui nous fit danser*. Montréal, Éditions du Jour, 1973.

MITCHELL, Lillian Leonore. *Boris Volkoff : Dancer, Teacher, Choreographer*. Thèse de doctorat, Université de Michigan, Ann Arbor, 1985.

PICARD, René. *La danse au Canada*. (Document n° 63), Ottawa, Gouvernement du Canada, ministère des Affaires extérieures, 1984.

ROBINSON, Jacqueline. *L'aventure de la danse moderne en France (1920-1970)*. Paris, Éd. Bougé, coll. Sources, 1990.

SÉGUIN, Robert Lionel. *La danse traditionnelle au Québec*. Québec, Presses de l'Université du Québec, 1986.

SERRE, Jean-Claude (sous la direction de). *La recherche en danse : actes du colloque international de la Sorbonne*. Paris, Chiron, 1986.

SULLIVAN, Françoise. *Rétrospective*. Québec, Gouvernement du Québec, ministère des Affaires culturelles, 1981.

TAPLIN, Diana Theodores (Édit.). *New Directions in Dance*. Ontario, Pergamon Press, 1979.

VALOIS, Marcel. *Figures de danse*. Montréal, Les Éditions Variétés, 1943.

WYMAN, Max. *The Royal Winnipeg Ballet : The First Forty Years*. Toronto, Doubleday Canada, 1978.

WYMAN, Max. *Dance Canada : An Illustrated History*. Vancouver, Douglas McIntyre, 1989.

« *Dancing* » *: A Journal Devoted to Terpsichore : Art, Physical Culture & Fashionable Entertainment*. Londres, R. M. Crompton, 1891, mai 1893. Réimpression à Toronto, Press of Terpsichore, 1984.

« Survey of Canada ». *Dance Magazine*, numéro spécial sur la danse au Canada, avril 1971.

Articles (sujet, auteur)

MAILHOT, Laurent et Benoît MELANÇON. « Littérature, nation, État : les enjeux idéologiques de l'image et du pouvoir ». *L'État et la culture*. Québec, Institut québécois de recherche sur la culture, 1986, p. 55-73.

TEMBECK, Iro. « À la recherche du faune perdu de Nijinski ». *Corps témoin*, n° 192, bilan de la danse, saison 1989-1990, Montréal, Les herbes rouges, 1991, p. 33-44.

TRUDEL, Jean. « La danse traditionnelle au Québec ». *Forces*, n° 32, 1975, p. 34-43.

Radio-Monde Montréal. 27 septembre 1941, s.a.

Concernant Morenoff, Crevier et le ballet classique

CHUJOY, Anatole. « Festival is impressive show of Canadian dance talent ». *Dance News*, janvier 1951, p. 2.

COLEMAN, Francis. « Ballet in Canada ». *The Dancing Times*, n° 422, 1945, p. 63.

——— . « Morenoff ballet music-hall ». *Dance Magazine*, 19 juin 1945, p. 35.

——— . « News from Canada ». *Dance Magazine*, n° 31, novembre 1957, p. 97.

HERING, Doris. « Sixth Canadian ballet festival ». *Dance Magazine*, juillet 1954, p. 14, 19, 44, 45.

JOHNSTONE, Kenneth. « The Dance in Canada ». *Dance News Annual*, 1953, p. 158-166.

LORRAIN, Roland. « Grossière incompétence dans les écoles de ballet ». *Le petit journal*, 19 avril 1953, p. 76.

———. « Ignorance du ballet chez l'élite montréalaise ». *Le petit journal*, 3 mai 1953, p. 73.

———. « La niaiserie de la danse de ballet à Montréal ». *Le petit journal*, 12 avril 1953, p. 76.

———. « Le ballet n'est pas le refuge des "hommelets" ». *Le petit journal*, 17 mai 1953, p. 82.

———. « Le refoulement est le premier ennemi de l'art véritable ». *Le petit journal*, 24 mai 1953, p. 78.

———. « Propos sur une déesse négligée ». *Le Devoir*, 11 mars 1961.

MARINOFF, Sergei. « I can teach you to dance like this ». *Dance Lover Magazine*, décembre 1923.

« 15 Canadian ballet companies to appear at festival in Montreal ». *Dance Magazine*, 24 août 1950, p. 34, s.a.

« Canada Festival opens March 2 ». *Dance News*, février 1949, p. 9, s.a.

« Canada to run dance festival ». *Dance News*, avril 1948, p. 3, s.a.

« Ezzak Ruvenoff who brought the dance to Canada, dies ». *The Montreal Star*, 8 juin 1970, p. 52, s.a.

« Canada ». *Ballet Today*, décembre 1955, p. 8, s.a.

« Canadian Dance Teachers Association ». *Dance News*, février 1950, p. 14, s.a.

« Canadian dance festival ». *Dance Magazine*, 28 mai 1954, p. 3, s.a.

« Canadian festival December 17 at 4 ». *Dance News*, décembre 1949, p. 1-6, s.a.

« Canadian festival due in October ». *Dance News*, janvier 1950, p. 7, s.a.

« Canadian festival selects companies ». *Dance News*, août 1950, p. 2, s.a.

« Canadian festival set for November 20 ». *Dance News*, novembre 1950, p. 3, s.a.

« Canadian festival to begin November 20 ». *Dance News*, octobre 1950, p. 3, s.a.

« Ballet festival scores in Canada ». *Dance News*, juin 1948, p. 3, s.a.

« Cinq ballets par représentation au prochain festival ». *La Presse*, 7 novembre 1950, p. 18, s.a.

« Dancer's employment forces cancellation of festival ». *Dance News*, avril 1955, p. 5, s.a.

« Editor covers Canadian Fete ». *Dance News*, décembre 1950, p. 1, s.a.

« Montreal has dance series ». *Dance News*, mai 1949, p. 3, s.a.

« National Ballet company and Heino Heiden ». *Dancing Times*, n° 544, 1956, p. 235, s.a.

« Spectacle 1959 de l'École Morenoff ». *La Presse,* 16 mai 1959, p. 52, s.a.

« Canadian headlines ». *Dance Magazine,* 29 juillet 1955, p. 79, s.a.

« Convention in Vancouver ». *Dance Magazine,* n° 32, septembre 1958, p. 5, s.a.

« Here and there in Canada », *Dance Magazine,* n° 30, janvier 1958, p. 87, s.a.

VALOIS, Marcel. « André Ménard parle de la danse à Paris ». *La Presse,* 14 octobre 1950, p. 59.

——— . « Danseurs canadiens qui rivalisent avec ceux de l'étranger ». *La Presse,* 24 novembre 1950.

——— . « De portée nationale ». *La Presse,* 18 novembre 1950, p. 61.

——— . « Des danseurs de chez nous à l'étranger ». *La Presse,* 23 juin 1950, p. 41.

——— . « Des prix et des couronnes ». *La Presse,* 2 décembre 1950, p. 61, 65.

——— . « Deux troupes ont fait leurs débuts au His Majesty's ». *La Presse,* 23 novembre 1950, p. 38.

——— . « Deuxième spectacle d'une haute qualité également partagée ». *La Presse,* 22 novembre 1950, p. 32.

——— . « Imagination dans la chorégraphie de Maurice Morenoff ». *La Presse,* 5 avril 1948, p. 10.

——— . « L'enthousiasme général à la soirée d'inauguration ». *La Presse,* 21 novembre 1950, p. 24.

——— . « Le sens éducationnel du spectacle vivant de l'école ». *La Presse,* 31 mai 1951, p. 29.

——— . « M. David Yeddeau a la tâche ardue pour le festival du ballet ». *La Presse,* 20 novembre 1950, p. 24.

——— . « Propos sur la danse ». *La Presse,* 3 novembre 1945, p. 52.

——— . « Public enthousiaste au spectacle soigné des Ballets-Québec ». *La Presse,* 19 mai 1950, p. 23.

——— . « Sixième spectacle du ballet ». *La Presse,* 25 novembre 1950, p. 37.

——— . « Un festival de ballet à Montréal, il y a dix ans ». *La Presse,* 23 juillet 1960, p. 25.

——— . « Une semaine canadienne ». *La Presse,* 7 octobre 1950, p. 59, 62.

WHITTAKER, Herbert. « From little acorns : A review of the fifth Canadian dance festival ». *Dance Magazine,* n° 27, juin 1953, p. 18-19.

——— . « The fourth Canadian ballet festival : A review ». *Dance Magazine,* n° 26, juin 1952, p. 16-17, 33-34.

« The third Canadian ballet festival : Ruthanna Boris at Seville Theatre ». *Dance Magazine*, n° 24, novembre 1950, p. 48, s.a.

Concernant la situation socioculturelle des années 40 et 50

Boivin, René O. « "Figures de danse", une œuvre aimable par son style simple et le pittoresque de son récit ». *Radio-Monde*, 1er mai 1943, p. 7.

McCourt, Edward. « Canadian letters ». Dans V. Massey (sous la direction) *Recueil de quelques études spéciales, Commission royale d'enquête sur l'avancement des arts, des lettres et des sciences au Canada 1949-1950*, Ottawa, Gouvernement du Canada, 1950, p. 67-82.

Morisset, Gérard. « Les arts dans la province de Québec ». *Ibid.*, p. 393-405.

« Création d'un ballet inspiré de notre folklore ». *La Presse*, 10 octobre 1959, s.a.

« Quebec teachers present forum ». *Dance News*, janvier 1956, p. 9, s.a.

« Quebec teachers present festival ». *Dance News*, avril 1956, p. 10, s.a.

« The third Canadian ballet festival : Ruthanna Boris at Seville Theatre ». *Dance Magazine*, n° 24, novembre 1950, p. 48, s.a.

Sandwell, B. K. « Present day influences on Canadian Society ». Dans *Recueil de quelques études spéciales*, Commission royale d'enquête, *op. cit.*, p. 1-11.

Whittaker, Herbert. « The fourth Canadian ballet festival : A review ». *Dance Magazine*, n° 26, juin 1952, p. 16-17, 33-34.

« Dancer's employment forces cancellation of festival ». *Dance News*, avril 1955, p. 5, s.a.

Concernant Ruth Sorel

Bédard, Louis. « Les ballets Ruth Sorel : idiôme moderne et poésie ». *Le Droit*, Hull, 22 octobre 1949.

Desjardins, Maurice. « Choromanski compare le roman à l'entrevue ». *La Presse*, s.d.

Hering, Doris. « Reviewer's stand ». *Dance Magazine*, n° 24, février 1950, p. 44.

Horst, Koegler (Édit.). « Ruth Abramowitz ». *Concise Oxford Dictionary of the Dance*, 1986, p. I.

Naomi Cohen Stratyner, Barbara (Édit.). « Ruth Abramowitz (Sorel) ». Rubrique individuelle *Biographical Dictionary of the Dance*, New York, Dance Horizons, 1982.

St-Germain, Pierre. « Des Montréalais créent le premier ballet canadien ». *Le petit journal*, 23 janvier 1949, p. 40.

Thistle, Lauretta. « Sorel Ballet Company : In pleasing presentation ». *The Ottawa Citizen*, 22 octobre 1949.

Concernant Elizabeth Leese

CHUJOY, Anatole et P. W. MANCHESTER (Édits). « Elizabeth Leese ». *The Dance Encyclopedia* (édition revue et augmentée). New York, Simon & Schuster, 1962, p. 565-566.

CHUJOY, Anatole. « Dance in review : Canadian Ballet ». *Dance News*, janvier 1943, p. 2.

JOHNSTONE, Ken. « Dancing as a disciplined art : Ideal of ballet classes here ». Montréal, s.d.

« Elizabeth Leese dies in Montreal ». *Dance News*, septembre 1962, p. 13, s.a.

« Elizabeth Leese ». *Dance News*, octobre 1962, p. 13, 15, s.a.

« Beauty in motion ». *The Montrealer*, avril 1950, s.a.

« Le nouveau ballet d'Elizabeth Leese ». *La Presse*, 15 juin 1955, p. 38, s.a.

« RA ». *The Standard*, Montréal, 29 avril 1944, s.a.

Concernant Séda Zaré

BOUCHER, Denise. « Le centre d'art estival "63" ». *La Presse*, 29 juin 1963, p. 22.

DUFRESNE, Jean. « Les petites fées de l'aiguille vont au bal ». *La Presse*, 21 novembre 1959, p. 45.

Concernant Les Grands Ballets Canadiens

CITRON, Paula. « Montreal's Les Grands Ballets Canadiens : The French Canadian experience ». *Dance Magazine*, n° 56, avril 1982, p. 62-69.

CRABB, Michael *et al.* « The Brinson Report : The community responds : Profile : The schools, the future? Other views ». *Dance in Canada*, hiver 1976, p. 1-28.

GINGRAS, Claude. « Décevante, cette "Rose Latulippe" ». *La Presse*, 30 août 1967, p. 80.

——— . « Excellent début de l'atelier de chorégraphie ». *La Presse*, 9 décembre 1967, p. 24.

GIRARD, Jacques. « De la danse magique aux Sylphides ». *Le quartier latin*, 11 octobre 1960, p. 4-5.

GLOVER, Guy. « Reflections on Canadian ballet ». *Canadian Art*, n° 8, printemps 1951, p. 115-119.

GOODMAN, Saul. « Margaret Mercier ». *Dance Magazine*, n° 36, décembre 1962, p. 48-49.

GUILMETTE, Pierre. « Critique ». *Nouvelles chorégraphiques du Canada français*, n° 1, 15 février 1964, p. 3.

——— . Lettre ouverte à « De la danse magique aux Sylphides ». Par Jacques Girard, *Le quartier latin*, 15 novembre 1960, p. 4.

——— . « Problèmes de la critique de danse ». *Nouvelles chorégraphiques du Canada français*, n° 2, 1er avril 1964, p. 6-9.

HERING, Doris. « "Walk soft" some trends, positive and otherwise, among the regional ballet companies ». *Dance Magazine*, n° 34, janvier 1960, p. 56-57.

HICKLIN, Ralph. « Les Grands Ballets Canadiens : A certain inadequacy ». *Saturday Night*, 12 mai 1962, p. 30-31.

HOWE-BECK, Linde. « Have dance will travel : Choreographer Brian Macdonald a cultural whirlwind ». *The Gazette*, 1er février 1986, p. 6C.

——— . « Les Grands Ballets at 30 : Celebration and crisis management vie for centre stage ». *Dance in Canada*, été 1988, p. 7-13.

JASMIN, Claude. « Stravinsky et la danse ». *La Presse*, 31 août 1963, p. 19.

KEABLE, Jacques. « Quand la danse est produite à un rythme industriel ». *La Presse*, 29 février 1964, p. 11.

KISSELGOFF, Anna. « Faith, death and a swivel chair ». *The New York Times*, 15 avril 1988, p. C3.

——— . « Has the dance boom run its course? ». *The New York Times*, 3 mai 1985.

KNELMAN, Martin. « The king of crossover ». *Saturday Night*, juillet 1985, p. 38-39.

LANDRY, Michel. « Situation de la danse au Québec : prologue ». *Réflex*, vol. 2, n° 4, 1982, p. 10-11.

LEDDIAK, David. « Conversation with Fernand Nault ». *Dance Magazine*, n° 34, avril 1960, p. 16-17.

MACDONALD, Brian. « "Rose Latulippe" : A Canadian legend and ballet : With marking notes from the diary of its choreographer, Brian Macdonald ». *Dance Magazine*, n° 40, décembre 1960, p. 58-62.

MAYNARD, Olga. « Ballet in Canada today: Purpose: Ludmilla Chiriaeff and Les Grands Ballets Canadiens ». *Dance Magazine*, n° 45, avril 1971, p. 56-64.

MCCOURT, Edward. « Canadian letters ». Dans V. MASSEY, *Recueil de quelques études spéciales de la Commission royale d'enquête, op. cit.*, p. 67-82.

MCLAIN STOOP, Norma. « The Canadian cosmopolitan : Montreal's Brian Macdonald ». *Dance Magazine*, n° 58, mars 1984, p. 63-65.

MORISSET, Gérard. « Les arts dans la province de Québec ». Dans V. MASSEY, *Recueil de quelques études spéciales de la Commission royale d'enquête, op. cit.*, p. 393-405.

OFFICER, Jillian. *The Original Ballets Appearing in the Repertoire of Les Ballets Chiriaeff 1955-1958 and Les Grands Ballets Canadiens 1958-1980*. Rapport de recherche subventionnée par le Conseil des Arts du Canada, Presses de l'Université de Waterloo, 1982.

———. « The Growth of Dance in Canada ». Dans Anton WAGNER (sous la direction) *Contemporary Canadian Theater : New World Vision*, Toronto, Wagner, 1985, p. 262-273.

RENAUD, Jeanne. « Point of view : Artistic vision for Canada's major ballet companies ». *Dance in Canada*, hiver 1987, p. 23-24.

REPENTIGNY, Rodolphe. « Eric Hyrst danse malgré une blessure ». *La Presse*, 18 avril 1959.

« Au bénéfice des Ballets métropolitains ». *La Presse*, 22 septembre 1966, p. 25, s.a.

« Avec Balanchine, un autre spécialiste viendra étudier la situation du ballet dans notre pays : le critique anglais Buckle ». *La Presse*, 5 février 1962, p. 19, s.a.

« Ballerine montréalaise à Londres ». *La Presse*, 2 février 1961, p. 6, s.a.

« Brian Macdonald back from Leningrad ». *Dance Magazine*, n° 37, juillet 1963, p. 3, s.a.

« Choreographer of our day : Heino Heiden ». *Ballet Today*, mars 1964, p. 13-17, s.a.

« Fernand Nault en URSS avec le Ballet Théâtre ». *La Presse*, 1er juin 1966, p. 49, s.a.

« Fernand Nault, choreographer for Montreal Theater Ballet ». *Dance Magazine*, n° 32, mars 1958, p. 4, s.a.

« In the news : Brian Macdonald ». *Dance Magazine*, n° 37, décembre 1963, p. 46, s.a.

« Le ballet de B. Macdonald bien reçu à Leningrad ». *La Presse*, 2 juillet 1963, p. 27, s.a.

« Macdonald à Winnipeg ». *La Presse*, 17 mars 1964, p. 21, s.a.

« Margaret Mercier et Eric Hyrst aux Grands Ballets ». *La Presse*, 11 février 1961, p. 19, s.a.

« Note biographique ». *La Presse*, 15 août 1963, p. 14, s.a.

« Quel est l'avenir du ballet au Canada? ». *La Presse*, 28 septembre 1961, p. 18, s.a.

« Richard Buckle critique au *Sunday Times London* ». *La Presse*, 2 février 1962, p. 20, s.a.

« Spectacle des Ballets métropolitains ». *La Presse*, 12 mai 1966, s.a.

« Subvention de la Commission du Centenaire pour la création du ballet "Rose Latulippe" ». *La Presse*, 27 juin 1966, p. 20, s.a.

« Biographical note : Brian Macdonald ». *Dance Magazine*, n° 41, octobre 1967, p. 82, s.a.

« Début canadien de Margaret Mercier ». *La Presse*, 16 avril 1959, p. 34, s.a.

« L'atelier de chorégraphie à la Boutique d'opéra ». *La Presse*, 29 novembre 1963, p. 9, s.a.

« Le ballet amateur : art idéal pour acquérir une belle démarche ». *La Presse*, 15 septembre 1961, p. 16, s.a.

« Mariage de Margaret Mercier ». *La Presse*, 4 mai 1965, p. 33, s.a.

« Un ballet d'envergure composé des Grands Ballets Canadiens ». *La Presse*, 15 avril 1959, p. 30, s.a.

SANDWELL, B. K. « Present day influences on Canadian Society ». Dans Vincent MASSEY (sous la direction) *Recueil de quelques études spéciales de la Commission d'enquête, op. cit.*, p. 1-11.

STAHLE, Anna Greta. « Brian Macdonald leaves Swedish Ballet at year end ». *Dance News*, janvier 1967, p. 5.

TASSO, Lily. « Une nouvelle compagnie montréalaise : Les Ballets métropolitains ». *La Presse*, 31 mai 1965, p. 15.

TEMBECK, Iro. « Playing musical chairs : Identity crises in the Montreal dance community ». *Dance in Canada*, été 1987, p. 23-28.

——— . « Terpsichore's growth in Quebec and other provinces of Canada : A comparison ». *CAHPER : numéro spécial sur la danse*, juin 1989, p. 7-12.

WHITTAKER, Herbert. « Brian Macdonald : A personal view ». *Dance in Canada*, été 1988, p. 18-25.

WYMAN, Max. « Who needs Canadian dance? A futile search for national identity ». *Dance in Canada*, hiver 1983, p. 11-14.

Concernant Le Groupe de la Place Royale

BASILE, Jean. « Le Groupe de la Place Royale ». *Le Devoir*, 10 mars 1967.

CRABB, Michael. « Dancers should look for the stars not contemplate their artistic navels ». *Performing Arts Magazine*, automne 1974, p. 35-37.

DE REPENTIGNY, Françoise. « Plastique de la danse en termes de formes et de lignes ». *La Presse*, 12 juin 1961, p. 6.

GINGRAS, Claude. « Expériences musicales et chorégraphiques ». *La Presse*, 11 septembre 1967, p. 60.

——— . « Le Groupe de danse moderne à l'Egrégore ». *La Presse*, 10 février 1964, p. 9.

——— . « Le groupe de Jeanne Renaud : déjà, du style… ». *La Presse*, 9 mars 1967, p. 30.

——— . « Un ballet sur un texte de Pierre Bourgault ». *La Presse*, 2 septembre 1967, p. 27.

——— . « Un groupe en perte de vitesse ». *La Presse*, 11 février 1965, p. 11.

HELLER, Zelda. « Who's killing modern dance? ». *The Montreal Star*, 3 mai 1969, cahier Entertainments p. 1-4.

JOHNSON, Sydney. « The choreography of sensibility, divorced from emotion ». *The Montreal Star*, 14 septembre 1968, p. 20.

OFFICER, Jillian. « The growth of dance in Canada ». Dans Anton WAGNER, (ed) *Contemporary Canadian Theatre, op. cit.*, p. 262-273.

PANET-RAYMOND, Silvy. « 1948-1984 : quelque part dans l'histoire de percevoir ». *Interventions*, printemps 1984, p. 125-126.

PICARD, René. « Esquisse de la danse moderne au Québec ». *L'Interdit*, février 1974, p. 4-5.

ROBERGE, Françoy. « La vraie vie de la danse à Montréal ». *Le Devoir*, 26 mai 1978, p. 4.

« La danse moderne à l'Egrégore ». *La Presse*, 7 mars 1967, p. 25, s.a.

« Le Groupe de danse moderne ». *La Presse*, 8 février 1965, p. 15, s.a.

« Le Groupe gets Canadian grant ». *Dance News*, novembre 1967, p. 6, s.a.

« Le premier ballet en Nouvelle France ». *La Presse*, 27 février 1967, p. 17, s.a.

SISKIND, Jacob. « The nudies have come! ». *The Gazette*, 3 juillet 1970, p. 18.

SULLIVAN, Françoise. *Rétrospective*. Gouvernement du Québec, ministère des Affaires culturelles du Québec, 1981.

TEMBECK, Iro. « Politics and dance : A case study of the Maginot line separating Francophone and Anglophone dance artists in Montreal ». *Actes du colloque CORD (Congress on Research in Dance)*, Hong-Kong, 1990, p. 260-273.

——— . « Courants chorégraphiques actuels dans la danse moderne québécoise ». *Réflex*, vol. 2, n° 1, 1982, p. 15-18.

——— . « Groupe Nouvelle Aire : rétrospective d'une ère passée ». *Réflex*, vol. 3, n° 1, 1983, p. 7-11.

——— . « La danse : parente pauvre des arts et paria de notre culture ». *Les pratiques culturelles des Québécois, une autre image de nous-mêmes*, Québec, Institut québécois de recherche sur la culture, 1986, p. 183-214.

——— . « Montréal dansait-elle à l'aube du *Refus global*? ». *Brochure commémorative de la reconstruction du Récital de Danse de 1948 de Françoise Sullivan et Jeanne Renaud*, musée d'Art contemporain, avril 1988, p. 7-9.

——— . « Petite histoire de la danse moderne au Québec ». *Réflex*, vol. 4, n° 2, 1984, p. 23-29.

THÉRIAULT, Jacques. « Être de son temps et authentique ». *Le Devoir*, 23 mars 1968, p. 13.

TRÉPANIER, Esther. « L'émergence d'un discours sur la modernité dans la critique d'art ». Dans Yvan LAMONDE et Esther TRÉPANIER (Édits). *L'avènement de la modernité culturelle au Québec*, Québec, Institut québécois de recherche sur la culture, 1986, p. 69-112.

Concernant les courants mitoyens

CHUJOY, Anatole. « Canada hosts sixth Northeastern festival ». *Dance News*, juin 1965.

GALLANT, Mavis. « Progressive School ». *The Standard*, Montréal, 22 juin 1946, p. 15-17.

HERING, Doris. « Sixth Canadian Ballet Festival ». *Dance Magazine*, n° 28, juillet 1954, p. 4, 18, 54.

JOHNSON, Sydney. « Recital by Dance Club at McGill ». *The Montreal Star*, février 1959.

——— . « Montreal and modern dance : It went that way 30 years ago ». *The Montreal Star*, 23 avril 1966, p. 26.

LEPAGE, Jocelyne. « Pour combler le vide des années 30 ». *La Presse*, 24 octobre 1987.

« Danse contemporaine : Birouté Nagys ». *La Presse*, 5 décembre 1959, p. 32, s.a.

« Quebec teachers present forum ». *Dance News*, janvier 1956, p. 9, s.a.

« Quebec teachers present festival ». *Dance News*, avril 1956, p. 10, s.a.

SORELL, Walter. « Modern dance festival in Toronto ». *Dance Magazine*, n° 37, mai 1963, p. 16, 63.

TEMBECK, Iro. « Early modern Montreal 1929-1970 ». *Dance Connection*, vol. 8, n° 5, février-mars 1991, p. 26-32.

VALOIS, Marcel. « Spectacle agréable et de bonne tenue du Montréal Ballet ». *La Presse*, 19 avril 1950, p. 29.

WAGNER, Thelma. « The modern dance ». *McGill News*, printemps 1942, p. 21, 22, 52.

Concernant les chorégraphes actuels

ALBERT, Mathieu. « Les débuts de Montréal Danse : un diaporama sec ». *Le Devoir*, 28 février 1987.

——— . « Quelques tendances ». *Catalogue du Festival international de nouvelle danse*, Montréal, Parachute, 1987, p. 26-28.

ASSELIN, Suzanne. « Édouard Lock et le La La La Human Steps : il dérange, bouscule et séduit ». *La Presse*, 11 juillet 1987.

———. « Léveillé à fleur de peau ». *Le Devoir*, 13 février 1982, p. 26.

———. « Paul-André Fortier : danser ce que vit le monde ». *Le Devoir*, 6 février 1982, p. 28.

———. « Qui Danse? ». *Dance in Canada*, hiver 1977, p. 7.

BOURASSA, André G. « Danse au Québec et modernité ». Dans *Catalogue du Festival international de nouvelle danse*, Montréal, Parachute, 1987, p. 16-28.

BRISSON, Carole. « Daniel Léveillé : chorégraphe pour le théâtre ». *Réflex*, vol. 3, n° 1, 1983, p. 24-25.

CHODAN, Lucinda. « From Ballet to avant-garde : Montreal is Dance City ». *The Gazette*, 18 janvier 1986, p. D7.

CITRON, Paula. « New choreography at Place des Arts ». *Canadian Dance News*, vol. 2, n° 7, mai 1982, p. 11.

———. « The well choreographed Montreal dance explosion ». *Performing Arts in Canada*, été 1982, p. 38-42.

CRABB, Michael. « Coming of age : 25 years of Canadian dance ». *Performing Arts in Canada*, novembre 1986, p. 20-22.

———. « Whither Canadian dance history ». Dans D. T. TAPLIN (Édit.). *New Directions in Dance*, Ontario, Pergamon Press, 1979, p. 97-105.

GÉLINAS, Aline. « Jean-Pierre Perreault chorégraphe ». *Réflex*, vol. 5, n° 22, 1985, p. 14-19.

———. « La danse vue d'ailleurs ». *Vice Versa*, n° 25, décembre 1988.

———. « Les ambitions de Montréal Danse : les autres n'ont rien à craindre ». *La Presse*, 31 janvier 1987.

———. « Les premiers pas de Montréal Danse : quand un art devient populaire, attention ». *La Presse*, 7 février 1987.

———. « Paysage actuel de la danse à Montréal : alternatives théâtrales : Canada et Québec 86 ». *Repères*, n° 26, Bruxelles, septembre 1986, p. 63-77.

GODFREY, Stephen. « A step ahead of the others : The visual experimental excite Montreal choreographers, fans ». *The Globe and Mail*, 10 mars 1990.

HOWE-BECK, Linde. « Qui Danse? ». *The Gazette*, 10 juin 1979.

———. « Qui Danse? ». *The Gazette*, 12 mai 1980.

———. « The state of dance in Montreal : Restless ». *The Gazette*, 6 septembre 1986, p. K2-K3.

———. « The state of dance in Montreal : Terpsichore is restless ». *Dance in Canada*, hiver 1986-1987, p. 19-21.

KATZ ROSENBAUM, Beverly. « Canadian dance : What makes the dance community in Canada unique? ». *Dance in Canada*, été 1987, p. 31-36.

KISSELGOFF, Anna. « Dance : In Montreal, experimental troupes ». *New York Times*, 30 septembre 1985.

———. « In Montreal, a new electricity is in the air ». *New York Times*, 13 mars 1988.

LEFEBVRE, Paul et Denis MARLEAU. « Des spectacles qui nous viennent du corps : la danse-théâtre au Québec ». *Jeu*, numéro spécial sur la danse, décembre 1984, p. 40-73.

LOUPPE, Laurence. « A Nouvelle France, nouvelle danse ». *Libération*, 4 octobre 1988.

MICHEL, Marcelle. « Danse : au Festival international de nouvelle danse. La nouvelle danse, qu'est-ce que c'est? ». *Le Monde*, 16 octobre 1985, p. 15.

OFFICER, Jillian. « The Growth of Dance in Canada ». *Contemporary Canadian Theater : New World Visions*, Toronto, Wagner, 1985, p. 262-273.

PANET-RAYMOND, Silvy. « 1948-1984 : quelque part dans l'histoire de percevoir ». *Interventions*, printemps 1984, p. 125-126.

———. « New currents in Montreal : Innocence and irreverence in La Belle Métropole ». *Dance in Canada*, n° 28, été 1981, p. 3-6.

PICARD, René. « Danse portrait : Jean-Pierre Perreault ». *Réflex*, vol. 3, n° 1, 1983, p. 21-22.

———. « T'appelles ça vivre toé, Joe? ». *Réflex*, vol. 5, n° 21, 1985, p. 14.

RIOUX, Christian. « Flyée : puisant à la fois dans le classique et le contemporain, Louise Lecavalier est le prototype de la danseuse des années 80 ». *L'actualité*, avril 1989, p. 154-158.

SCHMIDT, Jochen. « Montréal (Canada) : As young and as new as possible ». *Ballet International*, décembre 1987, p. 32.

TEMBECK, Iro. « Four decades of modern dance in Quebec : Maintaining a steady independance from tradition ». *Actes du colloque CORD*, Toronto, CORD, 1988, p. 191-207.

———. « La La La Human Steps ». *Banff Letters*, printemps 1986, p. 58-60.

———. « New Dance in Quebec ». *Dance in Canada*, été 1984, p. 49-52.

Concernant la relève chorégraphique

ASSELIN, Suzanne. « Howard Richard et danseurs : la valeur n'attend pas le nombre des années, au théâtre D. B. Clarke ». *Le Devoir*, 4 mars 1985, p. 5.

« Michel Montanaro : un homme de la Renaissance dans l'univers chorégraphique des années 80 ». *Tendances*, janvier 1987, s.a.

DAGENAIS, Angèle. « Printemps et danse à Montréal ». *Le Devoir*, 24 mars 1980.

GÉLINAS, Aline. « Les ambitions de Howard Richard : créer des œuvres accessibles ». *La Presse*, 6 avril 1985, p. D8.

HOWE-BECK, Linde. « Richard dances show his versatility ». *The Gazette*, 16 février 1989.

JOWITT, Deborah. « Dance ». *The Village Voice*, 26 novembre 1985.

LÉGER, Micheline. « East of Egypt : l'univers des rêves de Montanaro ». *Réflex*, vol. 5, n° 24, 1985, p. 4-7.

Concernant les apprivoiseurs du grand public

ANDERSON, Jack. « Style, flair, conviction ». *Dance Magazine*, n° 51, mars 1977, p. 20-21.

BARNES, Clive. « Margie Gillis : Canada's gift to dance recital ». *New York Post*, 17 février 1986.

DAGENAIS, Angèle. « Entre-Six : 5 ans, 500 représentations ». *Le Devoir*, 8 avril 1979.

——— . « Entre-Six : une micro-troupe aux Pas de géant ». *Le Devoir*, 9 octobre 1975.

GERMAIN, Georges Hébert. « E. T. et ses stars ». *L'actualité*, septembre 1985, p. 42-49.

GILLIS, Margie. « Parting the Bamboo Curtain : Margie Gillis in China ». *Dance in Canada*, n° 22, hiver 1979, p. 22-23.

HOWE-BECK, Linde. « Eddy Toussaint's Ballet de Montréal : A company of consequence ». *Dance Magazine*, n° 59, février 1985, p. 56-64.

——— . « Eddy Toussaint's Ballet de Montréal at 15 ». *Dance in Canada*, hiver 1989, p. 18-23.

——— . « Eddy Toussaint : Cultural champion of dance in Quebec ». *Dance in Canada*, printemps 1982, p. 14-16.

——— . « Gillis superb, leaves viewers limp ». *The Gazette*, 18 février 1980.

KISSELGOFF, Anna. « Les Ballets Jazz makes New York debut ». *New York Times*, 22 février 1978.

——— . « The dance : Montreal's Margie Gillis ». *New York Times*, 12 février 1986.

MAYNARD, Olga. « Les Ballets Jazz dance le style québécois ». *Dance Magazine*, n° 48, janvier 1974, p. 72-74.

TAPLIN, Diana Theodores. « Choreographers in process : 1975 : Lawrence Gradus ». *Dance in Canada*, hiver 1976, p. 21-23.

TEMBECK, Iro. « Les Ballets Jazz de Montréal brightens the world : French Canadian troupe going strong at fifteen ». *The World and I*, août 1987, p. 208-212.

THIBAULT, Michèle. « Margie Gillis, seule en scène de Montréal à Pékin, de New York à Paris ». *La Presse*, 14 novembre 1980.

VITA, Kati. « Jacqueline Lemieux : 1939-1979 ». *Dance in Canada*, n° 22, hiver 1979, p. 24.

Concernant le chapitre de conclusion

BOZZINI, Annie. « Dossier spécial sur le FIND ». *Pour la danse*, n° 141, novembre 1987, p. 22-23.

BRISEBOIS, Marcel. « La liberté de création et la quête du sens ». *Le Devoir*, 14 octobre 1989, p. 9.

GÉLINAS, Aline. « La danse d'ici ». *Forces*, n° 84, hiver 1989, p. 45-47 (« Dance in Quebec », p. 47-48, traduit par Amtra).

GLUECK, Grace. « Clashing views reshape art history ». *New York Times*, 20 décembre 1987.

LOUPPE, Laurent. « A Nouvelle France, nouvelle danse ». *Libération*, Paris, 4 octobre 1988.

PARACHUTE. *Catalogue du Festival international de nouvelle danse*. Montréal, Parachute, 1985.

——— . *Catalogue du Festival international de nouvelle danse*. Montréal, Parachute, 1987.

——— . *Catalogue du Festival international de nouvelle danse*. Montréal, Parachute, 1989.

TASCHEREAU, Yves. « Nous on veut danser : danse, Québec, danse ». *Maclean*, décembre 1975, p. 30-36.

TEMBECK, Iro. « Montreal International Festival of New Dance : From neo-expressionism to neo-romanticism ». *Dance in Canada*, hiver 1985-1986, p. 14-17.

TOURANGEAU, Jean. « Le post-modernisme au Québec : aspects sur le Québec ». *Journal of Canadian Studies*, vol. 23, n° 4, 1989, p. 70-80.

Entrevues enregistrées et réalisées par l'auteure

Concernant Maurice Lacasse-Morenoff

Boudot, Michel, élève de Morenoff et danseur pour Ruth Sorel, cassette, Montréal, 9 décembre 1987.

Coleman, Francis, critique en danse de l'époque et actuellement résidant en Angleterre. Lettre à l'auteure, 11 décembre 1987.

Morenoff, Maurice Lacasse, plusieurs entrevues, Montréal, Québec, hiver 1987; printemps-été 1988.

Nault, Fernand, élève de Morenoff, Montréal, 3 février 1988.

Pauzé, Yvette, élève de Morenoff, Montréal, 21 mars 1990.

Concernant Gérald Crevier et les Ballets-Québec

Blier-Cantin, Suzanne, membre du conseil d'administration des Ballets-Québec, Montréal, 18 janvier 1988.

Cadet-Roy, Andréa, conceptrice des costumes pour les Ballets-Québec de Gérald Crevier, Montréal, 10 décembre 1987.

Crevier, Gérald, Montréal, Québec, 19 juillet 1988.

Gagnier, Lise, soliste des Ballets-Québec, Montréal, 16 décembre 1987.

Macdonald, Brian, élève de Crevier, Montréal, 3 février 1988.

Sullivan, Françoise, élève de Crevier et soliste des Ballets-Québec, Montréal, 15 septembre 1988.

Concernant Ruth Sorel

MacDougall, Alexander, danseur pour Ruth Sorel, Montréal, 14 janvier 1988.

Millaire, Andrée, danseuse pour Ruth Sorel et Gérald Crevier, Montréal, 20 novembre 1987.

Nagys, Birouté, danseuse pour Ruth Sorel, Montréal, 28 octobre 1988.

Concernant Elizabeth Leese

De Belleval Fournier, Jean, scénographe et danseur pour Leese, Montréal, 27 septembre 1988.

Fisher, Juliette, élève et démonstratrice. Lettres à l'auteure, 24 janvier 1988.

Kon, Irene, relationniste pour Leese, Montréal, hiver 1989.

Macdonald, Brian, cochorégraphe pour le Montreal Theater Ballet, Montréal, 3 février 1988.

MacDougall, Alexander, danseur pour Leese, Montréal, 14 janvier 1988.

Ménard, Thérèse, élève de Leese, Montréal, 11 janvier 1988.

Millaire, Andrée, élève de Leese, Montréal, 20 novembre 1987.

Renaud, Jeanne, élève de Leese, Montréal, 21 janvier 1988.

Concernant Séda Zaré

Côté, Marie, élève formée par Zaré, Montréal, 20 janvier 1988.

Gagnier, Lise, danseuse pour Zaré, Montréal, 16 décembre 1987.

Peters, Anne-Marie, élève de Zaré, Montréal, 30 novembre 1987.

Saharuni, Randy, fils de Séda Zaré, Montréal, 12 janvier 1988.

Scott, Tom, danseur pour Zaré, Montréal, 26 septembre 1988.

Concernant Les Grands Ballets Canadiens

Chiriaeff, Ludmilla, fondatrice et directrice des GBC, Montréal, automne 1987 et hiver 1988.

Coleman, Christina, danseuse aux GBC, Montréal, 4 janvier 1988.

Hyrst, Eric, chorégraphe, Montréal, 13 novembre 1987.

Jackson, Daniel, codirecteur artistique des GBC, Montréal, 19 décembre 1988.

Macdonald, Brian, chorégraphe attitré, Montréal, 3 février 1988.

Nault, Fernand, chorégraphe attitré et codirecteur artistique des GBC, Montréal, 3 février 1988.

Paige, Brydon, chorégraphe, Montréal, 11 novembre 1988.

Pearce-Laurence, Sheila, danseuse aux GBC, Montréal, 8 novembre 1988.

Stearns, Linda, directrice artistique, Montréal, 26 novembre 1988.

Von Genczy, Eva, première danseuse aux GBC, Montréal, 1er décembre 1987.

Warren, Vincent, premier danseur aux GBC, Montréal, 3 novembre 1988.

Concernant les débuts de la danse moderne

Graham, Françoise, pionnière en danse moderne, Montréal, 25 avril 1989.

Lapointe, Pierre, intervenant de la danse en région, Sherbrooke, 11 mai 1989.

Renaud, Jeanne, fondatrice du GPR et pionnière en danse moderne, Montréal, 21 janvier 1988.

Riopelle, Françoise, pionnière en danse moderne, Montréal, 13 septembre 1988.

Sullivan, Françoise, signataire du *Refus global* et pionnière en danse moderne, Montréal, 15 septembre 1988.

Concernant les courants mitoyens en danse québécoise

Caiserman-Roth, Ghitta, sœur de Nina Caiserman, Montréal, 20 décembre 1988.

Flinsch, Peter, scénographe à Radio-Canada, Montréal, 6 décembre 1988.

Intini, Vanda, élève de Moore-Ashton et pionnière en danse classique à Montréal, Montréal, 2 décembre 1988.

Lavalle, Josefina et Rosa Reyna, pionnières de la danse contemporaine mexicaine et anciennes partenaires de Hugo Roméro, Morelia, Mexique, 8 décembre 1990.

Marvin, Jill, danseuse pour Hugo Roméro, Montréal, hiver 1988.

Nagys, Birouté, pionnière en danse moderne à Montréal, Montréal, 20 octobre 1988.

Rabin, Linda, pionnière en danse moderne à Montréal, Montréal, 12 octobre 1989.

Salomons Margolick, Phyllis, sœur d'Elsie Salomons et élève de Ruvenoff, Montréal, printemps-automne 1988 et automne 1989.

Salomons Schwartz, Elsie, pionnière en danse moderne à Montréal, Montréal, 20 août 1987.

Silverstone, Ann Naran, diplômée de McGill en éducation physique, concentration danse, Montréal, 15 décembre 1988.

Stapells, Suzanne, élève de Moore-Ashton, communication téléphonique, Toronto, Ontario, février 1989.

Thom, Rose-Anne, élève de Moore-Ashton, New York, 14 juin 1991.

Concernant les chorégraphes actuels

Fortier, Paul-André, chorégraphe, Montréal, 31 janvier 1989.

Laurin, Ginette, chorégraphe, Montréal, 8 décembre 1988.

Léveillé, Daniel, chorégraphe, Montréal, 27 avril 1988.

Perreault, Jean-Pierre, chorégraphe, Montréal, 14 mars 1989.

Concernant la nouvelle garde

Montanaro, Michael, chorégraphe, Montréal, automne 1988.

Concernant les apprivoiseurs du grand public

Ballard, Stéphanie, conseillère artistique pour Gillis, Montréal, 18 octobre 1988.

Gillis, Margie, danseuse-chorégraphe, Montréal, 18 octobre 1988.

Archives personnelles et publiques

CREVIER, Gérald. Archives personnelles : quelques programmes des récitals annuels, photos; annonces publicitaires dans les journaux dans les années 40; critiques de presse entre 1930-1952.

LAPOINTE, Pierre. Archives personnelles : programmes souvenirs, albums, coupures de presse entre 1950-1990.

LEESE, Elizabeth. Archives. Fonds de collections Elizabeth Leese : La Maison de la Danse. Album souvenir, photos, critiques de presse.

MORENOFF, Maurice Lacasse. Archives personnelles : historique de l'école, curriculum vitæ de Morenoff, séries de programmes des récitals annuels de 1935 à 1986, albums de photos.

ZARÉ, Séda. Archives personnelles : albums souvenirs personnels, photos et critiques de presse. Europe (avant 1950) et Canada (1950 à 1980).

Les Grands Ballets Canadiens et Georges Bérard

GAGNIER, Lise. (Gérald Crevier et Georges Bérard.) Archives personnelles : albums personnels, photos, critiques de presse.

LEGRIS, Aline. (Gérald Crevier.) Archives personnelles : albums personnels, photos, critiques de presse.

MAISON DE LA DANSE. Archives : dossiers de presse des GBC depuis 1958; programmes souvenirs des GBC depuis 1958; programmes souvenirs des Ballets Georges Bérard, 24 février 1963; programmes souvenirs du Ballet de Québec, de 1948 à 1949.

MILLAIRE, Andrée. (Ruth Sorel, Gérald Crevier, Les Grands Ballets Canadiens.) Archives personnelles, albums souvenirs, photos, critiques de presse.

Refus Global

MUSÉE D'ART CONTEMPORAIN DE MONTRÉAL. Archives : programme souvenir de la reconstruction du récital de danse de 1948 de Françoise Sullivan et Jeanne Renaud, avril 1988.

Courants mitoyens

AXIS DANSE. Archives : dossiers de presse de la compagnie de 1977 à 1984 et photos.

CUZANNE, Mary. Programme souvenir du spectacle qui a eu lieu au Montreal High School Auditorium du New Dance Group, 26 avril 1938.

DANSE PARTOUT. Dossiers de presse de la compagnie de 1980 à 1988.

NAGYS, Birouté. Archives : albums personnels de 1950 à 1970, photos et critiques de presse.

POINTÉPIÉNU. Archives : dossiers de presse de la compagnie en 1984.

Les chorégraphes de la nouvelle garde

CHOUINARD, Marie. Dossiers de presse 1987-1989 et photos.

MONTANARO, Michael. Programmes souvenirs et dossiers de presse 1987-1989 et photos.

RICHARD, Howard. Dossiers de presse 1987-1989 et photos.

Apprivoiseurs du grand public

ENTRE-SIX. « La séduction par la danse ». Programme souvenir de la compagnie, saison 1978 et photos.

LES BALLETS JAZZ. Programmes souvenirs, dossiers de presse 1978-1989 et photos.

GILLIS, Margie. Programmes souvenirs, dossiers de presse 1978-1989 et photos.

TOUSSAINT, Eddy. Programmes souvenirs et dossiers de presse 1980-1989 et photos.

Vidéographie sélective de l'art chorégraphique du Canada

Documents généraux sur la danse canadienne illustrant des œuvres de plusieurs compagnies avec ou sans entrevues des participants

Dance for Modern Times. Réal. : Moshé Mossanen, Mossanen Prod., 1987.

Œuvres de

James Kudelka (Les Grands Ballets Canadiens)
David Earle et Christopher House (Toronto Dance Theater)
Danny Grossman (Danny Grossman Dance Theater)
Ginette Laurin (Ô Vertigo).
Constantin Patsalas (National Ballet of Canada)

Ballet Festival. ONF, 1949. Documentaire portant sur le premier festival pancanadien de la danse avec la participation des compagnies suivantes :

Les Ballets Ruth Sorel (Montréal)
The Winnipeg Ballet
Volkoff's Canadian Ballet (Toronto)

Québec Été Danse. JFB Films, 1983. Réal. : John Brooke. Entrevues et œuvres de

Paul-André Fortier
Édouard Lock
Robert Desrosiers

La danse. Radio-Canada, 1974. Réal. : François Floquet. Entrevues et œuvres du

Groupe de la Place Royale
Groupe Nouvelle Aire

Temps Danse. Série d'émissions sur la danse. Réal. : Yves Racicot et Michèle Febvre, département de l'audiovisuel, UQAM, 1981.

Œuvres de
- Martine Époque
- Iro Tembeck
- Paul-André Fortier
- Édouard Lock

Nouvelle danse, danse actuelle. Série d'émissions sur la danse. Réal. : Yves Racicot et Michèle Febvre, département de l'audiovisuel, UQAM, 1982.

Œuvres de
- Paul-André Fortier
- Martine Époque
- Iro Tembeck
- Daniel Léveillé

Treize chorégraphes pour deux danseurs. Émission regroupant de courtes œuvres de plusieurs chorégraphes. Réal. : Yves Racicot et Michèle Febvre, département de l'audiovisuel, UQAM, 1981.

Chorégraphies de
- Françoise Sullivan
- Françoise Graham
- Françoise Riopelle
- Martine Époque
- Iro Tembeck
- Édouard Lock
- Daniel Léveillé
- Paul-André Fortier
- Jean-Pierre Perreault
- Ginette Laurin
- Marie Chouinard
- Monique Giard et Daniel Soulières
- Christina Coleman

Gala. ONF, 1982. Réal. : John Smith. Documentaire des représentations au gala de danse. Chorégraphies interprétées par les compagnies suivantes :
- Toronto Dance Theater
- Le Groupe de la Place Royale
- Les Grands Ballets Canadiens
- Le Ballet Royal de Winnipeg
- Le Ballet National du Canada
- Anna Wyman Dance Theater
- Contemporary Dancers de Winnipeg

For the Love of Dance : Backstage with Seven Canadian Dance Companies. ONF et Conseil des Arts du Canada, 1982. Documentaire regroupant les compagnies canadiennes figurant dans *Gala*. Entrevues avec les participants et extraits de répétitions des différentes œuvres.

Un pas dans l'inconnu. Documentaire sur les signataires du *Refus global*. Réal. : Yves Racicot et Michèle Febvre, département de l'audiovisuel, UQAM, 1988.

Entrevues et extraits chorégraphiques de
Jeanne Renaud
Françoise Sullivan
et autres signataires du manifeste

Récital de danse de Françoise Sullivan et de Jeanne Renaud. Vidéo témoin de la reconstruction du récital de Sullivan et Renaud présenté en avril 1948. Musée d'Art contemporain de Montréal, 1988.

Dance From Montreal. PBS. « Alive from off center ». Réal. : Bernard Hébert et Bruno Jobin. Émission présentant les compagnies suivantes :

La La La Human Steps
Montréal Danse

Concernant *Les Ballets Jazz*

Les Ballets Jazz contemporains. Radio-Québec. Réal. : Pierre Gauvreau, 1973.

Les Ballets Jazz de Montréal. Radio-Canada, 1987. Réal. : Pierre Morin.

Concernant *Le Ballet National du Canada*

Bold Steps : A Portrait of the National Ballet of Canada. CBC, 1985. Primédia Productions. Réal. : Cyril Frankel.

Portrait of Celia Franca. CBC, Réal. : Don Browne.

Veronica Tennant : Dancer of Distinction. CBC, Réal. : Carol Moode Ede.

Flamenco at 5:15. ONF, 1983. Réal. : Cynthia Scott.

Concernant *Le Ballet Royal de Winnipeg*

Shadow on the Prairie. ONF, 1950.

Portrait of Gwenneth Lloyd. CBC, 1980. Réal. : Don Browne.

Arnold Spohr. Oméara Productions Ltd et CBC, 1984. Réal. : Gabriel Markiw.

Evelyn Hart's Moscow Gala. Triune Productions and Northern Cross Productions, 1987. Réal. : Robert Barclay.

Fall River Legend. Interprétée par les membres du Ballet Royal de Winnipeg, CBC, s.d.

Roméo et Juliette. CBC, s.d., Réal. : Norman Campbell.

Concernant *Paul-André Fortier*

Extraits de *Lavabos* inclus dans *Québec Été Danse, op. cit.*

Œuvres intégrales incluses dans la série *Temps danse et danse actuelle, op. cit.*

Pow t'es mort
Fin
Violence
Images noires

Œuvre intégrale apparaissant dans la série *Treize chorégraphes pour deux danseurs, op. cit.*

Bande dansinée

Autres œuvres intégrales

L'été latent	Département de l'audiovisuel, UQAM, 1989. Réal. : Yves Racicot.
Tell	Œuvre incluse dans *Dance from Montreal, op. cit.*

Concernant *Les Grands Ballets Canadiens*

Ballerina. ONF, 1963. Portrait de la ballerine Marguerite Mercier.

Pas de deux. ONF, 1969. Réal. : Norman McLaren.

Ballet Adagio. ONF, 1971. Réal. : Norman McLaren.

Narcisse. ONF, 1983. Réal. : Norman McLaren.

Tam ti de lam. Radio-Canada, 1977. Réal. : Pierre Morin.

Sur les scènes de l'Orient. ONF et Radio-Canada, 1985. Réal. : John Smith.

Les Grands Ballets Canadiens at 30. Radio-Canada, 1988. Réal. : Peter Au.

In Paradisium. Œuvre intégrale incluse dans *Dance for Modern Times, op. cit.*

Portrait of Ludmilla Chiriaeff. Radio-Canada, 1979. Réal. : Lorraine Thompson.

Le mandarin merveilleux. Radio-Canada, 1981. Réal. : Pierre Morin.

Adieu Robert Schumann. Production Spectrum, 1980. Réal. : Norman Campbell.

Catulli Carmina. Radio-Canada, 1980. Réal. : Mario Prizek.

The Achievers : Ludmilla Chiriaeff. Radio-Canada, 1989.

Extraits chorégraphiques inclus dans *Gala, op. cit.*

Extraits de répétitions et entrevues inclus dans *For the Love of Dance, op. cit.*

Visage : Ludmilla Chiriaeff. Radio-Québec, s.d., Réal. : Marius Téodorescu.

Concernant *Le Groupe Nouvelle Aire*

On n'a plus les séances qu'on avait. Radio-Québec, 1972. Réal. : Pierre Gauvreau.
Entrevues avec les participants et extraits chorégraphiques de

Amiboïsme
De Profundis

La danse. Radio-Canada, 1974. Réal. : François Floquet.
Entrevues avec les participants et extraits chorégraphiques de

Mi -é -méta
Rituel

L'envers du décor avec Le Groupe Nouvelle Aire. Radio-Québec, 1978. Réal. : Raynald Letourneau.
Entrevues avec les participants et extraits chorégraphiques de

La trilogie de la montagne
Remous
Fil d'images

Ni scène ni coulisses. ONF, 1978. Réal. : Denis Poulin.

L'univers de Martine Époque. Radio-Québec, 1986. Réal. : Marius Téodorescu.

Œuvres intégrales de Martine Époque filmées par le département de l'audio-visuel de l'UQAM :

B... comme Bientôt
Point virgule
Yul 86
Vivre à deux
Lianes
Madame est servie
Dibs
Tour à tour

Vidéos témoins des œuvres d'Époque filmées au Cégep Montmorency :

Évanescence
De Profundis
Magnificat
Rituel
La cellule humaine

Vidéos de répétition (divers chorégraphes du GNA) :

Densité
Fil d'images
Sources
Images noires
Trilogie
Howl
Incubes
Non Hal...

Concernant *Le Groupe de la Place Royale*

Extraits chorégraphiques apparaissant dans *La danse, op. cit.*

Œuvre intégrale incluse dans *Gala, op. cit.*

Extraits chorégraphiques apparaissant dans *For the Love of Dance, op. cit.*

Expression 65. Vidéo du film muet tourné en 1965. Archives de l'UQAM.

Karanas. Vidéo du film muet. Archives de l'UQAM.

Calliope. Chorégraphie de Perreault créée pour le GPR et remontée pour la compagnie Danse Partout. Production Danse Partout, 1987.

Concernant *Margie Gillis*

Body Emotions : Margie Gillis. Radio-Canada, 1977. Réal. : Bernard Picard.

L'univers de Margie Gillis. Radio-Québec, 1978.

Concernant *Maurice Lacasse Morenoff*

Les démons du midi. Radio-Canada, 1987. Réal. : André Forte.

Concernant *Ginette Laurin*

Œuvres intégrales filmées :

Étude II. Vidéo de promotion, Danse Partout, 1987.

Asphaltes. Vidéo de répétition générale, département de l'audiovisuel, UQAM.

L'univers de Ginette Laurin et Ô Vertigo. Radio-Québec, 1987.

Full House. Œuvre incluse dans *Dance for Modern Times, op. cit.*

Œuvres filmées par le Festival international de nouvelle danse 1985 :

Crash Landing
Olé
Étude II

Chevy Dream. Réal. : Jean Philippe Trépanier. Vancouver, 1985.

Concernant *Daniel Léveillé*

Œuvres intégrales incluses dans la série *Temps danse, danse actuelle, op. cit.* :

Le sacre du printemps
Jeu
L'inceste
Voyeurisme
Fleurs de peau

À force d'y penser. Œuvre filmée par le département de l'audiovisuel, UQAM, 1988.

Jericho. Œuvre incluse dans *Alive from Off Center*. PBS, *op. cit.*

Concernant *Édouard Lock*

Human Sex. Skalgoyiannis Exclusive Management. Réal. : Bernard Hébert, 1985.

Oranges ou la recherche du paradis. Œuvre incluse dans la série *Temps danse, danse actuelle, op. cit.*

Human Sex. Radio-Canada, 1987.

Remous. Œuvre incluse dans *L'envers du décor, op. cit.*

Western. Œuvre incluse dans *Treize chorégraphes pour deux danseurs, op. cit.*

Concernant *Jean-Pierre Perreault*

Œuvres intégrales filmées :

Joe. Vidéo témoin de la répétition générale, département de l'audiovisuel, UQAM, 1988.

Stella. Vidéo témoin, Festival international de nouvelle danse, 1985.

Calliope. Œuvre incluse dans le vidéo de promotion de *Danse Partout, op. cit.*

Nuit. Département de l'audiovisuel, UQAM, 1986. Réal. : Claude Beaulieu.

Dix minutes. Œuvre incluse dans *Treize chorégraphes pour deux danseurs, op. cit.*

Concernant *Linda Rabin*

Ô Parade. Département de l'audiovisuel, UQAM, 1980.

Concernant *Jeanne Renaud*

Vidéo témoin des œuvres intégrales filmées dans le cadre du *Récital de danse, op. cit.* :

Déformité
L'emprise
Moi je suis de cette race rouge (cochorégraphiée avec Françoise Sullivan)

Expression 65. Archives de l'UQAM, *op. cit.*

Karanas. Archives de l'UQAM, *op. cit.*

Un pas dans l'inconnu. Op. cit.

Concernant *Howard Richard*

Vidéo témoin filmé par Artscène, UQAM, 1989, incluant les œuvres :

Colors
Woman Reclining on a Chair
Les baigneurs
Cross Currents
A Woman, a Man and a Woman

Concernant *Françoise Riopelle*

Tout autour et dans le fond. Œuvre incluse dans *Treize chorégraphes pour deux danseurs, op. cit.*

Concernant *Hugo Roméro*

L'oiseau de feu. Radio-Canada, 1982. Réal. : Pierre Morin.

Concernant *Françoise Sullivan*

Et la nuit à la nuit. Département de l'audiovisuel, UQAM, 1981. Réal. : Yves Racicot.

À tout prendre. Œuvre incluse dans *Treize chorégraphes pour deux danseurs, op. cit.*

Œuvres intégrales incluses dans *Récital de danse, op. cit.* :

Dualité
Gothique
Black and Tan
La femme archaïque
Dédale
Moi je suis de cette race rouge (cochorégraphiée avec Jeanne Renaud)

Concernant *Eddy Toussaint*

Vidéo de promotion. Réal. : Production Martine Blais, 1989.

Extraits de :

Souvenances
Façades
Variation sur un air connu
Symphonie du Nouveau Monde
Cantates

Un simple moment. Radio-Canada, s.d., *Les beaux dimanches*. Réal. : Pierre Morin.

Missa Criolla. Radio-Canada, s.d. Réal. : Pierre Morin.

Concernant *Séda Zaré*

Anatomie pratique. Démonstration de la barre au sol de Séda Zaré filmée en 1972 par le Cégep Montmorency.

Iconographie sélective

Recherche iconographique étendue (photographies, affiches, dessins et autres) sur les œuvres des chorégraphes suivants :

Georges Bérard
Nina Caiserman
Ludmilla Chiriaeff
Marie Chouinard
Christina Coleman
Gérald Crevier
Martine Époque
Paul-André Fortier
Margie Gillis
Lawrence Gradus
Françoise Graham
Eric Hyrst
Maurice Lacasse-Morenoff
Paul Lapointe
Louise Latreille
Ginette Laurin
Elizabeth Leese
Daniel Léveillé
Édouard Lock
Brian Macdonald
Michael Montanaro
Eleanor Moore-Ashton
Biroute Nagys
Fernand Nault
Brydon Paige
Jean-Pierre Perreault
Sylvie Pinard
Linda Rabin
Jeanne Renaud
Howard Richard
Françoise Riopelle
Hugo Roméro
Elsie Salomons
Ruth Sorel
Françoise Sullivan
Tassy Teekman
Iro Tembeck
Gina Vaubois
Séda Zaré